Amy Holmes/David Salomon/
Stefan Schmalz/Guido Speckmann (Hrsg.)
Imperial Djihad?

Matin Baraki, Dr., lehrt Internationale Politik an den Universitäten Marburg, Gießen und Kassel.

Johannes M. Becker, Dr., Privatdozent für Politikwissenschaft an der Universität Marburg, u.a. am Zentrum für Konfliktforschung (ZfK).

Werner Biermann, Dr., lehrt Soziologie an der Universität Paderborn.

Micha Brumlik, Prof. für Erziehungswissenschaften an der Universität Frankfurt am Main, Vorsitzender des Fritz-Bauer-Instituts.

Frank Deppe, Prof. für Politikwissenschaft an der Universität Marburg.

Amy Holmes, bis September 2002 Mitarbeiterin am Zentrum für Gender Studies an der Phillips-Universität Marburg, danach Ph.D. Candidate an der Johns Hopkins University in Baltimore.

Sabine Kebir, Dr., Privatdozentin an den Universitäten Berlin und Frankfurt am Main.

Arno Klönne, Prof. für Soziologie, lehrte an der Universität Paderborn.

Mohssen Massarrat, Prof. für Politikwissenschaft an der Universität Osnabrück

Gert Meyer, wohnt in Marburg.

Götz Nordbruch, Mitarbeiter am Middle East Media Research Instituite (MEMRI) in Berlin.

David Salomon studiert Politikwissenschaft, Germanistik und Philosophie in Marburg.

Stefan Schmalz studiert Politikwissenschaft in Marburg und Bogotá.

Guido Speckmann studiert Politikwissenschaft in Marburg.

Frank Unger, Prof. für European Studies an der Universität Vancouver.

Winfried Wolf, Dr., Mitglied des Deutschen Bundestags.

Amy Holmes/David Salomon/Stefan Schmalz/
Guido Speckmann (Hrsg.)

Imperial Djihad?

Über Fundamentalismus, Schurkenstaaten
und neue Kriege

VSA-Verlag Hamburg

www.vsa-verlag.de

Druck und Buchbindearbeiten: Idee, Satz & Druck, Hamburg
ISBN 3-87975-879-4

Inhalt

Neue Kriege?

Anmerkungen zu einer nicht abgeschlossenen Diskussion

Eines ist sicher: An Literatur zum elften September 2001 und seinen Folgen mangelt es nicht. Die Terroranschläge zogen die vielleicht intensivste Berichterstattung in der Mediengeschichte nach sich, eine ganze Woche lang brachte das Fernsehen (fast) nichts anderes. Verlage änderten noch einmal die Druckfahnen für ihre Atlanten, und unzählige Bücher über Ben Laden, die Taleban und den internationalen Terrorismus erschienen bereits Wochen später.[1] Die Fernsehzuschauer wurden nicht nur vertraut mit allen bekannten Lebensäußerungen des Terroristen Mohammad Atta, sondern auch ein längst vergessenes Land – Afghanistan – rückte wieder in den Blick von Journalisten und Publizisten aller Couleur. Angesichts einer solchen Flut von Titeln und Thesen stellt sich die Frage: Warum ein weiteres Buch zum Thema? Es ist einfach noch nicht alles gesagt. Im Unterschied zu vielen anderen Bänden beschäftigt sich der vorliegende nicht in erster Linie mit dem elften September, sondern vielmehr mit einer Entwicklung, die lange vor diesem Datum beginnt und wohl auch noch lange nicht abgeschlossen ist: Kriege werden wieder häufiger geführt, während die Friedensbewegung marginal oder nicht existent ist (vgl. den Beitrag von Johannes M. Becker).

Doch um welche Art von Krieg handelt es sich dabei? Folgt man den Aussagen des amerikanischen Präsidenten in den Wochen nach den Anschlägen, so kämpft die zivilisierte Welt gegen eine »barbarische Bedrohung«, die alle »westlichen Grundwerte« in Frage stellt. Besonderes Aufsehen erregte dabei der Satz, die Vereinigten Staaten befänden sich in einem lang andauernden »Kreuzzug für die Zivilisation«. Führen die USA tatsächlich so etwas wie einen Djihad gegen »das Böse« oder stehen hinter den Militärschlägen doch noch andere Interessen? Die Äußerungen der Verantwortlichen über ihre Kriegsziele waren jedenfalls von Anfang an alles andere als widerspruchsfrei. Hieß es zunächst zu Beginn der Bombardements auf Afghanistan am 7. Oktober 2001, man müsse Ben Laden fangen und jeder Staat, der Terroristen Schutz gewähre, sei selbst ein Terrorist, entdeckte man bald die größere Wirksamkeit des »humanitären« Arguments wieder und erklärte sich zum Befreier der afghanischen Frauen von fundamentalistischer Unterjochung. Besonders in der deutschen Öffentlichkeit wurde die markige Rhetorik von »uneingeschränkter Solidarität« ersetzt durch

---

[1] Bei der Transkription von Namen (Ben Laden, Taleban etc.) haben wir uns möglich eng an ihren ursprünglichen Ausdruck gehalten.

die Rede von der Verantwortung, der afghanischen Zivilbevölkerung eine Zukunft zu geben. Ohne eine nähere Spezifizierung dieser Zukunft wurde das Selbstbild der »Befreier« mediengerecht auf dem Bonner Petersberg inszeniert. Von Ben Laden freilich war nunmehr wenig zu hören. Seitdem warten politisch aufmerksame Beobachter gespannt, in welchem »Schurkenstaat« er demnächst wieder auftauchen wird. Bis dahin wird die Weltöffentlichkeit Zeugin der afghanischen Entwicklung, oder von dem, was sie in den Medien davon zu sehen bekommt.

Aller humanitären Rhetorik zum Trotz ist Krieg erneut zum probaten Mittel von Politik geworden. Der Satz des preußischen Militärtheoretikers Carl von Clausewitz – »Der Krieg ist eine bloße Fortsetzung der Politik mit anderen Mitteln.« (Clausewitz 1980: 34) – hat wieder Gültigkeit. Hatte sich während des Kalten Krieges noch eine Lesart durchgesetzt, wonach Krieg dann als *letztes* Mittel der Politik fungieren kann, wenn alle zivilen Mittel erschöpft sind, so scheint heute Krieg eben ein Mittel unter vielen zu sein und somit als Option alltäglicher Bestandteil von politischem Handeln. Die Forderung des Berliner Politikwissenschaftlers Herfried Münkler, »den Krieg wieder zu denken«, kann als symptomatisch hierfür gelten (vgl. Münkler 1999: 678).

Das 20. Jahrhundert war im Grunde geprägt von »Anti-Clausewitzschen« Kriegen, wobei an dieser Stelle die Frage offen bleiben muss, ob es wirklich jemals ein Clausewitzsches »Zeitalter« gegeben hat. Schon die Kriege im Anschluss an die französische Revolution bis hin zu den Kriegen von und gegen Napoleon scheinen den begrenzten Charakter der Kabinettskriege des 18. und 19. Jahrhunderts überschritten zu haben. Spätestens mit dem Ersten Weltkrieg allerdings trat ein Typus von Krieg an die Stelle der begrenzten und von der Lebenswirklichkeit der zivilen Bevölkerung streng geschiedenen Auseinandersetzung, der in seinem Verlauf auch das gesamte zivile Leben nach Zwecken ausrichtete, die der Kriegsführung zugute kamen. Krieg wurde daher nicht mehr von einer Regierung mittels ihrer Armee geführt, um begrenzte Zwecke zu erreichen, sondern der Krieg wurde vielmehr selbst zum obersten Zweck der Politik und zum letzten Maßstab der gesellschaftlichen Organisation (vgl. Creveld 1998: 77ff.). Der trinitarische Krieg Clausewitzscher Prägung, der auf der klaren Trennung von Regierung, Militär und Volk beruhte, wich dem, was man seit dem Erscheinen eines gleichnamigen Buchs von Erich Ludendorff (1935) den »totalen Krieg« nannte – einer Kriegsform, die in letzter Instanz die Trennung von militärischem und zivilem Angriffsziel aufhebt. In seiner ideologischen Dimension dreht Ludendorffs den Clausewitzschen Satz einfach um und behauptet, die Politik habe »der Kriegsführung zu dienen«(Ludendorff 1935: 10). Der Rationalismus von Clausewitz wird hier durch ein irrationalistisches Konstrukt ersetzt, wie es für den ideologischen Überbau des faschistischen Deutschland charakteristisch war.

Der Erste Weltkrieg – mit seinen »Materialschlachten« – wurde von Zeitgenossen als Apokalypse geschildert. Millionen starben in den Schützengräben, bei Flugzeug- oder Giftgasangriffen. Seine Dimension wurde allerdings im Zweiten Weltkrieg noch weit überschritten. Die Vernichtungskriege, die Nazideutschland in Europa führte, sind mit dem Clausewitzschen Trinitätsbegriff noch weit weniger zu fassen als der »große Krieg der weißen Männer« (so der Titel eines Romanzyklus' des Schriftstellers Arnold Zweig über den Ersten Weltkrieg), der noch als begrenzter Kabinettskrieg begann und erst in seinem Verlauf die Tendenz zum »totalen Krieg« entwickelte. Die organisierten Verbrechen der deutschen Wehrmacht und die Art und Weise, wie das Militär direkt in die nationalsozialistischen Vernichtungsprogramme einbezogen wurde, sind mittlerweile ausführlich untersucht worden und haben die in der Bundesrepublik lange aufrechterhaltene Legende von der »sauberen Wehrmacht« gründlich widerlegt.

Die Kriegsverbrecherprozesse in Nürnberg und die Gründung der Vereinten Nationen – anknüpfend an den nach dem Ersten Weltkrieg gegründeten »Völkerbund« – zogen rechtliche Konsequenzen aus den Kriegserfahrungen. In der *Charta der UN* wurde erstmalig nicht nur eine »Zivilisierung des Kriegs« durch Veränderungen des *ius in bello*, dem Regelwerk wie Krieg zu führen sei, festgelegt, sondern das vormals bestehende *liberum ius ad bellum* aufgehoben und somit das »Recht auf Krieg« selbst radikal eingeschränkt. Ein Staat kann seitdem rechtlich nun nicht mehr einfach einem anderen Staat den Krieg erklären. Angriffskriege wurden generell verboten (Art. 2 Abs. 4) und nur unter strengsten Auflagen (Vgl. Art. 39: der Sicherheitsrat muss eine Bedrohung des Weltfriedens feststellen; Art. 41: friedliche Mittel müssen ausgeschöpft werden) können Interventionen durch den Sicherheitsrat der Vereinten Nationen genehmigt werden (Art. 42). Diese »Neue Weltordnung« wurde bald überschattet von der Blockkonfrontation des »Kalten Krieges«. Was eine weltweite atomare Auseinandersetzung bedeuten würde, wurde der Weltöffentlichkeit mit der Bombardierung der japanischen Städte Hiroshima und Nagasaki vor Augen geführt. Der Kalte Krieg – mit seinem ungeheuren atomaren Drohpotential – machte auch konventionelle Kriege zwischen den großen Staaten unkalkulierbar. Als reale Weltordnung bildete sich ein labiles »Gleichgewicht des Schreckens« heraus, ein bipolares Patt, das geprägt war durch den Systemgegensatz zweier Blöcke, unter den alle Fragen der Innen- und Außenpolitik subsumiert wurden.

Doch trotz der enormen Bedeutung, die die Blockkonfrontation für die Weltordnung der Nachkriegszeit und für das öffentliche Bewusstsein hatte, ist es falsch, anzunehmen, alle Konflikte und Differenzen innerhalb der Blöcke seien verschwunden gewesen. Gerade auch für das Verständnis der zahlreichen »heißen Kriege«, die es in der Phase des Kalten Kriegs gegeben hat, ist dieser Aspekt relevant. In der zeitgenössischen Berichterstattung und häufig auch in historischen Rückblicken werden diese Konflikte darauf reduziert, Stellvertreterkriege der beiden führenden Großmächte gewesen zu sein. Was sich in den Guerillakriegen und den zahlreichen nationalen Befreiungsbewegungen an originären Zielen artikulierte, wurde und wird dabei häufig ignoriert, zeigt sich aber als durchaus bedeutsam für den Werdegang postkolonialer Gesellschaften nach 1990 (vgl. den Beitrag von Sabine Kebir). Mit dem Zusammenbruch des realexistierenden Sozialismus und dem Ende der Blockkonfrontation wurde der Beginn einer neuen Epoche manifest. Während Fragen nach gesellschaftspolitischen Alternativen zum Realkapitalismus verstummten, wurden in den internationalen Beziehungen die Karten neu gemischt. Über die »Neue Weltordnung«, die an die Stelle des alten bipolaren Weltsystems getreten ist, wird seither viel diskutiert.

Die »Neue Weltordnung« ist die Konstellation, in der die gegenwärtigen Konflikte ausgetragen werden, daher ist die Debatte um »Neue Kriege«, die im Folgenden am Beispiel einiger Autoren dargestellt werden soll, Teil der Diskussion über den Charakter dieser Konstellation und die Kräfteverhältnisse, die die »Neue Weltordnung« bestimmen.[2]

Was sind »Neue Kriege«?

Spätestens seit den Balkankriegen der 1990er Jahre werden in der Weltpresse Debatten über den Charakter kommender Kriege geführt. Innerhalb der Diskussion wird häufig die These vertreten, eine *neue* Art von Krieg habe sich etabliert, die *neue* Formen der Konfliktprävention und -reaktion nötig mache.

Der Begriff »Neuer Krieg« selbst freilich ist alles andere als neu. Innerhalb der Debatte um Guerillakriege und nationale Befreiungsbewegungen – eine Debatte, die besondere Brisanz bekam durch die Ereignisse in China, Kuba, Algerien und Vietnam – benutzte ihn Sebastian Haffner bereits 1966, um den Guerillakrieg Mao Tse-Tungs zu charakterisieren: »Dass hier tatsächlich eine neue Art von Krieg geboren worden war, eine Form des Revolutionskrieges, die sich dem herkömmlichen Krieg europäischer Prägung überlegen erweisen sollte, begann man erst zu begreifen, als man sich in den Folgejahren selber in vielen als schwach und unterlegen betrachteten Kolonialländern mit genau dieser Art von Krieg konfrontiert fand und ihn zum eigenen fassungslosen Erstaunen immer wieder verlor« (Haffner 1966: 14). Der wichtigste Aspekt für die heutige Diskussion ist die Feststellung einer asymmetrischen Kriegsführung hochtechnisierter Heere gegen nur schlecht ausgerüstete Guerilleros. Die Erfahrung, dass

[2] Zur »neuen Weltordnung« in ihrer politischen, geostrategischen und ökonomischen Dimension vgl. die Beiträge von Werner Biermann und Arno Klönne, Frank Deppe, Mohssen Massarrat, Gert Meyer, Frank Unger und Winfried Wolf.

technologisch überlegene Armeen in diesen Konflikten oftmals unterlagen, ist ein wesentlicher Grund dafür, dass kriegführende Mächte so zögerlich damit sind, Bodentruppen einzusetzen. Die heutige Verwendung des Begriffs knüpft allerdings nicht direkt an diese Debatten an. Die neue Kriegsform wird im Gegenteil gerade auch von Formen des Guerillakriegs abgegrenzt. In der positiven Bestimmung dessen, was »das Neue« am gegenwärtigen Krieg sei, sind sich die Vertreter neuer Kriegstheorien allerdings keinesfalls einig.

»Die ›Neuen Kriege‹ sind entstaatlicht«

Die erste hier zu untersuchende Perspektive auf das Kriegsgeschehen der Gegenwart, analysiert »neue« Kriegsbilder in erster Linie als regional begrenzte Bürgerkriege in sogenannten »Krisenregionen«. In einem Essay charakterisiert Herfried Münkler diese Konflikte folgendermaßen: »Das jüngste Kriegsgeschehen zeichnet sich durch Massaker, Kindersoldaten, lokale Kriegsherrn und ein international vernetztes Söldnerwesen aus – alles Merkmale einer tiefgreifenden Entstaatlichung, ja Privatisierung des Krieges« (Münkler 2001).

Nach Münkler ist der gegenwärtige Prozess dadurch gekennzeichnet, dass die erfolgte völkerrechtliche »Einhegung« des Kriegs, wie sie in der Staatenwelt des 18. und 19. Jahrhunderts durchgesetzt wurde, rückgängig gemacht wird: »Als sich der Staat als Kriegsmonopolist durchgesetzt hatte, konnten Kombattanten und Nichtkombattanten, vor allem aber Erwerbsleben und Kriegsführung, voneinander getrennt werden. Weil der Staat seine Soldaten nicht mit Plünderung und Beute, sondern aus Steuereinnahmen finanzierte, konnte er eine ›Zivilisierung der Krieger‹ betreiben, die in deren Kasernierung, einer auf regelmäßigem Exerzieren beruhenden Disziplin und der Ausbildung einer militärischen Berufsethik ihren Niederschlag fand. Die Entfaltung des Kriegsvölkerrechts, die trotz Rückschlägen als ein hohes zivilisatorisches Gut angesehen werden kann, beruht im wesentlichen auf der Monopolisierung des Kriegswesens durch die Staaten. Bürgerkriege haben sich davon seit jeher unterschieden, und die ihnen durchweg eigene Grausamkeit beruht nicht zuletzt darauf« (Münkler 2001).

Der Maßstab, den Münkler anlegt, wenn er auf den staatlich eingehegten Krieg verweist, wurde bereits weiter oben problematisiert. Der Kabinettskrieg, den Münkler vor Augen hat, ist weit eher Ausnahme denn Regel, und die Kriege des zwanzigsten Jahrhunderts entfalteten schließlich eine alle denkbaren Bürgerkriege in den Schatten stellende Grausamkeit. Weder wurde die Trennung von Militär und Zivilbevölkerung anerkannt, noch kann man sie ernsthaft als »zivilisatorisch eingehegt« bezeichnen. Wenn Münkler aber auch von Bürgerkriegen spricht, deren Muster im Grunde älter ist als die Form staatlicher Kriege, so verwendet er den Terminus »neu«, um eine quantitative Veränderung zu beschreiben: »Das Neue an der Entwicklung während der letzten Jahrzehnte besteht darin, dass – bei einer gestiegenen Anzahl von kriegerischen Auseinandersetzungen – zwischenstaatliche Kriege immer seltener und Bürgerkriege immer häufiger geworden sind« (Münkler 2001).

Nach dieser Feststellung entwickelt Münkler ein qualitatives Merkmal genauer, in dem er die Ursache der Gefahr sieht, die von Bürgerkriegen für den Weltfrieden ausgeht: »Die Auflösung der Unterscheidung von Erwerbsleben und Gewaltanwendung ist die Folge von drei für den Bürgerkrieg typischen Entwicklungen. Erstens einer Verknappung der Zeit, die Folge eines fortschreitenden Verlusts von Zukunftsvertrauen. Zweitens werden friedliche Kompetenzen abgewertet, während alle Fähigkeiten zur Gewaltanwendung an Bedeutung gewinnen. Und schließlich werden die Schichten, die am Frieden interessiert sind, an den Rand gedrängt, während jene in Friedenszeiten an die Ränder der Gesellschaft verbannten gewaltbereiten Gruppen an Macht und Bedeutung gewinnen und mit der international organisierten Kriminalität, den Waffen-, Drogen- und Menschenhändlern eine untrennbare Verbindung eingehen. Sie haben kein substanzielles Interesse am Frieden, denn ihre Macht und ihr neuer Wohlstand hängen an der Fortdauer des Krieges« (Münkler 2001). Die lange Kriegsdauer, das Schwinden realer Zukunftsperspektiven und das Zurücktreten von zivilem Wirtschaftsleben hinter eine kriminell agierende Ökonomie, die unmittelbar nur der Kriegsfinanzierung dient, hat zur Folge, dass die »für Bürgerkriegsökonomien typische Deinvestitionsspirale [...] in immer schnellere Drehung [gerät]« und einen Zustand herbeiführt, in dem »unmittelbar verfügbare Ressourcen [...] hemmungslos ausgeplündert [werden] und Investitionen [...] nicht mehr zustande [kommen]. Am Ende ist im Grunde jeder Einzelne auf Gewaltanwendung angewiesen, um Nahrung und Wohnung zu sichern« (Münkler 2001). Gefährlich sei dieser Prozess vor allem deswegen, weil Bürgerkriegsökonomien wie »schwärende Wunden an den weichen Stellen von Friedensökonomien« seien, »die sie mit illegalen Gütern, wie Rauschgift und zur Prostitution gezwungenen Frauen, aber auch durch erzwungene Fluchtbewegungen infiltrieren und zur Finanzierungsquelle des Bürgerkriegs machen« (Münkler 2001).

Ähnliche Überlegungen wie bei Münkler finden sich auch in dem Band »Neue und Alte Kriege« der britischen Sozialwissenschaftlerin Mary Kaldor. Anders als Münkler versucht Kaldor »das Neue« jedoch nicht allein quantitativ – durch eine *neue* Häufigkeit von Bürgerkriegszuständen – zu bestimmen, sondern die Ursachen dieser Kriege in einer qualitativ neuen Entwicklung ausfindig zu machen: »Ich vertrete in meinem Buch die These, dass sich im Verlauf der 80er und 90er Jahre vor allem in Afrika und Osteuropa ein neuer Typus organisierter Gewalt herausgebildet hat, der als ein Bestandteil unseres gegenwärtigen, globalisierten Zeitalters gelten muss.« (Kaldor 2000: 7f.). »Globalisierung« wird von Kaldor als ein Prozess gefasst, der die nationalstaatliche Ebene in zweifacher Weise schwächt: zum einen »von oben« durch die Aufwertung trans- und supranationaler gesellschaftlicher Beziehungen, die mit einer Transformation politischer Entscheidungsbefugnisse korrespondieren, die Souveränitätsrechte von der einzelstaatlichen Ebene auf supranationale Organisationen verlagert, und zum anderen »von unten« durch die Aufwertung regionaler und lokaler Zusammenhänge, Standorte und Identitäten.

Beide Elemente dieses Prozesses – der mitunter in der Verbindung der Worte »Globalisierung« und »Lokalisierung« mit dem Neologismus »Glokalisierung«[3] bezeichnet wird – lassen sich Mary Kaldor zufolge in den »Neuen Kriegen« ausmachen, die zwar als regionale Kriege mit auf Ausschluss beruhenden Identitätspolitiken (z.B. mit nationalen, kulturellen, ethnischen und religiösen Etiketten) geführt werden, deren Akteure aber eingebunden sind in transnationale Verflechtungen, Netzwerke und Organisationsformen (z.B. durch Diasporagemeinschaften, Kommunikationstechnologien und intransparente Finanzierungs- und Lieferungswege für leichte Waffensysteme). Mary Kaldor vertritt die These, dieser Prozess untergrabe das staatliche Gewaltmonopol in doppelter Weise: Während sich auf transnationaler Ebene »eine Art globale militärische Integration« herausgebildet habe, werde – und darin trifft sie sich mit Münkler – die Gewalt privatisiert (Kaldor 2001: 12). Auch bei Kaldor wird dieser Vorgang verstanden als eine Umkehrung der Prozesse, »durch die sich die modernen Staaten herausbildeten« (Kaldor 2001: 13). Der Verlust des staatlichen Gewaltmonopols geht dabei für sie nicht nur einher mit dem Verlust der klassischen Unterscheidung von Innen und Außen, sondern erschwert auch eine Unterscheidung verschiedener Gewaltformen (vgl. Kaldor 2001: 35). So sind nach Mary Kaldor die »Neuen Kriege« gekennzeichnet »durch das Verschwimmen der Grenzen zwischen Krieg (üblicherweise als politisch motivierte Gewalt zwischen Staaten oder organisierten politischen Gruppen definiert), organisiertem Verbrechen (privat motivierte, normalerweise auf finanziellen Gewinn abzielende Gewalttaten privat organisierter Gruppen) und massiven Menschenrechtsverletzungen (von Staaten oder politisch organisierten Gruppen gegen Individuen begangene Gewalttaten)« (Kaldor 2001: 8). Eine auf Ausschluss beruhende »Politik der Identität« tritt an die Stelle von positiven Zukunftsprojekten, was zur Folge hat, dass die negative Bestimmung über religiöse, politische und ethnische Etiketten zu einer Perpetuierung des Kriegszustandes führt. Die Kriegsführung selbst verbindet nun Elemente des Guerilla- und Antiguerillakampfes. Das klassische Konzept der Guerilla bestand – nach einer bekannten Formulierung Maos – darin, sich »im Volk zu bewegen wie der Fisch im Wasser« oder, um es mit den Worten Che Guevaras zu sagen, »die Herzen und Köpfe der Menschen zu erobern«. Voraussetzung eines erfolgreichen Kampfes – erfolgreich relativ zu einem positiven Zweck, der revolutionären *Neugründung* eines Staates – war Kal-

---

[3] Der Globalisierungsbegriff Mary Kaldors wäre zu hinterfragen. Im Rahmen dieser Einleitung ist das allerdings nicht möglich.

dor zufolge die politische Kontrolle über die Bevölkerung auf der Basis eines breiten Konsenses (Kaldor 2000: 18).

Die Neuen Kriege im Sinn Mary Kaldors haben nun mit der Politik der Guerilla gemein, dass sich ihre Akteure auf eine politische Kontrolle über die Bevölkerung stützen, zeichnen sich aber gerade dadurch aus, dass sie weder einen positiven Zweck formulieren, noch bemüht sind, einen Konsens zu stiften. Sie beruhen im Gegenteil ja gerade auf Spaltung. Daher »übernimmt die neue Kriegsführung Techniken des Anti-Guerillakampfes zur ›Vergiftung des Wassers‹ – Techniken, wie sie jene Guerillabewegungen verfeinert hatten, die von westlichen Regierungen mit Erfahrung im Anti-Guerillakrieg gegründet oder unterstützt wurden, um in den ›Konflikten geringer Intensität‹ der 80er Jahre linke Regierungen zu stürzen [...]« (Kaldor 2001: 157).[4]

Offensichtlich sind die Parallelen zu Münkler auch, wenn Kaldor den ökonomischen Charakter der »Neuen Kriege« bestimmt, der sich auszeichne durch das Entstehen einer »Schattenwirtschaft«, die letzten Endes zu einem Verschwimmen der Unterscheidung von »ökonomisch und politisch« führt, dadurch, dass sich sowohl ökonomische als auch politische Motive derart überlagern, dass kaum zu sagen ist, welche hier als grundlegend anzusehen sind: »Politische Macht wird nur mehr ausgeübt, um die neuen Zwangsformen wirtschaftlichen Austauschs durchzusetzen und zu verstetigen; allein dadurch verfügen die im Kontext staatlichen Zerfalls und ökonomischer Marginalisierung auftretenden neuen Gangster als Machthaber über eine stabile finanzielle Basis. Ein neues Netz regressiver Sozialbeziehungen entwickelt sich, in dem Ökonomie und Gewalt unter dem gemeinsamen Dach der Politik der Identität aufs engste Miteinander verwoben sind« (Kaldor 2001: 169).

Die zentrale These in Kaldors – wie in Münklers – Argumentation ist, dass die »Neuen Kriege« eine Folge von Entstaatlichung seien. Ein unerkannter Widerspruch liegt darin, dass gerade die Balkankriege – in denen Mary Kaldor exemplarische Beispiele für die neue Kriegsführung zu finden glaubt – ja einher gingen mit der Gründung vieler neuer Staaten. Auch der Bosnienkrieg, in dem sich vielleicht eine Bürgerkriegsökonomie entwickelt hat, war Produkt dieser Separationsvorgänge und Neugründungen und keinesfalls Ausdruck eines wirklichen Verfalls von Staatlichkeit überhaupt.

Gerade bei Mary Kaldor droht so der Begriff »Neuer Krieg« zu einem Sammelbegriff zu werden.[5] Als Problem erweist sich in diesem Zusammenhang ihre induktive Methode, die nähere Spezifizierungen und Definitionen lediglich auf herbeigetragene *Merkmale* stützt. Der Begriff verliert so an Schärfe. Während Kaldor aber

---

[4] So beispielsweise die afghanischen Modjahedin (vgl. den Beitrag von Matin Baraki).

[5] Ihre Absicht ist es aber gerade, »höchst unspezifische Sammelbegriffe« wie »low intensity warfare« zu überwinden (vgl. Kaldor 2000: 8).

immerhin noch auf den Globalisierungsprozess als die Ursache der »Neuen Kriege« verweist, erscheint Münklers »Entstaatlichung« als eine bloße Bestandsaufnahme von Zuständen, deren Zustandekommen wenig Beachtung findet.

Da die Rolle von Nationalstaatlichkeit in diesen Konflikten ausgeblendet oder nur am Rand erwähnt wird (etwa bei Fragen der Kriegsfinanzierung, vgl. Kaldor 2000: 164), wird auch das Verhalten der USA und der europäischen Staaten bloß als Reaktion thematisiert. Dabei wird übersehen, dass sie häufig schon im Vorfeld der Konflikte agieren und bei Interventionen als Kriegsparteien auftreten. Eine eskalierende Politik – wie etwa die Außenpolitik Deutschlands im Zusammenhang mit der Anerkennung Kroatiens – wird von Kaldor als »Unfall« beschrieben, der auf mangelnde Analyse des Charakters der Konflikte zurückzuführen sei (vgl. Kaldor 2001: 93ff.) und nicht als bewusste, eigene Interessen verfolgende politische Handlung verstanden (vgl. u.a. den Beitrag von Werner Biermann und Arno Klönne). Aus dieser Sichtweise resultiert die Art und Weise, wie über die Interventionskriege der Gegenwart reflektiert wird. So erscheinen die »internationalen Truppen« bei Mary Kaldor weit eher als potenzielle Vorkämpfer einer kosmopolitischen Perspektive, als zu partikularen Interessen eingesetzte Militärs (vgl. Kadlor 2000: 203ff.). Selbst wenn die »humanitäre Intervention« kritisch betrachtet wird, werden oft die von den Intervenierenden angegeben Ziele ungeprüft unterstellt. Doch damit sind wir bereits bei einem anderen Diskussionsstrang angekommen.

»Das Neue an den Interventionskriegen ist ihr Pazifismus«

»We create a new world order«. So benannte der amerikanische Präsident George Bush im März 1991 das Hauptziel seiner Außenpolitik. Fast wie ein Auftakt dazu wirkte der zweite Golfkrieg, gegen den international viele Friedensbewegte auf die Straße gingen. Zugleich leitete der Krieg gegen den Irak aber auch ein neues Kapitel *europäischer* »Außen- und Sicherheitspolitik« ein. Besonders für das wiedervereinigte Deutschland wurde das folgende Jahrzehnt militärisch bedeutsam. Schließlich konnten zuerst die CDU/FDP und dann die rot-grüne Bundesregierung die Möglichkeit militärischen Handelns erheblich ausdehnen. Mittlerweile steht eine interventionsfähige[6] und intervenierende Streitkraft zur Verfügung. Somalia, Ruanda, die Balkankriege (davon vor allem der letzte) und nun Afghanistan sind die Eckpunkte dieses Prozesses.

Obwohl jedoch immer häufiger militärisch agiert wird, will so recht keiner von Kriegen sprechen. Begriffe wie »humanitäre Intervention«, »friedenserhal-

---

[6] Die CDU/CSU freilich teilt diese Auffassung nicht. Auffallend in der politischen Debatte ist allerdings, dass sie kaum darum geht, ob die Bundeswehr eine interventionsfähige Streitkraft sein soll oder nicht. Mit Ausnahme der PDS lehnt keine Partei militärische Interventionen ab.

tende Maßnahme«, »chirurgischer Eingriff« und »Wahrnehmung internationaler Verantwortung« ersetzen das ungeliebte Wort. Der Philosoph Harald Wohlrapp fasst – vor allem bezogen auf die bundesdeutsche Öffentlichkeit – die Diskussion über den neuen Krieg, die nicht die Krisenregionen, sondern die »reagierenden« Mächte im Blick hat, im Jahr 2000 folgendermaßen zusammen: »Wie das ›Institut für Deutsche Sprache‹ meldete, gehörte ›Kosovo-Krieg‹ zu den wichtigsten Worten des Jahres 1999. Es steht für die Behauptung eines ›neuen Kriegs‹. Erstmals sollen nicht machtpolitisches Kalkül und zwischenstaatliche Verstrickung zum Krieg geführt haben. Vielmehr soll der westliche Staatenverband aus humanitärer Verpflichtung, vorbei an funktionsunfähig gewordenen internationalen Strukturen und im verantwortlichen Vorgriff auf globale Rechtsverhältnisse im nächsten Millennium, die Menschenrechte gegen einen delegitimierten Schurkenstaat verteidigt haben« (Wohlrapp 2000: 109). In dieser – von Wohlrapp übrigens scharf kritisierten – Position erscheinen die Gründe für Kriege edel, hilfreich und gut, greifen sie doch geradezu die Argumente der Friedensbewegung auf und versuchen Freiheit, Frieden und Menschenrecht auf der ganzen Erde durchzusetzen. Das Verstummen der Friedensbewegten während des Kosovo-Kriegs hat fraglos auch mit diesem Eindruck zu tun.

Ein in diesem Zusammenhang vieldiskutierter Text ist ein Aufsatz, den Jürgen Habermas während der Nato-Intervention veröffentlicht hat. Habermas beschreibt darin die Auseinandersetzung zwischen Befürwortern und Gegnern der Bombardements als einen innerpazifistischen Konflikt, in dem der Gesinnungspazifismus der Kriegsgegner mit dem Rechtspazifismus derer, die den Krieg führen, kollidiere. Konsequenz sei ein Diskurs, in dem das normative Argument alle Formen von realistischer Machtpolitik (in der Tradition Carl Schmitts) an den Rand dränge (vgl. Habermas 1999/2000: 217ff.).

Auf rhetorischer Ebene schien es tatsächlich nur Pazifisten zu geben, bis George W. Bushs Rede vom lang anhaltenden Feldzug für die Zivilisation und gegen die »Achse des Bösen« andere Töne anschlug. Doch ist der »internationale Terrorismus« nicht tatsächlich ein Gegner, den es im Interesse des Weltfriedens zu bekämpfen gilt, und ist es nicht eine lobenswerte Beigabe, wenn zugleich mit der Bekämpfung der Al Qaida-Netzwerke auch Regime wie das der Taleban in Afghanistan oder das Saddam Husseins im Irak verschwinden? Wenn man bedenkt, dass ohne die Außenpolitik der Vereinigten Staaten wohl weder die Taleban in Afghanistan an die Macht gekommen, noch Saddam Hussein im Irak jemals zu einem wichtigen militärischen Faktor geworden wäre, so scheint dieses Argument eher zynisch, oder erinnert an den Zauberlehrling, dessen verzauberte Besen ihm plötzlich bedrohlich werden. Zugleich fällt auf, wie gut die militärische Präsenz auf dem Balkan und im zentralasiatischen Raum in ein geostrategisches Konzept passt, das sowohl Erdöl- wie auch allgemeine geopolitische Interpretationen zulässt (vgl. die Beiträge von Gert Meyer und Mohssen Massarrat).

Viele Fragen sind in diesem Zusammenhang zu stellen. Handelt es sich bei den gegenwärtigen Entwicklungen tatsächlich um Schritte hin zu einer verrechtlichten Welt, wie sie Jürgen Habermas vorschwebte, als er den Kosmopolitismus Europas hervorhob, und spricht aus der Rhetorik von George W. Bush lediglich ein unhaltbarer Anachronismus, der den internationalen Strafgerichtshof zwar aufhalten, aber nicht verhindern kann, wenn Europa mit vereinten Kräften dafür eintritt, dass er geschaffen wird? Brechen über kurz oder lang offene Konflikte zwischen den Vereinigten Staaten und Europa aus? Ist das, was wir gerade erleben, nur die Neuauflage eines alten Phänomens, des Imperialismus, oder hat sich stattdessen ein Empire gebildet, das die Grenzen von Innen und Außen überwunden und aus traditioneller Außenpolitik eine Weltinnenpolitik gemacht hat (Vgl. Hardt/Negri 2002)? Ist die US-amerikanische Hegemonialstellung dabei, konsolidiert zu werden oder befindet sie sich im Decline?

In der Debatte fällt auf, dass es an Antworten nicht mangelt. Die einen machen sich zum Vorkämpfer einer europäischen Militärpolitik, um ein Gegengewicht zur ungebremsten »Weltherrschaft« der USA zu etablieren (so Hobsbawm 2002), andere fallen in das Pathos eines anti-imperialistischen Diskurses, der den alten Internationalismus – beinahe ohne es zu merken – transformiert in die globale Solidarität der Nationalismen. Wie ein intelligentes Friedenskonzept aussehen kann, bleibt eine vorläufig offene Frage. Um Antworten zu finden, die nicht verkürzen oder bereits in ihren Prämissen fragwürdig sind, muss man sowohl die verschiedenen Konflikte, als auch die Realitäten in den involvierten Gesellschaften konkret untersuchen (vgl. u.a. die Beiträge von Sabine Kebir, Matin Baraki, Micha Brumlik und Götz Nordbruch). Weder sollte man voreilig Zusammenhänge konstruieren – etwa zwischen dem Nahostkonflikt und den Anschlägen von New York und Washington –, noch den Blick für ein Ganzes verlieren, das sich als »Neue Weltordnung« zu etablieren beginnt (vgl. den Beitrag von Frank Deppe). Besonders entscheidend für alle Debatten um die »Neue Weltordnung« erscheint dabei die Frage nach der Stellung der Vereinigten Staaten. Vielleicht stößt man bei einer Untersuchung von Entwicklungstendenzen der US-Gesellschaft sogar auf ein Phänomen, dass viel diskutiert und wenig begriffen wird, den sogenannten »Fundamentalismus« (vgl. den Beitrag von Amy Holmes).

Konzepte müssen sich auf Analysen stützen, damit sie etwas taugen. Wenn dieser Band dazu beitragen kann, die Suche nach ihnen etwas intelligenter zu machen, hat er seinen Zweck erfüllt.

Marburg, im Juli 2002

Amy Holmes
David Salomon
Stefan Schmalz
Guido Speckmann

Literatur

Clausewitz, Carl von (1980): Vom Kriege – Ungekürzter Text nach der Erstauflage (1832-34), Frankfurt/M. u.a.

Creveld, Martin van (1998): Die Zukunft des Krieges, München.

Habermas, Jürgen (1999/2000): Humanität und Bestialität – Ein Krieg an der Grenze zwischen Recht und Moral, in: Lutz, Dieter S. (Hrsg.): Der Kosovo-Krieg – Rechtliche und rechtsethische Aspekte, Baden-Baden. (Erstveröffentlichung in: *Die Zeit* am 29.4.1999)

Haffner, Sebastian (1966): Der neue Krieg; in: Mao Tse-Tung: Theorie des Guerillakrieges oder Strategie der Dritten Welt – Einleitender Essay, Reinbek.

Hardt, Michael/Negri, Antonio (2002): Empire – Die neue Weltordnung, Frankfurt/M.

Hobsbawm, Eric (2002): »Die USA wollen die Weltherrschaft« – Der britische Historiker Eric Hobsbawm über die globale amerikanische Dominanz und ihre Grenzen nach den Anschlägen vom 11. September, über das Zeitalter der Extreme und einen drohenden Krieg gegen den Irak; in: *Der Spiegel* 12/2002

Kaldor, Mary (2000): Neue und Alte Kriege, Frankfurt/M.

Ludendorff, Erich (1935): Der totale Krieg, München.

Münkler, Herfried (1999): Den Krieg wieder denken – Clausewitz, Kosovo und die Kriege des 21. Jahrhunderts; in: *Blätter für deutsche und internationale Politik* 6/ 99

Münkler, Herfried (2001): Schwärende Wunden – Humanitäre Interventionen können die Spirale der Gewalt blockieren, doch Frieden können sie nicht schaffen; in: Frankfurter Allgemeine Zeitung, 30. August.

Wohlrapp, Harald (2000): Krieg für Menschenrechte?; in: Deutsche Zeitschrift für Philosophie Nr. 48. 1/2000.

Frank Deppe

Der 11. September und die internationale Politik

I.

Ignacio Ramonet hat in *Le Monde Diplomatique* (Dezember 2001: 1) die Auffassung vertreten, dass mit dem 11. September und der Kriegserklärung des US-amerikanischen Präsidenten George W. Bush an den »Terrorismus« in der ganzen Welt »ein neuer historischer Abschnitt begonnen hat. Er schließt zugleich eine Entwicklung ab, die mit dem Fall der Berliner Mauer angestoßen wurde«.

Das Verbrechen vom 11. September hat gewiss eigene Dimensionen. Dennoch muss – wie Peter Gowan (2002) betont hat – unterschieden werden zwischen der völlig legitimen Forderung nach der Ergreifung und Bestrafung der Täter, nach präventiven Maßnahmen, die solche Megaverbrechen ausschließen, und der Reaktion der US-amerikanischen Regierung. Diese hat dem »Bösen« den Krieg erklärt – einen Krieg, der in der ganzen Welt stattfinden kann und der kein Ende hat. Er begann in Afghanistan mit Flächenbombardements – wie im Golfkrieg und im Kosovo-Krieg – mit Tausenden unschuldiger Opfer, ohne dass das zunächst proklamierte Ziel (Ben Laden fangen; Al Qaida zerschlagen) erreicht worden wäre.

Mit dieser Kriegserklärung sind zugleich weiterreichende geostrategische und geopolitische Interessen (in der Region wie in der ganzen Welt) in den Vordergrund getreten. Sie schließt nicht nur ein extrem reduktionistisches Freund-Feind-Denken (das schon deshalb wenig glaubwürdig ist, weil die Feinde der USA meist bis vor kurzem ihre Freunde waren), sondern auch die Drohung an alle ein, die sich nicht den USA unterwerfen wollen: »Wer nicht für uns ist, ist gegen uns, sagte der Kalte Krieger John Forster Dulles. Nicht anders sagt es heute Bush junior« (so Theo Sommer in der »Zeit«). Daraus ergibt sich schon eine erste Schlussfolgerung: Wir müssen den Mut haben, Diskurse »zwischen den Fronten« und gegen das Denken nach Maßgabe der Freund-Feind-Polarität fortzuführen. Das heißt auch, den Primat der Sicherheitspolitik – Krieg nach außen und innen – zu kritisieren; denn dieser Primat verbaut – global wie national – jene vertrauensbildenden Maßnahmen, die notwendig wären, um dem Terrorismus den Boden zu entziehen, und er beschleunigt den Prozess der Erosion der Demokratie im eigenen Lande. Ein Innenminister Schily, der sich als Law-and-Order-Mann der SPD profilieren möchte, und der gleichzeitig mit dem italienischen Innenminister und seinen Carabinieri solidarisch ist, die in Genua mit faschistischen Methoden auf Demonstranten geschlagen und geschossen haben, personifiziert diese Krise der Demokratie und des Rechtsstaates im eigenen Lande.

II.

In seiner Rede an die Nation vom Januar 2002 hat George W. Bush keinen Zweifel daran gelassen, dass die Ziele und Motive der USA-Regierung weit über das Interesse an der Ergreifung und Bestrafung der Schuldigen des New Yorker Attentats hinausgehen. Sinngemäß sagte er: Wir führen Krieg, wir befinden uns mitten in einer Rezession und noch nie war die Nation so einig. Vor gut einem Jahr durch Wahlfälschung ins Amt gekommen, ist er nun so populär wie kein anderer seiner Vorgänger. Und gleichzeitig kündigte er im innenpolitischen Teil seiner Rede »den größten Anstieg der Rüstungsausgaben seit zwei Jahrzehnten an: ›Was immer es kostet, unser Land zu verteidigen, werden wir zahlen‹« (FR vom 31.1.2002).

Worin besteht die epochale (und natürlich auch symbolische) Bedeutung des 11. September? Ich vertrete die These, dass der 11. September den Übergang in eine neue Etappe (so auch Conert 2002) im Rahmen jenes größeren epochalen Umbruchs markiert, der in den letzen beiden Jahrzehnten des 20. Jahrhunderts eingesetzt hat. Eric Hobsbawm (1998: 503ff.) bezeichnete diese Entwicklungen als »Erdrutsch«. Sie umschließen den Übergang zu einer neuen Formation des globalen High-Tech-Kapitalismus sowie eine grundlegende Veränderung der weltpolitischen Machtverhältnisse. Eine erste Zäsur war mit dem Zusammenbruch der Sowjetunion (1991), der Auflösung des »sozialistischen Lagers und der deutschen Wiedervereinigung erfolgt. Im gleichen Jahr begann der Golfkrieg, der von Bush sen. als Eintritt in die »Neue Weltordnung« bezeichnet wurde. Auf dem Balkan wurde zur gleichen Zeit (mit maßgeblicher Beteiligung der deutschen Regierung) die Zerschlagung von Jugoslawien ins Werk gesetzt, die die drei nachfolgenden Kriege auslöste.

Eine erste Antwort auf die Frage nach der Bedeutung des 11. September 2001 könnte also lauten: Diejenigen Konflikte und Widersprüche, die sowohl aus dem Ende der Systemkonkurrenz und des Ost-West-Gegensatzes als auch als dem universalen Herrschaftsprojekt des – von den USA dominierten – »globalen High-Tech-Kapitalismus« resultieren, nehmen immer mehr die Form gewaltsamer Eruptionen und neuer Formen der Kriegsführung und Gewalt an.[1] Die neuen Kriege sind durch Terror und Gegenterror, durch Entstaatlichung und Entgrenzung,[2] aber auch durch eine neue Logik der technologischen »Unantastbarkeit«, die von den USA in Anspruch genommen wird, charakterisiert.

---

[1] Vgl. dazu das Schwerpunktheft der Zeitschrift PROKLA (Nr. 125, Dezember 2001); dort vor allem den Artikel von Joachim Hirsch: Globalisierung und Terror, S. 511-521.

Das Charakteristikum der neuen Epoche – als endloser, universeller und permanenter Krieg gegen das Böse mit der Definitionsmacht des US-amerikanischen Präsidenten – wäre also darin zu sehen, dass das neoliberale Herrschaftsprojekt nunmehr – als »disziplinierender Neoliberalismus« (Stephen Gill 2000) – mit militärischer Gewalt geostrategisch neu abgesichert wird. Die Hegemonie wird – um einen Ausdruck Gramscis zu verwenden – mit Zwang gepanzert, wobei natürlich darüber zu diskutieren wäre, ob beim Einsatz militärischer Mittel noch von Hegemonie – im Sinne des Konsens zwischen Herrschenden und Beherrschten – gesprochen werden kann.

III.

Natürlich ist die Struktur dieser Konflikte (und ihre Entstehung) äußerst komplex. Ich würde drei »Typen« solcher Konflikte unterscheiden, die auch auf die internationale Politik einwirken (nicht nur im Sinne von Gewaltexplosionen, sondern auch im Sinne der Strategieformulierung der relevanten Akteure):

1. Die Widersprüche und konfliktorischen Entwicklungen, die aus dem Zusammenbruch der Sowjetunion und von Jugoslawien, als sozialistischen Vielvölkerstaaten, aber auch aus den politischen und sozialökonomischen Krisenprozessen in den so genannten Transformationsgesellschaften Ost- und Südosteuropas hervorgehen.

2. Krisen- und Konfliktpotenziale vor allem auch in Ländern an der Peripherie oder Semiperipherie, die durch die Strukturen des Ost-West-Gegensatzes weitgehend unter Kontrolle gehalten wurden bzw. als ethnische oder religiöse Konflikte nicht dominant werden konnten. Der Ausbruch solcher Konflikte hat in der Regel den Zusammenbruch staatlicher Ordnungen zur Voraussetzung (vor allem in Afrika).

3. Das Herrschaftsprojekt des globalen High-Tech-Kapitalismus (verkürzt: »Neoliberalismus« genannt) reproduziert Widersprüche und (zwischenimperialistische) Machtkonflikte, die gewaltsam an die Oberfläche drängen. Die wichtigsten dieser Widersprüche sind mit der zunehmenden sozialen Polarisierung zwischen arm und reich, mit der Krise der alten nationalstaatlichen Regulierungsformen, der Zerstörung von sozialstaatlichen Institutionen, der Schwächung von (fordistischen) Solidargemeinschaften (wie z.B. der Gewerkschaften) u.a.m. verbunden. Dazu kommen zunehmende Konfliktpotenziale, die aus dem Kampf

---

[2] Mary Kaldor (2000: 22/23) bezeichnet die neuen Kriege als »Mischgebilde aus Krieg, Verbrechen und Menschenrechtsverletzungen«. Diese beschränken sich keineswegs auf die Peripherie des Südens: »Die genannten Aspekte neuer Kriege finden sich auch in Nordamerika und Westeuropa ... Die Gewalt, die sich in den westeuropäischen und nordamerikanischen Innenstädten beobachten lässt, weist etliche Analogien mit den neuen Kriegen auf«.

um die globale ökonomische und politische Machtverteilung zwischen den imperialistischen Zentren in Nordamerika, Europa und Ostasien resultieren. Ganz offensichtlich handelt es sich hierbei um die dominante Konfliktformation; denn sie ist maßgebend für die Strategieformulierung (und letztlich auch die Kriegserklärung) derjenigen Gruppen der globalen herrschenden Klassenfraktionen und Eliten sowie der Staatsapparate der entwickelten kapitalistischen Länder, die den Einsatz militärischer Gewalt als das adäquate Mittel des Kampfes gegen Terrorismus bestimmen und zugleich (in der Kooperation mit der Rüstungsindustrie) den Primat der inneren und äußeren Sicherheit über alle anderen Politikfelder durchzusetzen vermögen.

Dass diese Konfliktformationen (die vielfältige Verbindungen miteinander eingehen) in die Richtung einer zunehmenden Barbarisierung der Weltpolitik wirken, ist auch Ergebnis der Tatsache, dass seit Mitte der 1970er Jahre und mit der Herausbildung einer neuen Formation des Kapitalismus die traditionelle – aus der Arbeiterbewegung hervorgegangene – Linke (Sozialdemokratie, Kommunisten; Gewerkschaften), aber auch die antiimperialistischen Befreiungsbewegungen in der so genannten Dritten Welt tiefgreifende Niederlagen haben hinnehmen müssen. Deshalb sind sie als Widerstandspotenzial bzw. als Potenziale der »Zähmung« bzw. der »Zivilisierung« des Kapitalismus weitgehend ausgeschaltet.[3] Zu diesen Schwächen der Linken im Gefolge ihrer historischen Niederlagen über zwei Jahrzehnte gehört übrigens auch, dass die der heutigen Welt angemessene Bestimmung des Verhältnisses von lokaler, nationaler und transnationaler Politik eben auch für die Linke (theoretisch und praktisch) nach wie vor höchst unterentwickelt ist.

IV.

Durch die universelle Kriegserklärung des US-amerikanischen Staates – so die weitere These – wird eine Entwicklung zugespitzt, in der mit der Anwendung militärischer Gewalt die Möglichkeit zerstört bzw. immer mehr blockiert wird, jene Widersprüche zu überwinden, die den Prozess der Globalisierung (als einen Prozess der kapitalistischen Durchdringung der Welt) als einen fortschreitenden Prozess der Zerstörung von Weltzivilisation, der Erzeugung von Gewalt-

---

[3] Dieser These scheint zu widersprechen, dass in der zweiten Hälfte der 1990er Jahre – nach dem Wahlsieg von New Labour unter Tony Blair in Großbritannien – die europäische Sozialdemokratie in fast allen Ländern der EU in die Regierungen gewählt wurde. In ihrer Außenpolitik haben sich diese Regierungen aber fast vollständig den USA unterworfen. Traditionelle Positionen der Linken – Abrüstung, Entwicklungspolitik, Stärkung der UNO u.a. – kamen dabei kaum zur Geltung. Tony Blair hat sich sogar im eigenen Lande dem Gespött der Presse aussetzen müssen, weil er die Rolle als Schoßhund von George W. Bush noch überzog. Inzwischen deutet sich im Ergebnis der neueren Wahlen ein drastisches Ende des »Dritten Weges« an.

verhältnissen und der zunehmenden Entmachtung der Politik[4] – im Hinblick auf die Bearbeitung und Überwindung dieser Widersprüche und Gewaltverhältnisse – auszeichnen.

Samir Amin (1997: 137), unermüdlicher Kämpfer für eine humane Weltordnung und für die Interessen der Völker der »Dritten Welt«, schrieb über diese Veränderungen im Zeichen der weltweiten Hegemonie des Neoliberalismus: »Mit der allmählichen Erosion der Kompromisse, die der kapitalistischen Expansion der Nachkriegszeit zugrunde lagen, begann eine neue Phase, in der das Kapital nun ungehindert versucht, die Utopie einer Verwaltung der Welt gemäß der einseitigen Logik seiner Finanzinteressen durchzusetzen. Nach dieser ersten Schlussfolgerung waren die beiden neuen Ziele der Strategie der dominanten Mächte zu identifizieren: Vertiefung der ökonomischen Globalisierung und Zerstörung der politischen Widerstandsfähigkeit der Staaten, Nationen und Völker. ›Die Welt wie einen Markt verwalten‹, verlangt die maximale Zersplitterung der politischen Kräfte, d.h. praktisch die Zerstörung der Staatsgewalten (legitimiert mit der Ideologie genereller Entstaatlichung), das Aufspalten der Nationen in infranationale Gemeinschaften (ethnischer, religiöser u.a. Art), ihre Schwächung zugunsten supranationaler ideologischer Bindungen (religiöse Integrismen usw.).«

V.

Nach dem 11. September werden Konturen einer Weltordnung nach dem Ende des Systemgegensatzes deutlich, die natürlich ihre Vorgeschichte haben. Nach wie vor und auch für die absehbare Zukunft gilt, dass wir uns in einer (chaotischen) Übergangsepoche befinden, in der die Strukturen und Machtverhältnissen der internationalen Ordnung und der Weltpolitik umkämpft sind. Der Prozess der Neubildung von stabilen Ordnungs- und Herrschaftsstrukturen (das gilt übrigens auch für die Innenpolitik bzw. für die sozialökonomische Entwicklung) ist noch längst nicht abgeschlossen. Die Reaktionen der US-Regierung auf den 11. September (und die Entscheidungen danach, bis hin zur Vorbereitung des Angriffs auf den Irak) signalisieren jedoch, dass die US-Regierung dabei ist, in der neuen Weltordnung eine alleinige Führungsrolle zu beanspruchen. Diese drückt sich u.a. darin aus, dass die USA ihr »Selbstverteidigungsrecht« dahingehend auslegen, dass sie »die Entscheidung über die Rechtmäßig-

[4] Der neoliberale Radikalismus definiert die »Logik der Globalisierung« (von Weizsäcker 1999: 123) wie folgt: »Die wettbewerbliche Wirtschaft ist die Kraft der Veränderung, die Politik, sei sie demokratisch oder nicht, ist die Kraft der Beharrung und Bewahrung. Die Weltprobleme werden dadurch gelöst, dass man der Wirtschaft die Führungsrolle vor der Politik überlässt. Wenn unter dem Primat der Politik eine weitgehende Politisierung des Wirtschaftsgeschehens verstanden sein soll, dann kann dies nur in Stagnation, also letztlich in der Katastrophe enden«.

keit eines Krieges weitgehend von der UN in New York nach Washington verlegen werden« (Nassauer 2002).

Welches sind zunächst einmal die wichtigsten Veränderungen innerhalb des Weltsystems, die sich im letzten Viertel des 20. Jahrhunderts vollzogen haben und die gegenwärtige Konstellation bestimmen?

1. Das Ende des Systemgegensatzes, der dominanten Konfliktkonstellation der Weltpolitik zwischen dem Ende des Zweiten Weltkrieges und dem Zusammenbruch der Sowjetunion in den Jahren 1990/91.

2. Die Schwächung von sozialen Kräften und Staaten, die sich außerhalb des »sozialistischen Lagers« als antiimperialistisch bzw. als kapitalismuskritisch verstanden haben, die das Kapital vor allem in Europa nach dem Ende des Zweiten Weltkrieges – aufgrund der starken reformistischen Arbeiterbewegung und der eigenen Dynamik der sozialen Kämpfe seit den späten 1960er Jahren – zu einer Politik des »Klassenkompromisses« gezwungen hatten. Die Kapitalhegemonie wirkt über Politik und Ideologie des Neoliberalismus und sie vermittelt sich hauptsächlich über die »Standortlogik« bzw. die weitere »Vermarktlichung« aller sozialen Beziehungen unter der Vorherrschaft des internationalen Finanzkapitals und des Geschehens auf den internationalen Finanzmärkten. Pierre Bourdieu hat in diesem Zusammenhang von der »pensée unique« und vom notwendigen Kampf der Arbeiter, der Gewerkschaften und der Intellektuellen gegen die ungeteilte Herrschaft des Marktes und des Geldes gesprochen![5]

3. Die Rolle des Nationalstaates hat sich im Zuge der »Globalisierung« und der Veränderung der gesellschaftlichen und ideologischen Kräfteverhältnisse verändert. Ich halte die These vom »Niedergang der Souveränität der Nationalstaaten«[6] – wie sie jetzt auch von Negri und Hardt (2002: 10) vertreten wird – für falsch. Richtig daran ist, dass sich die Bedeutung des Nationalstaates als Adressat für politische und wirtschaftspolitische Alternativen jenseits des Neoliberalismus deutlich abgeschwächt hat – und daraus müsste die Linke auch Schlussfolgerungen ziehen. Wichtig ist aber gleichzeitig, dass sich die Rolle des Nationalstaates transformiert hat. Seine Funktion für die Organisierung von Klassenbeziehungen und -kompromissen (die dann auch die Demokratisierung der Systeme der Staatsapparate mit einschließen würde) ist deutlich reduziert zugunsten der nicht minder wichtigen Funktion der Anpassung der nationalen Gesellschaften und der nationalen Politik an die Anforderungen des globalen

---

[5] »Die Länder Europas stehen heute an einem Wendepunkt ihrer Geschichte, und es hängt alles davon ab, was sie tun werden. Sie können in Wiederanknüpfung an die Tradition der Aufklärung ... die Zivilisation auf eine neue Grundlage stellen. Und sie können ... in der Barbarei versinken ...« (Bourdieu u.a. 1997: 11).

[6] Aus ihrer These, dass der »Imperialismus ... vorbei« sei, folgt: »Die Vereinigten Staaten bilden nicht das Zentrum eines imperialistischen Projekts, ... tatsächlich ist dazu heute kein Nationalstaat in der Lage« (Negri/Hardt 2002: 12).

Wettbewerbs (Hirsch 2002; Hirsch/Jessop/Poulantzas 2001). Gleichzeitig vollzieht sich – im Kampf gegen den inneren und äußeren Feind – ein Ausbau der klassisch repressiven Staatsapparate, um einerseits das Projekt der imperialen Weltherrschaft gegen seine Widersprüche und gegen Widerstand in der ganzen Welt abzusichern, und andererseits nach innen jene Widerspruchspotenziale unter Kontrolle zu halten, die einerseits die zunehmende soziale Polarisierung, d.h. zunehmende »soziale Ungerechtigkeit«, andererseits den Widerstand gegen Demokratieabbau artikulieren.

4. Die USA haben ihre Stellung als unumschränkt herrschende Weltmacht Nr. 1 in den 1990er Jahren noch weiter ausgebaut. Vorstellungen von einem »American Decline«, wie sie in den späten 1980er Jahren im Anschluss an das Buch von Paul Kennedy (»Aufstieg und Niedergang der großen Mächte«) – auch von mir in meinem Buch »Jenseits der Systemkonkurrenz. Überlegungen zur neuen Weltordnung« (1991) vertreten wurden, haben sich (als Kurzfristprognose[7]) als falsch herausgestellt. Vor allem der ökonomische Boom der zweiten Hälfte der 1990er Jahre hat die Position der USA noch einmal deutlich gestärkt: über a) ihre militärisch-technologische Vormacht, und b) über das »Dollar-Wall-Street«-Regime und den so genannten Washington Konsensus vom Ende der 1980er Jahre (Gowan 1998).[8] Die Vorherrschaft der USA hat schon seit der Rea-

---

[7] Anders Immanuel Wallerstein (2002: 10): »Nach 500 Jahren seines Bestehens ist das kapitalistische Weltsystem erstmals in einer echten systemischen Krise und wir befinden uns in einer Zeit des Übergangs«.

[8] Der Ökonom Egon Matzner hat in seinem Buch »Monopolare Weltordnung. Zur Sozioökonomie der US-Dominanz« (Marburg 2000) die Ergebnisse seiner Untersuchungen wie folgt zusammengefasst: »Das Verschwinden der Sowjetunion und das Erlahmen der bipolaren Systemkonkurrenz hatten nicht nur positive Folgen, wie das Ende der kommunistischen Diktaturen oder des (vorläufigen?) Rückgangs atomaren Wettrüstens ... Mit dem Ende der Systemalternative zur kapitalistischen Marktwirtschaft verschwanden auch Notwendigkeit und Anreiz, sich um Anliegen zu bemühen, die zuvor als öffentliche Aufgaben einen hohen Stellenwert einnahmen: Vollbeschäftigung, Einkommensgerechtigkeit, Chancengleichheit bei Erziehung, Gesundheit und Kultur. Dazu kam im internationalen Bereich die Abkehr vom Bestreben, Konflikte im Rahmen der UNO unter Anwendung friedlicher Verfahren auszutragen und, wenn möglich, friedlich beizulegen. Auch wenn diese Bemühungen in den nationalen und internationalen Arenen nicht immer erfolgreich gewesen sind, so waren die Ergebnisse zweifellos besser als jene, die durch Laisser-faire erreichbar gewesen sind. In den Jahren, die seit dem Fall der Mauer vergangen sind, ist das neue Muster, das an die Stelle der Bipolarität getreten ist, mehr und mehr erkennbar geworden. In diesem dominiert eindeutig die USA mit Hilfe anlassbezogener, flexibler Allianzen. Ich nenne sie deshalb *die monopolare Weltordnung* ... diese Ordnung bringt einem kleinen Teil der Weltbevölkerung bedeutsame, vor allem materielle Vorteile. Die negativen Folgen für den größeren Teil sind jedoch mindestens ebenso wichtig« (S. 19).

gan-Administration zu einer systematischen Demontage der UNO und damit des Systems des Multilateralismus geführt (Cox 1998: 87ff.). Im Gefolge des Krieges gegen Afghanistan (und andere Mächte auf der »Achse des Bösen«) ist die NATO von der US-Regierung nach der Ausrufung des Bündnisfalles »völlig aus dem Spiel gedrängt worden ... Die Supermacht drängt auf ihre Handlungsfreiheit«, so erneut Theo Sommer in der »Zeit« vom 28. Februar 2002![9]

5. In der Folge dieser Strukturveränderungen der Weltpolitik im Rahmen der neuen Weltordnung haben – um eine klassische Formulierung zu verwenden – die »zwischenimperialistischen Konflikte« für die internationale Politik erheblich an Bedeutung gewonnen. Die Linke ist dabei mit einer verwirrenden Komplexität von gemeinsamen und konkurrierenden Interessen, von Prozessen an der Oberfläche und tieferliegenden Machtverschiebungen konfrontiert. Dazu kommt, dass die weltpolitische Realität (vor allem auch in den Zeiten des Krieges) von immer weniger privaten Medienkonzernen (CNN, AOL u.a.) reproduziert und interpretiert, d.h. »konstruiert« wird und dabei ganz neue Fragen der Ideologiekritik als Teil des Kampfes um den »senso commune« (wie Gramsci das nannte) aufgeworfen werden. Dennoch sind auch die divergierenden Interessen der Regierungen – z.B. die von Russland, China und Indien im Bündnis gegen den Terrorismus, oder die unterschiedlichen Interessen der EU-Europäer oder auch einzelner Mitgliedstaaten der EU – leicht zu erkennen.[10] Sie unterstüt-

[9] In den USA gab (und gibt) es immer verschiedene »Schulen« hinsichtlich der Ausgestaltung des Verhältnisses von nationaler Interessen- und Machtpolitik und internationaler Bündnispolitik. In der Regierung Bush dominiert die »Neue Rechte«, die eine harte Linie des Unilateralismus vertritt und eher verächtlich auf die Europäer (auf deren geringe militärische Macht sowie auf ihren »Pazifismus« und ihre Vorstellungen von Recht und Zivilität) herabschaut (vgl. dazu als Beispiel Kagan 2002). Eine andere Linie warnt vor den Folgen eines Unilateralismus, der neue Feinde erzeugt und alte Freunde abstößt. So warnte z.B. der Politikwissenschaftler Stanley Hoffmann (2001) kurz nach dem 11. September vor unbedachten Reaktion der US-Führung: »Das nationale Interesse gebietet es vielmehr, Partner zu suchen in dem gemeinsamen Streben nach Leben, Freiheit und Glück in einer aus den Fugen geratenen Welt«.

[10] Bei der Parade zu den Revolutionsfeierlichkeiten in Paris (14. Juli 2002) war auch ein Wagen der New Yorker Feuerwehr sowie eine Truppe US-amerikanischer Soldaten in historischen Uniformen zugegen. Gleichzeitig erklärte der alte und neu gewählte Staatspräsident Chirac (nun mit einer konservativen Regierungsmehrheit im Rücken), dass Frankreich seine Rüstungsausgaben erhöhen werde, und dass er dies auch den EU-Partnern empfehle. Regierungen von Großbritannien, Frankreich, Deutschland, Italien, Spanien konkurrieren heute darum, als privilegierte Bündnispartner der USA anerkannt zu werden, um auf diese Weise ihr Positionen in den EU-Verhandlungen zu stärken, in denen seit »Nizza« (Ende 2000) die intergouvernementale Achse enorm gestärkt worden ist. Eine vergleichbare symbolische Bedeutung haben natürlich auch die Zärtlichkeiten, die der deutsche Bundeskanzler Gerhard Schröder inzwischen mit dem russischen Staatspräsidenten Putin austauscht.

zen die USA, wollen dabei aber gleichzeitig eigene Interessen (sowohl Machtinteressen als auch ökonomische Interessen, z.B. hinsichtlich der Ölversorgung) optimieren, die langfristig die unumschränkte Vormacht der USA schwächen sollen.

Diese widersprüchliche Einheit von gemeinsamen und partikularen Interessen war schon während des Kosovo-Krieges bestimmend, in dem die Europäer schließlich der NATO – und d.h. den USA – zugestanden haben, die führende Rolle bei der Neuordnung der Machtverhältnisse auf dem Balkan, allgemeiner in Osteuropa, zu übernehmen.

VI.

Welche Ziele verfolgen die USA – und natürlich auch ihre Verbündeten – mit der universellen Kriegserklärung gegen den Terror, die mit dem Hinweis auf die »nationalen Interessen« begründet wird?

1. Sie wollen jedem Gegner die »Glaubwürdigkeit« ihrer Drohungen, damit zugleich ihre militärische Überlegenheit bzw. »Unbesiegbarkeit« demonstrieren.

2. Für ihre unipolare, globale Führungsposition zu kämpfen, bedeutet für die USA u.a., die Europäer in Schach und den Aufstieg Chinas zur Weltmacht in Ostasien bzw. im pazifischen Raum unter Kontrolle zu halten.

3. Die Sicherheitsinteressen der kapitalistischen Metropolen und der transnationalen Konzerne sind natürlich nicht allein militärischer und politischer Natur. Sie beinhalten auch die Frage nach einer funktionierenden (natürlich durch die Kapitalverwertungsinteressen definierten) Infrastruktur der Weltwirtschaft – also vor allem reibungslos funktionierende Verkehrs- und Kommunikationswege sowie eine optimale Rohstoffversorgung, wobei hier wiederum das Öl und das Erdgas eine entscheidende Rolle spielen. Geopolitik und Geostrategie bedeuten daher auch eine machtpolitische Neuordnung von Räumen in Mittelasien, wo nach dem Ende der Sowjetunion neue Zugänge (Kaspisches Meer), aber auch Machtvakua entstanden sind. Die Kontrolle und Beherrschung dieser Räume ist zum zentralen Ziel der internationalen Politik, genauer der Außenpolitik der USA geworden (vgl. u.a. Brzezinski 1997).

4. Die USA wie die kapitalistische Weltwirtschaft insgesamt befinden sich seit 2001 in einer – ziemlich tiefen – Rezession (Brenner 2002). Obwohl im Jahre 2002 das Wachstum sich zu erholen scheint, herrscht angesichts von Unternehmenszusammenbrüchen, kriminellen Machenschaften von Spitzenmanagern (Enron u.a., vgl. Schuhler 2002) sowie angesichts der Einbrüche an den Börsen nach wie vor ein Klima der Unsicherheit vor. Die besondere Bedeutung dieser Rezession besteht zunächst einmal darin, dass der Akkumulationszyklus aus der zweiten Hälfte der 1990er Jahre (mit extrem hohen Wachstumsraten) zum Stillstand gekommen ist, dass zahlreiche spekulative Blasen geplatzt sind

und mit ihnen auch Illusionen und falsche Versprechen über das »Zeitalter« der New Economy und des Shareholder-Kapitalismus. Zusammen mit der stagnativen Entwicklung in Japan (seit Anfang der 1990er Jahre) und der Rezession in Europa im gleichen Zeitraum verweist die USA-Krise darauf, dass die kapitalistische Weltwirtschaft ihre stagnative Grundtendenz immer noch nicht überwunden hat, während sich gleichzeitig an der Peripherie geradezu dramatische ökonomische und monetäre Krisenprozesse vollziehen. Dabei zeigt sich immer wieder, dass das grundlegende Problem der kapitalistischen Weltwirtschaft, nämlich die strukturelle Überakkumulation, nicht gelöst ist. Die Strategie der Globalisierung hat keinen neuen – sich selbst tragenden – Wachstumszyklus erzeugt. Sie erzeugt im Zentrum und an der Peripherie immer heftigere Krisen: die Finanzkrisen in Asien und die der Türkei sowie der Staatsbankrott in Argentinien (mit seinen Wirkungen auf Uruguay und Brasilien) als Folge der neoliberalen Politik sind nur die bekanntesten Beispiele aus der jüngsten Zeit.

Es wäre zumal für die wissenschaftliche Analyse der gegenwärtigen Epoche des Umbruchs und des Übergangs außerordentlich wichtig, Zusammenhänge zwischen ökonomischen Stagnations- und Krisenprozessen auf der einen und der zunehmenden Gewalt und Aggressivität in der Weltpolitik (sowohl in der Erschließung neuer Räume, in der Konkurrenz mit den anderen imperialistischen Mächten, als auch in der Durchsetzung eigener nationaler Sicherheitsinteressen) genauer zu untersuchen. Der Ökonom Karl Georg Zinn (1997: 145ff.),[11] der sich in zahlreichen Publikationen mit den Strukturkrisen im Übergang von der Industrie- zur Dienstleistungsökonomie beschäftigt hat, hat schon vor dem 11. September 2001 die These zur Diskussion gestellt, dass 1. der Kapitalismus in seiner bisherigen Geschichte stets solche Formationskrisen durch Aufrüstung und Krieg gelöst habe (er bezieht sich dabei zunächst einmal auf den Zusammenhang von Weltwirtschaftskrise nach 1929, Massenarbeitslosigkeit, Faschismus und Weltkrieg), und dass 2. die Politik der USA seit dem Ende des Ost-West-Gegensatzes und seit dem Golfkrieg 1991 immer deutlicher in diese Richtung geht. Auch das nun von George W. Bush verkündete Hochrüstungsprogramm für die USA bestätigt diese Vermutung.

---

[11] »Die Weltkriege und eine Vielzahl anderer Kriege – insbesondere die Folge von »Stellvertreterkriegen«, die mit dem Korea-Krieg (1950-53) begann – hatten ... belebende Wirkung auf die kapitalistische Akkumulation. Rüstungsökonomie eröffnet der kapitalistischen Akkumulation besonders günstige Pespektiven, weil es auf Kosten (fast) gar nicht ankommt ... Ganz unabhängig von der moralischen Einstellung der natürlichen Personen, die die kapitalistische Klasse bilden, besteht also zwischen Rüstungsökonomie bzw. Krieg und Kapitalismus eine Symbiose« (Zinn 1997: 145).

VII.

Die sozialistische und kommunistische Linke hat sich – historisch betrachtet – mit der internationalen Politik oft schwer getan, obwohl sie sich doch mit dem Hinweis auf die Schlusssätze des »Kommunistischen Manifests« (1848) und auf die Gründung der Internationalen Arbeiterassoziation (1864) als authentischen Träger des Internationalismus bezeichnen durfte. Um so tiefer waren die Rückschläge, die mit dem Zerfall der Internationale im August 1914 hingenommen werden mussten. Für Teile der internationalistischen Linken ist zudem (spätestens) seit 1990/91 das Raster der Parteinahme in internationalen Konflikten zerbrochen – sowohl zwischen der NATO und dem Warschauer Pakt als auch zwischen dem US-Imperialismus nebst Verbündeten und den antiimperialistischen Befreiungsbewegungen.

Heute sieht es eher so aus, dass Internationalismus (»Globalismus«) von den transnationalen Konzernen und der »globalen Klasse« (Sklair 1997; van der Pijl 1998; Dahrendorf 2000) sowie von der US-amerikanischen Regierung selbst als Selbstbeschreibung des Modells der amerikanischen Weltherrschaft vertreten wird (Anderson 2002). Die Reste der Arbeiterbewegungen hingegen vertreten einerseits die Notwendigkeit nationaler Regulierungen gegen die Übermacht der Weltmärkte; andererseits werden Teile der Arbeiterklasse, die sich in ihrer Existenz durch die Globalisierung (und die damit verbundenen Prozesse der transnationalen Migration sowie der Zerstörung von Rechten und Errungenschaften der Arbeiterbewegung) bedroht fühlen, zu Trägern des Nationalismus und z.T. auch des Rassismus, wie er von den rechtsextremen Parteien in Europa (z.B. durch den Front National von Le Pen in Frankreich) vertreten wird.

Allerdings sollte daraus nicht die Schlussfolgerung der Abstinenz von politischer Interventionsfähigkeit gezogen werde, die sich dann in linksradikalen Phrasen bzw. in Fundamentalkritik und Forderungen nach dem Sturz des Imperialismus selbst befriedigt.[12] Die Linke muss – im Bewusstsein, dass die eigenen

---

[12] Ein absoluter Tiefpunkt ist dort erreicht, wo (in den Binnendiskursen eines pseudolinken Journalismus) die Kritik an der Macht und der Politik der USA als Antiamerikanismus oder gar (unter Einschluss von Apologien der Politik Scharons in Israel) als Antisemitismus denunziert wird. Ich kann Kritik akzeptieren, die darauf aufmerksam macht, dass es eben nicht allein die USA, sondern auch die »Europäer« – und auch die Sozialdemokraten im eigenen Lande – sind, die sich bedingungslos an die Seite der USA stellen und die eben auch eigene imperialistische Ziele verfolgen. Dennoch sollte dabei nicht vergessen werden, dass die USA eine dominante Macht sind, dass sie objektiv eine Führungsrolle in der Welt spielen und dass sie diese auch subjektiv – bewusst und strategisch – bewahren und ausbauen wollen (»America First«). Und es sollte auch nicht vergessen werden, welche Rolle die USA in der Periode des Kalten Krieges gegen alle Bewegungen und Regierungen gespielt haben, die sich aus der Vorherrschaft des Imperialismus befreien wollten, die eine wirkliche Emanzipation für die breiten Volks-

Formen der Reorganisation als soziale und politische Bewegung noch in den Anfängen sich befinden, aber doch schon durchaus lebendig sind – auch die Frage nach der Anschlussfähigkeit linker Politik auf der Ebene von Realpolitik und der dort konfligierenden Interessen stellen.

Es kann nicht bedeutungslos für die Linke sein, dass es auch unter den regierenden Kräften in Europa durchaus relevante Positionen gibt, die nicht nur die US-Politik kritisieren, sondern die im Kampf gegen den Terrorismus auf eine Politik der Verständigung, des Multilateralismus und auch der materiellen Umverteilung zwischen Zentrum und Peripherie setzen. Die Kirchen spielen hier z.B. eine Rolle, die auf die Rückgewinnung moralischer Standards – auch in der internationalen Politik – gerichtet ist. Vertreter der Kirchen vertreten heute oftmals Positionen (Kritik des weltweiten Kapitalismus, des Skandals der Armut, der mangelnden sozialen Gerechtigkeit usw.), die weite Teile der Linken aufgegeben haben. Es gibt durchaus relevante Kräfte in der Europäischen Union, die auf eine stärkere Autonomie der Europäer und auch auf eine Verteidigung des »europäischen Gesellschaftsmodells« gegenüber dem US-amerikanischen Modell setzen. Natürlich ist das sehr widersprüchlich; denn die herrschenden Klassen in der EU verfolgen dabei ihre eigenen Interessen, die gewaltförmiges Handeln nach außen überhaupt nicht ausschließt (ich erinnere nur an die Militär- und Interventionspolitik der französischen Republik, auch unter einer sozialistisch-grün-kommunistischen Regierung, die inzwischen abgelöst ist). Dennoch erfordert Friedenspolitik – als Voraussetzung auch für die Schaffung von Räumen für antikapitalistische Strukturreformen – möglichst breite Bündnis- und Diskurskonstellationen. Deshalb muss die Linke hier stets auch danach fragen, ob und an welche Positionen sie anschlussfähig ist, wie sie einwirken kann auf den herrschenden Diskurs, ja sogar, ob sie zwischenimperialistische Widersprüche zugunsten progressiver Entwicklungen (dazu würde allemal die Verhinderung von weiteren Kriegsschlägen durch die USA gehören; dazu würde auch ein energisches Eingreifen in den Konflikt zwischen Israelis und Palästinensern gehören) beeinflussen kann.

---

massen – im ökonomischen, sozialen, kulturellen, aber auch im Sinne politischer Partizipation von unten – durchsetzen wollten und dabei die Herrschaft der alten Eliten zu beseitigen hatten. Die USA haben überall – direkt oder indirekt – brutal zugeschlagen. Sie haben die blutigen Militärdiktaturen in Lateinamerika (vor allem in den 1970er Jahren) unterstützt und ausgerüstet. Sie haben den Tod, die Ermordung zehntausender Menschen billigend in Kauf genommen, wenn es darum ging, »Contras« gegen Regime auszurüsten, die sie als Bedrohung ihrer Macht in der Welt oder in der Region angesehen haben. Das Buch mit dem Titel »Die Akte Kissinger«, das gerade von einem amerikanischen Journalisten verfasst wurde, mag illustrieren, was ich meine. Nach der Lektüre ist um so besser zu verstehen, warum die politische Klasse der USA sich (fast einmütig) strikt weigert, den Internationalen Strafgerichtshof in Den Haag anzuerkennen.

Eine solche Überlegung geht davon aus, dass andere Politikvarianten als die derzeit herrschenden möglich sind. Es gibt – so der amerikanische Soziologe und Politikwissenschaftler Michael Mann (2001) – Alternativen zur Politik des »Krieges gegen den Terror«, wie er von der Neuen Rechten in den USA und den harten Neorealisten als unvermeidlich angesehen wird. Ausgangspunkt ist für ihn ebenfalls der widersprüchliche Prozess der Globalisierung, der bestehende Spaltungen (und Fragmentierungen) in der Welt verstärkt und neue erzeugt. Die meisten dieser Spannungen bringen keine bewaffneten Auseinandersetzungen hervor; sie können durch friedliche Verhandlungen gelöst werden. Es ist vor allem das Aufkommen religiöser Fundamentalismen, das diese Spannungen enorm zugespitzt hat. Allerdings sind diese auch eine Folge verfehlter politischer Strategien des Westens, die den »Zusammenstoß der Fundamentalismen« (Tariq Ali 2002) beschleunigt haben. Er fragt: War denn diese schreckliche Konfrontation überhaupt nicht vermeidbar? Dass die USA der Hauptfeind eines militanten Fundamentalismus geworden sind, resultierte aus den – zunächst unbeabsichtigten – Folgen von drei amerikanischen Politiken: gegenüber dem Kommunismus, gegenüber Israel und in Bezug auf das Öl.

- Im Kampf gegen den Kommunismus haben die USA (und ihre Verbündeten) nicht nur korrupte und autoritäre Regime unterstützt, sondern auch terroristische Bewegungen (Taleban, UCK usw.). Deren Führungsgruppen rekrutierten sich (in der Regel) aus den herrschenden Klassen der angeblich vom Kommunismus bedrohten Länder und Regionen. Heute richten sie die Waffen gegen den US-Imperialismus, weil dieser ihnen nach dem Sieg über den Kommunismus ihren (ökonomischen und politischen) Anteil an der Macht beschneidet.
- Die USA haben Israel auch dann noch unterstützt, als der Staat Israel weniger ein Opfer als vielmehr selbst ein Unterdrücker geworden ist.
- Die Ölinteressen haben die USA dazu gebracht, eine große Anzahl von Truppen in Saudi Arabien und in den Scheichtümern am Golf zu stationieren, und den Irak als einen »Schurkenstaat« anzugreifen – während sie z.B. die Annexion von Osttimor durch Indonesien stillschweigend akzeptiert haben. Immerhin hat die Armee von Indonesien dort ca. 100.000 Menschen massakriert. Die Schlussfolgerung von Michael Mann: Der Krieg zwischen dem islamischen Fundamentalismus und dem Imperialismus des Nordens (»Northern Imperialism«) ist nicht notwendig und unvermeidbar; er könnte durch drei Maßnahmen unterbunden werden:
- eine Gleichbehandlung von Israelis und Arabern (»a more even-handed approach to Israel/Palestine«);
- weniger militärische und mehr wirtschaftliche Hilfe für die arabischen Regime;
- eine fortschrittliche internationale Entwicklungsstrategie, mit Umverteilung und Wachstum als den beiden Hauptzielen.

Peter Gowan (2002: 28/29) schreibt am Ende seiner Analyse über »US-Hegemonie und globale Unordnung« nach dem 11. September: »Die einzig sichere Schlussfolgerung, die sich aus dieser Analyse ziehen lässt, lautet, dass die zehn ruhmreichen Jahre des triumphierend über den Globus marschierenden atlantischen Liberalismus endgültig vorbei sind. Es ergeben sich Spannungen jedweder Art: zwischen Nord und Süd, zwischen den USA und den anderen Hauptmächten und selbst innerhalb einzelner Staaten durch die Entstehung eines vom neuen Kapitalismus hervorgebrachten autoritären Populismus. Die Bush-Administration richtet sich ganz offensichtlich stärker denn je darauf ein, die weltweite US-Dominanz noch fester zu verankern – was die Überdehnung dieses Projektes gewiss weitertreiben wird. Und wenn die Vereinigten Staaten nicht dazu in der Lage sein sollten, ihre Verbündeten zuverlässiger als bisher auf dieses globale Projekt zu verpflichten, könnten die Spannungen in der Allianz auch zum Ausbruch kommen. Auf geopolitischer Ebene würde wahrscheinlich China am meisten von einer solchen Entwicklung profitieren, weil ihm dann mehr Zeit zur Verfügung stünde, um seine gesellschaftliche Transformation durchzuführen und zu konsolidieren. Russland und Vladimir Putin könnten ebenfalls zu den Gewinnern zählen. EU-Europa kommt vermutlich demnächst an eine Art Weggabelung, wo es sich zwischen einem engeren, gegen den US-amerikanischen Druck gerichteten politischen Block und einer lockeren Option entscheiden muss, die eventuell sogar zur Desintegration führen könnte. Aber natürlich kann nicht ausgeschlossen werden, dass US-Politiker oder andere signifikante Teile des US-Establishments neue programmatische Schlussfolgerungen für das weltweite Krisenmanagement ziehen wie zum Beispiel eine echte Politik der Entschuldung, Armutsbekämpfung und Regulierung der Finanzmärkte«.

VIII.

In Porto Alegre (im brasilianischen Bundesstaat Rio Grande del Sul, der von der »Arbeiterpartei« [PT] regiert wird) versammelten sich Ende Januar/Anfang Februar 2002 ca. 70.000 Menschen zum »Zweiten Weltsozialforum«, das sich als Gegenveranstaltung zum Weltwirtschaftsgipfel von Davos (der in diesem Jahr, auch um den Protesten auszuweichen, in New York stattfand) versteht (Grefe u.a. 2002: 173ff.). Die Zahl der TeilnehmerInnen hatte beträchtlich zugenommen und das gesamte Treffen war von einer optimistischen Stimmung getragen – nicht so sehr hinsichtlich der globalen politischen Entwicklung nach dem 11. September, sondern im Blick auf die Entwicklung und Konsolidierung einer neuen, globalen Sozialbewegung, die die Globalisierung als kapitalistisches (neoliberales) bzw. imperiales Herrschaftsprojekt kritisiert und eine Politik verlangt, die mit der Kontrolle der globalen Finanzmärkte, dem Kampf gegen Privatisierung und Deregulierung, gegen den Abbau von Sozialstaatlichkeit und Gewerkschaftsrechten, gegen Krieg und Terror verbunden ist.

Die Losung, in der sich die Intentionen der Kämpfe in den Zentren wie in der Peripherie zusammenfassen, lautete: »Eine andere Welt ist möglich! Widerstand dem Neoliberalismus, dem Militarismus und Krieg. Für Frieden und soziale Gerechtigkeit!« Vor dem 11. September standen die Auseinandersetzungen mit den sozialökonomischen und ökologischen Widersprüchen der neoliberalen Globalisierung im Zentrum. Nach dem 11. September, als Kommentatoren erwarteten, dass nunmehr der von den USA geführte weltweite »Kampf gegen den Terrorismus« alle anderen Themen aufsaugen und überlagern würde, nahm die globalisierungskritische Bewegung das Thema des Friedens als zentrales Thema auf.[13] Gleichzeitig stand in Porto Alegre die Analyse der Krise in Argentinien im Mittelpunkt. Was in Seattle begann – als Bündnis von Gewerkschaftern, Umwelt- und Menschenrechtsgruppen – hat sich in zahlreichen Großdemonstrationen – über Davos bis nach Genua 2001 – zur Sozialbewegung eines neuen Internationalismus entwickelt, den auch die herrschende Politik nicht länger zu ignorieren vermag (Seoane/Taddei 2002; Klas 2002: Green/Griffith 2002; Socialist Register 2002).

In Deutschland z.B. reflektiert sich dieser Prozess u.a. in der Ausstrahlung des Konstitutionsprozesses von Attac. Ganz offensichtlich steht auch der Prozess der Renaissance einer neuen Militanz von Teilen der westeuropäischen Gewerkschaften im Zusammenhang jener Ansätze von kapitalismuskritischen Sozialbewegungen, die sich in Porto Alegre manifestierten. Die Generalstreikbewegungen in Italien und Spanien, die Massendemonstrationen bei den EU-Gipfeln von Barcelona und Sevilla, der »Summer of Discontent«, den die britischen Gewerkschaften mit zahlreichen Streiks anheizen.[14] Es kommt jetzt dar-

[13] In der Abschlusserklärung des Weltsozialforums 2002 in Porto Alegre heißt es in der These 4: »Der 11. September bezeichnete eine dramatische Wende. Nach den terroristischen Anschlägen, die wir entschieden verurteilen, so wie wir alle Anschläge auf Zivilisten in jedem Teil der Welt verurteilen, haben die Vereinigten Staaten mit ihren Alliierten eine gewaltige Militäroperation begonnen. Im Namen des ›Krieges gegen den Terrorismus‹ werden in der ganzen Welt zivile und politische Rechte verletzt. Mit dem Krieg gegen Afghanistan, in dem ebenfalls terroristische Methoden angewandt wurden, und mit den zukünftigen, bereits vorbereiteten Kriegen, befinden wir uns in einem permanenten, globalen Krieg. Seine Ausweitung wurde durch die Regierung der USA und ihre Alliierten entfesselt, um ihre Herrschaft zu festigen. Dieser Krieg enthüllt das brutalste und nicht akzeptable Gesicht des Neoliberalismus. Der Islam wird dämonisiert, während Rassismus und Xenophobie ihre ungehinderte Verbreitung finden. Information und Massenmedien beteiligen sich aktiv an dieser Kriegskampagne, die die Welt in ›gut‹ und ›böse‹ einteilt. Die Opposition gegen den Krieg ist eines der konstitutiven Elemente unserer Bewegungen«.

[14] Bedeutsam ist dabei vor allem, dass die TUC-Gewerkschaften nach einer langen Phase des Niedergangs, der Schwächung und der Defensive, die mit sozialpartnerschaftlicher Anpassung verbunden war, nunmehr auch die New-Labour-Regierung von Tony

auf an, Vernetzungen zu sichern und auszubauen: zwischen der transnationalen Ebene und den unteren – d.h. nationalen und lokalen – Ebenen sowie zwischen den traditionellen Organisationen der Linken (Parteien, Gewerkschaften z.B.) und den Initiativen und Gruppen, die die Bewegung von unten tragen. Wirken wir daran mit, dass diese Bewegungen (in der ganzen Welt) nach dem 11. September noch stärker werden.

Literatur

Ali, Tariq (2002), The Clash of Fundamentalisms. Crusades, Jihads and Modernity, London/New York.

Amin, Samir (1997), Die Zukunft des Weltsystems. Herausforderungen der Globalisierung, Hamburg.

Anderson, Perry (2002), Internationalism: A Breviary, in: New Left Review, 14 (March/April 2002), S. 5-25.

Bourdieu, Pierre u.a. (1997), Perspektiven des Protests, Hamburg.

Brenner, Robert (2002), Die weltwirtschaftliche Rezession beginnt. Eine Diagnose, in: Sozialismus, 2/2002, S. 11-19.

Brzezinski, Zbigniew K. (1997), Die einzige Weltmacht. Amerikas Strategie der Vorherrschaft, Weinheim.

Conert, Hansgeorg (2002), Das amerikanische Imperium. Der »Krieg« gegen den Terrorismus als Etappe der Neuen Weltordnung, Supplement der Zeitschrift Sozialismus, 6/2002.

Cox, Robert W. (1998), Multilateralismus und Weltordnung, in: ders., Weltordnung und Hegemonie, FEG-Studie Nr. 11, Marburg, S. 87ff.

Dahrendorf, Ralf (2000), Die globale Klasse und die neue soziale Ungleichheit, in: Merkur, Jg. 54 (11), S. 1057-1068.

Deppe, Frank (1991), Jenseits der Systemkonkurrenz. Überlegungen zur »Neuen Weltordnung«, Marburg.

Gill, Stephen (2000), Theoretische Grundlagen einer neogramscianischen Analyse der europäischen Integration, in: Hans-Jürgen Bieling/Jochen Steinhilber (Hrsg.), Die Konfiguration Europas. Dimensionen einer kritischen Integrationstheorie, Münster, S. 23-50.

Gowan, Peter (1998), The Global Gamble. Washington's Faustian Bid for World Dominance, London/New York.

Gowan, Peter (2002), US-Hegemonie und globale Unordnung, Supplement der Zeitschrift Sozialismus, 5/2002.

Green, Duncan/*Griffith*, Metthew (2002), Globalization and its Discontent, in: International Affairs 78, 1(2002), S. 49-68.

Grefe, Christiane u.a. (2002), attac. Was wollen die Globalisierungskritiker? Berlin.

Blair mit Streiks und zugleich die Labour Party mit der Zurückhaltung ihrer Mitgliederbeiträge unter Druck setzen. Außerdem haben sich in einigen Gewerkschaften bei Vorstandswahlen Vertreter des radikalen, linken Flügels gegen die alten – Blair-freundlichen – Vorsitzenden durchgesetzt.

Hardt, Michael/*Negri*, Antonio (2002), Empire. Die neue Weltordnung, Frankfurt/New York.

Hirsch, Joachim (2001), Globalisierung und Terror, in Prokla 125, 31. Jg., Nr. 4, Dezember 2001, S. 511-521.

Hirsch, Joachim (2002), Herrschaft, Hegemonie und politische Alternativen, Hamburg.

Hirsch, Joachim/*Jessop*, Bob/*Poulantzas*, Nicos (2001), Die Zukunft des Staates, Hamburg.

Hobsbawm, Eric (1998), Das Zeitalter der Extreme. Weltgeschichte des 20. Jahrhunderts, München.

Hoffmann, Stanley (2001), Vom neuen Kriege. Amerika braucht Partner, nicht nur Alliierte gegen den Terror, in: Die Zeit vom 11. Oktober 2002, S. 3.

Kagan, Robert (2002), Mission Ewiger Friede. Die Europäer sind schwach. Deshalb können sie Amerikas Macht nicht begreifen, in: Die Zeit vom 11. Juli 2002, S. 9.

Kaldor, Mary (2000), Neue und alte Kriege. Organisierte Gewalt im Zeitalter der Globalisierung, Frankfurt/Main.

Kennedy, Paul (1989), Aufstieg und Niedergang der großen Mächte. Frankfurt/Main.

Klas, Gerhard (2002), Bewährungsprobe bestanden. Ein Überblick über die neuen Bewegungen, ihre Akteure und Ideen, in: SoZ 1-2002, S. 3-10.

Mann, Michael (2001), Globalization and September 11, in: New Left Review, 12, November/December 2001, S. 51-72.

Matzner, Egon (2000), Monopolare Weltordnung. Zur Sozioökonomie der US-Dominanz, Marburg.

Nassauer, Otfried (2002), Eine neue militärische Aufteilung der Welt, Frankfurter Rundschau vom 15.7.2002, S. 6.

van der Pijl, Kees (1998), Transnational Classes and International Relations, London/New York.

Schuhler, Conrad (2002), Enron. Pleite von Walls Street und Washington. Institut für sozialökologische Wirtschaftsforschung, München, Spezial Nr. 16, Mai 2002.

Seoane, José/*Taddei*, Emilio (2002), From Seattle to Porto Alegre: The Anti-Neoliberal Globalization Movement, in: Current Sociology, January 2002, Vol. 50 (1), S. 99-122.

Sklair, Leslie (1997), Social movements for global capitalism: the transnational capitalist class in action, in: Review of International Political Economy, 4:3, Autumn 1997, S. 514-538.

Socialist Register (2002), ed. by Leo Panitch and Colin Ley: A World of Contradictions, London/New York.

Sommer, Theo (2002), Die Achse der Betonköpfe, in: Die Zeit vom 28.2.2002, S. 4.

von Weizsäcker, Christian (1999), Logik der Globalisierung, Göttingen.

Zinn, Karl Georg (1997), Jenseits der Markt-Mythen. Wirtschaftskrisen: Ursachen und Auswege, Hamburg.

Frank Unger

Was denken sich die Amerikaner eigentlich dabei?

Allgemeines und Besonderes zum außenpolitischen Verhalten der USA

Im Westen war während des Kalten Krieges die Ansicht selbstverständlich, dass die UdSSR eine von einer Weltanschauung geleitete politische Macht gewesen sei. Jeder, der einmal eine Broschüre der Bundesanstalt für Politische Bildung in die Hände bekommen hat, weiß, wie sehr in solchen Veröffentlichungen Wert auf die Feststellung gelegt wurde, dass dort die Ideologie des »Marxismus-Leninismus« von zentraler Bedeutung war. Sie bestand im wesentlichen aus einer Philosophie (dem dialektischen und historischen Materialismus), einer Politischen Ökonomie und einer Theorie der Geschichte (dem wissenschaftlichen Kommunismus). Lenin selbst sah die Bedeutung des Marxismus in der »Klarstellung der weltgeschichtlichen Rolle des Proletariats als des Schöpfers der sozialistischen Gesellschaft« (Klaus/Buhr 1976: 738), also in der bewussten Anwendung für den praktischen politischen Kampf. Der Marxismus-Leninismus war offizielle Staatsdoktrin und weltanschauliche Grundlage der Sowjetunion und der anderen Warschauer Pakt-Staaten, und als solche in ihrem Anspruch universal. Beispielsweise waren die individuellen Rechte den kollektiven Zielen der Gesellschaft weitgehend untergeordnet, und außenpolitisch forderte und begründete die marxistisch-leninistische Theorie vom internationalen Klassenkampf den antagonistischen Gegensatz zur kapitalistischen Welt. Im Westen lernten die Kinder schon in der Schule, vor ihm auf der Hut zu sein. Denn obwohl man einerseits seine theoretischen Inhalte herunterzuspielen suchte, so war man doch andererseits über die Attraktivität des Marxismus-Leninismus für viele junge Menschen besorgt, und außerdem stand hinter ihm eine große Weltmacht und ein bedeutendes militärisches Bündnis.

Ich teile die Ansicht, dass die Ideologie des Marxismus-Leninismus konstitutiv für die Länder des Warschauer Pakts war. Ich gehe sogar weiter und behaupte, dass er als ideeller Faktor auch als unabhängige Variable in der Geschichte der sozialistischen Länder gewirkt hat. In der Rückschau auf die untergegangene Sowjetunion lässt sich wie in einer historischen Versuchsanordnung die Plausibilität der Behauptung von Max Weber illustrieren, dass unter bestimmten Bedingungen und zu bestimmten Zeiten ideelle Faktoren eine die materielle

Realität beeinflussende Wirkung ausüben können. Solange nämlich in der Sowjetunion der Marxismus-Leninismus als verbindliche Legitimationstheorie eines Gesellschaftssystems ohne Privateigentum an Produktionsmitteln gültig war und entsprechend durchgesetzt wurde, disziplinierten sich die Funktionsträger des Systems, war die Verfügungsgewalt der Wirtschaftsmanager über die Produktionsmittel und Rohstoffe des Landes kontrolliert und nicht absolut, repräsentierten dessen Streitkräfte neben waffentechnischer Effizienz einen nationalen Willen zur internationalen Selbstbehauptung, hatten das russische Volk und dessen Nachbarvölker noch ihr Auskommen und eine an den Westen heranreichende Lebenserwartung. Der Marxismus-Leninismus bedeutete für viele Menschen in der Sowjetunion eine Zeitlang durchaus etwas anderes und etwas Höheres als etwa panslawistische Schwärmerei oder großrussischer Chauvinismus. Denn er war universalistisch und verfolgte ein übernationales Ziel, das nur akzidenziell, nicht essenziell an »Russland« gebunden war.

Was nun die andere Supermacht des Kalten Krieges – die Vereinigten Staaten von Amerika – betrifft, würde eine entsprechende Feststellung, dass nämlich auch bei ihr die internationale Politik von einer zusammenhängenden, handlungsanleitenden Ideologie auf der Basis eines universalistischen Geschichtsverständnisses bestimmt sei, und zwar bis heute, im Westen auf Unverständnis stoßen. Erst jüngst hat Außenminister Joschka Fischer in einem Gespräch im *Spiegel* dies zum Ausdruck gebracht: »Es ist nicht so, dass die Macht Amerikas einem großen Masterplan zur Welteroberung entsprungen ist. Vielmehr hat das Land jeweils auf historische Bedrohungen reagiert«. (*Der Spiegel*, 18.5 2002) Nun, es muss ja nicht gleich ein ausgearbeiteter »Masterplan« sein, aber mehr als bloß »Reaktion« könnte es doch wohl gewesen sein. Außerdem haben die Gesprächspartner des *Spiegel*s versäumt, beim Außenminister nachzufragen, was denn ganz genau immer »historisch bedroht« gewesen sei, wenn die USA sich genötigt sahen, darauf zu »reagieren.«

Aber natürlich unterliegt eine solche Frage der unwillkürlichen Schere im Kopf der Redakteure. Der alltägliche »Diskurs« *(common wisdom)* in den westlichen Ländern hält ja heute dafür, dass das mit immensen militärisch-ideologischen Mitteln vorangetriebene und legitimierte kapitalistische Globalsystem unserer Tage entweder die schließlich zu sich selbst gelangte »natürliche« menschliche Organisationsform schlechthin oder das unvermeidliche Endresultat einer langen, schmerzvollen Vorgeschichte sei. Jedenfalls ist es nichts, was sich systematischem intentionalen Handeln, und schon gar nicht der zielgerichteten Durchsetzung irgendwelcher politischen Theorien oder gar »Ideologien« verdankt.

Diese Diagnose wird gestützt, wenn man sich die Versuche führender deutscher Soziologen zur sogenannten »Transformationsforschung« anschaut: Die westdeutsche Soziologie, die beinahe ein ganzes Jahrhundert lang bei ihrem Kampf gegen den »reduktionistischen« historischen Materialismus auf die theoretische Wichtigkeit handlungstheoretischer Betrachtungsweisen gepocht hatte, lässt solche total außen vor, wenn sie sich an die sozialwissenschaftliche Deutung des Zusammenbruchs der sozialistischen Länder machen. Auf diesem Feld ihrer Forschung überwiegen strikt deterministische Bilder selbstlaufender Notwendigkeit, natürlichen Zerfalls, willensunabhängiger Entwicklung nach dem Motto »Der Mensch denkt und die Geschichte lenkt«; alles soll sich angeblich nach unerbittlichen Sachzwängen vollzogen haben, bei denen Vorstellungen, Weltbilder und das intentionale Handeln der Menschen innerhalb und außerhalb des Systems als unabhängige Faktoren keine nennenswerte Rolle spielten. Kurz: Die sozialwissenschaftlichen Deuter der historischen Sieger übernehmen in der Stunde des Triumphes ausgerechnet jene kruden Formen wissenschaftlicher Erkenntnisgewinnung, die sie dem untergegangenen historischen Gegner immer unterstellt und dann genüsslich unter die Nase gerieben hatten. In der reanimierten Modernisierungstheorie wird der ehemals »real existierende Sozialismus« zu einer Art »vormodernem« Feudalismus, sie selbst enthüllt sich damit methodisch als ein auf bürgerlich gestylter Vulgär-Histomat.

Zieht man aus den »modernisierungstheoretischen« Deutungen des sogenannten Transformationsprozesses den logischen Schluss, so hat beim Verschwinden des »real existierenden Sozialismus« zielgerichtetes Handeln auf Seiten seiner erklärten Feinde im Kalten Krieg keine Rolle gespielt. Und schon gar nicht so etwas wie eine handlungsleitende Ideologie oder gar eine dem Marxismus-Leninismus analoge, ihn aber konterkarierende Geschichtsauffassung, die in ihrer subjektiven Bedeutung für den Kampf gegen die politischen Ziele des Marxismus-Leninismus vielleicht ebenso handlungsanleitend war wie umgekehrt jener!

Ich möchte das bestreiten und behaupte: Im Kalten Krieg, der ein weltweiter Kampf zweier real unterschiedlicher politisch-ökonomischer Systeme war,[1] waren sowohl die USA wie die Sowjetunion im Selbstverständnis ihrer politischen Eliten Exekutoren universalistischer Ideologien bzw. Utopien auf geschichtsphilosophischer Basis. Allerdings mit zwei bedeutsamen Unterschieden: Erstens, die eine war zumindest vorläufig erfolgreich, während die andere heute diskreditiert ist. Zweitens, während diese Ideologie für die Avantgarden des »real existierenden Sozialismus« eine bewusst angewandte explizite Anleitung zum Handeln sein sollte, entfaltet sie für die Eliten der Vereinigten Staaten von Amerika

[1] Dies z.B. wird nicht ohne gute Gründe bestritten von Weltsystem-Theoretikern wie Immanuel Wallerstein, für die die Sowjetunion während der ganzen Zeit des Kalten Krieges nichts als der Agent und Juniorpartner der kapitalistischen Hegemonialmacht USA gewesen sei. Vgl. Immanuel Wallerstein: After Liberalism, New York 1995. Ich folge hier dennoch der Sichtweise, wie sie etwa Eric Hobsbawm in seiner Universalgeschichte des 20. Jahrhunderts vertritt (vgl. Hobsbawm 1994).

(in diesem Sinne analog der protestantischen Ethik in Webers Analyse des »kapitalistischen Geistes«) ihre Wirkung bis heute gerade aus dem Umstand, dass sie als solche nicht reflektiert wird und ihre Bedeutung für die politische Praxis nur implizit zu Tage tritt. Es bedarf der begrifflichen Anstrengung des historisierenden Sozialwissenschaftlers, um hier eine mögliche handlungstheoretische Relevanz zu Tage zu befördern. Dazu möchte ich hier einige thesenartige Bemerkungen machen.

These 1: Die herrschenden Eigentümerklassen der USA (Machteliten) verfolgen spätestens seit der Wende zum letzten Jahrhundert, konsistent seit 1941, ein durchlaufendes, überparteiliches Projekt: den sogenannten »liberalen Internationalismus«. *Operational* strebt er nach Beseitigung aller Hindernisse für die eigene kommerzielle Expansion, im weiteren Sinne dann nach einer Ausdehnung des kapitalistischen Wirtschaftssystems in allen seinen Formen auf ein Maximum an Bereichen des Lebens sowie nach einem bürgerlichen, auf dem absoluten Privateigentum beruhenden Rechtsverständnis auf den davon noch nicht erfassten Rest der Welt. *Ideologisch* ist er durch folgende Merkmale charakterisiert:

a) durch eine politische Rhetorik, die vor allem die Begriffe »Freiheit«, »Selbstbestimmung« und »Menschenrechte« bemüht; sie wendet sich polemisch zu gleichen Teilen gegen »Reaktion« (also Feudalismus, formellen Kolonialismus oder faschistischen Nationalismus) wie gegen »Revolution« (also Sozialismus und Kommunismus), so dass stets das Bild einer moderaten Position der »Mitte« und des »wahren Fortschritts« erzeugt werden kann.

b) durch einen internen Diskurs, in dem sich Elemente eines puritanisch-christlichen Millenarismus (Amerika als »Neues Kanaan« oder »City on the Hill«)[2] mit einer säkularen Geschichtsphilosophie vereinen, deren utopisches Telos – hierin analog dem wissenschaftlichen Kommunismus – die Wiederherstellung eines imaginierten Goldenen Zeitalters ist. Beides suggeriert eine prädestinierte Rolle Amerikas als (christlicher) Heilsbringer der Menschheit *oder* (säkulare) Friedensmacht (»neues Rom«, »angewandte Aufklärung« etc.).

Daraus ergibt sich ein beispielloser Glauben an die eigene Exzeptionalität, dessen Suggestivkraft nicht auf die Vereinigten Staaten selbst beschränkt ist, sondern in weiten Teilen der Welt geteilt bzw. dem nicht widersprochen wird. Als Folge davon kann sich zum einen amerikanische Politik zu furchtbarer »idealistischer« Ordnungspolitik versteigen, zum anderen aber kann auch unmittelbares, ganz egoistisches Geschäftsinteresse von Teilen der amerikanischen Eigentümerklassen erfolgreich seine Identität mit dem nationalen Interesse der

---

[2] Zu diesem konstitutiven Element amerikanischer Mentalitätsprägung, auf das an dieser Stelle nicht weiter eingegangen werden kann, siehe Sacvan Bercovich: The American Jeremiad, Madison/Wisconsin 1978.

USA bzw. mit dem vernünftigen (oder natürlichen) Menschheitsinteresse beanspruchen.

Der liberale Internationalismus – durchaus zu verstehen als direkter Gegenbegriff zum Internationalismus der Arbeiterbewegung – entstand als imperiale Expansionsideologie unter den industriellen und agrarischen Eigentümerklassen in den USA zu Beginn des 20. Jahrhunderts, als die Besiedlung der Westgebiete abgeschlossen war,[3] die USA von einem Agrarland zu einer Industrienation geworden war und als nach dem von den USA siegreich beendeten Ersten Weltkrieg die Frage aufkam, wie das Land, das praktisch über Nacht von einer Schuldner- zur einzigen Gläubigernation transformiert wurde, künftig seine neue Machtposition in der Welt zum größten Vorteil ausfüllen könnte. Er forderte vor allem den freien und undiskriminierten Zugang zu allen Märkten der Welt sowie die dazu unerlässliche Freiheit der Meere. Die Protagonisten des liberalen Internationalismus sahen einen »weichen« und einen »harten« Feind: Der »weiche« waren die Präferenzsysteme des alten Kolonialismus/Imperialismus der europäischen kapitalistischen Konkurrenten, der »harte« war der – nicht nur den imperialistischen Kolonialismus, sondern gleich den Kapitalismus schlechthin angreifende – revolutionäre Sozialismus marxistischer Prägung in Lenins Russland.

Wo liegen zunächst die geistigen und politischen Wurzeln des liberalen Internationalismus?

Nicht nur die meisten angelsächsischen Historiker, sondern auch viele kosmopolitische Schriftsteller, bildungsbürgerliche Schwärmer u.a. bezeichnen mitunter bis heute den Zeitabschnitt nach dem Europäischen Frieden von 1815 (Wiener Kongress) bis zum Ausbruch des Ersten Weltkriegs 1914 vorzugsweise als »Pax Britannica«, »Hundertjährigen Frieden«, »Britisches Jahrhundert«, oder schlicht – mit nostalgischem Timbre – »Das Alte Europa«. Damit ist in der Regel die Ansicht verbunden, dass mit dem Ausbruch des Ersten Weltkriegs eine Epoche zu Ende gegangen sei und sich gewissermaßen eine Weltenwende zum Schlechteren hin vollzogen habe: Eine Zeit des Friedens und des zivilisierten Miteinander sei abgelöst worden durch Verhältnisse, in denen Anarchie und Kriegsgefahr vorherrschten und die innere Ordnung der »zivilisierten Nationen« zunehmend durch den drohenden »Aufstand der Massen« bzw. der sich auf ihr Mandat berufenden »totalitären« Parteien gefährdet wurde.

Das Metternichsche System, für die meisten kontinentaleuropäischen Völker eine Zeit spätfeudaler Reaktion und antidemokratischer Repression, während dem Großbritannien sich ungestört zur »Werkstatt der Welt« und zur »Herrsche-

---

[3] Zur Rolle des »offenen Grenzlands« im Westen (*frontier*) für das Selbstverständnis der Amerikaner von ihrer exzeptionellen Demokratie und der Notwendigkeit ständig neuer Expansion, um sie zu erhalten vgl. Turner 1938; Smith 1950: 250-263

rin der Meere« aufschwingen konnte, wird gleichsam verklärt als *Goldenes Zeitalter*. Britische Industrielle, Banker und Kaufleute hätten zwar de facto die internationalen Märkte kontrolliert, aber dabei niemanden übervorteilt oder zu etwas gezwungen; zwar hätten sie schon zu eigenem Gewinn und nach eigenem kommerziellen Interesse gehandelt, aber dabei auch – wie das eben nun mal Eigenart von friedlichem Handel sei – das allgemeine Wohl befördert. Herausgekommen sei eine Welt geregelter internationaler Austauschbeziehungen, in der nationale Regierungen wenig bis nichts zu sagen gehabt hätten. Kurz: Im 19. Jahrhundert habe, um es mit einem amerikanischen Lehrbuch aus den 1950er Jahren zu sagen, »die klassische Wirtschaftstheorie sowohl als Beschreibung als auch als Regel Gültigkeit« besessen, und die Völker der Welt hätten noch freudig »den Glauben an das automatische Wirken uneingeschränkter Marktkräfte zur Sicherung des größten Vorteils für die größte Anzahl« akzeptiert und »in den sicheren Fortschritt und die Vervollkommnung der Menschheit« durch die »internationale Arbeitsteilung« vertraut, die sich ohne Zutun der Regierungen allein durch die Freiheit der Märkte hergestellt habe (Elliott 1957:13).

Das Weltfriedensreich der freien Konkurrenz auf der Basis multilateraler Handelsbeziehungen sei gegen Ende des 19. Jahrhunderts zunehmend untergraben worden durch die kurzsichtigen Aktivitäten monopolistischer Kapitalgruppen (special interests); zum einen in Großbritannien selbst, zum anderen aber vornehmlich in anderen (kontinental)-europäischen Ländern. Im Ausland nämlich habe man die offenkundige Gemeinnützigkeit, die der von britischen Geschäftsleuten selbstlos verwaltete Weltmarkt allen geboten habe, nicht begreifen wollen. Stattdessen hätten sich monopolistische special interests unvernünftigerweise um garantierte Extraprofite im internationalen Geschäft bemüht. Diese Bestrebungen seien mit Hilfe von Sonderrechten und Privilegien in speziell eroberten und gegen Dritte abgesicherten Weltteilen in Übersee realisiert worden, wobei die jeweiligen Regierungen die Gier nach kontinuierlichen Extraprofiten und/oder sicheren Rohstoffquellen als nationalstaatliche Projekte adoptiert und patriotisch kaschiert hätten. Daraus sei ein instabiles Weltsystem militärisch konkurrierender Wirtschaftszonen geworden, jeweils angeführt von chauvinistisch aufgehetzten Nationalstaaten, das das internationale Freihandelssystem der Pax Britannica effektiv zerstörte und durch das System des Kolonialismus ersetzte. Das habe schließlich zum Ausbruch des Ersten Weltkriegs geführt.

Soweit das weit über die physikalischen Grenzen der Englisch sprechenden Völker hinaus verbreitete »orthodoxe« Geschichtsbild des angelsächsischen Liberalismus. In welcher Weise wurde es nun in den USA wirksam?

In den USA, in der sich parallel zum europäischen Imperialismus eine rasante Zentralisation und Konzentration der Kapitalien vollzog, gab es in den von den Eigentümerklassen angeführten Debatten im Rahmen des sogenannten »Progressivismus« zwei Hauptpositionen. Die eine, repräsentiert vom 26. Präsidenten der Vereinigten Staaten, Theodore Roosevelt, wollte »realistisch« mittun und plädierte für die Einbindung der Monopole in einen korporativistischen Sozialstaat, mit einem starken Militär und entsprechender Beteiligung der USA an der imperialistischen Aufteilung der Welt (New Nationalism). Die andere Richtung war misstrauisch gegen jede Art von mit einem solchen Programm verbundener staatlicher, womöglich wohlfahrtsstaatlicher Reglementierung und gab sich daher »idealistisch«: Weg mit den Monopolen und dem Imperialismus und Wiederherstellung der oben kurz beschriebenen friedlichen Zustände des liberalen Kapitalismus der »freien Konkurrenz«, wie sie unter der Pax Britannica (und der offenen frontier) geherrscht hätten. Hauptrepräsentant dieser Richtung wurde der von 1913 bis 1921 regierende 28. Präsident der Vereinigten Staaten, Woodrow Wilson. Das Schlagwort für diese Position war New Freedom. Auf den ersten Blick handelte sich dabei um einen klaren Fall von Imperialismus versus Anti-Imperialismus. Bei genauerem Nachdenken jedoch kann man bereits im Voraus erkennen, was sich in der Geschichte bald de facto herausstellen sollte: dass nämlich der Anti-Imperialismus des New Freedom in Wirklichkeit eine höhere Form des Imperialismus war, ein hybrider Über-Imperialismus. Denn während der »realistische« New Nationalism Amerika versteht als eine große Nation unter anderen, die sich bei der Aufteilung der Welt behaupten will, beansprucht die »idealistische« Gegenposition für Amerika die Rolle des universalen Friedensstifters, die verantwortliche Kraft für die geschichtsvernünftige Wiederherstellung der idealisierten Zustände des 19. Jahrhunderts, also des Goldenen Zeitalters der freien Konkurrenz. Die legitimatorische Weihe dieses »idealistischen« Ziels rechtfertigt einen rücksichtsloseren Einsatz nationaler Machtmittel bei der Verfolgung außenpolitischer Ziele, als das bei einer schlichten »realistischen« Verfolgung nationaler Interessen möglich wäre – zumindest unter den politischen Bedingungen der amerikanischen Demokratie.

Woodrow Wilson war selbst keineswegs ein origineller Denker. Er war gelernter Akademiker und Intellektueller, aber stets mit dem Blick auf die Öffentlichkeit und der Neigung zur praktischen Politik. In seinen Jahren als Akademiker, die er vor allem in Princeton und an der Universität von Virginia verbrachte, hatte er sich vor allem in die großen britischen Politiker der Whig-Tradition vertieft, die er im Verlauf seines späteren Lebens immer wieder zitierte und anführte: Charles Fox, William Gladstone, Edmund Burke, Walter Bagehot, vor allem aber in die englischen »Freihändler vulgares« (Marx), die Manchester-Fabrikanten Richard Cobden und John Bright, die im zweiten Drittel des 19. Jahrhunderts die Anführer der politischen Kampagnen für die Ausweitung des Wahlrechts (auf Fabrikbesitzer und andere Repräsentanten beweglichen Eigentums) und gegen die Getreidezölle waren (vgl. Diamond 1943: 19).

An Bright bewunderte Wilson die »Bigotterie« und »Intoleranz« bei der Behandlung von Feinden und Kritikern des Freihandels (Bragdon 1967: 124). In einem frühen, aber von ihm selbst immer wieder bemühten und zitierten Aufsatz über John Bright, dessen »Name synonym mit Liberalismus« geworden sei, schreibt Wilson: »(Bright) trat für jede aufgeklärte und von daher schließlich siegreiche politische Position ein, sowohl in der Innen- wie in der Außenpolitik. Freihandel, die Erweiterung des Wahlrechts, ein gerechtes und liberales Agrarsystem, die Sanierung der Finanzen, eine angemessene, mannhafte, christliche Außen- und Kolonialpolitik – all diese Projekte fanden in ihm einen unerschütterlichen Freund und unermüdlichen Befürworter [...] Wenn man die Summe seiner politischen Tätigkeiten und Vorstellungen Revue passieren lässt, wer sollte dann nicht zu dem Urteil gelangen, dass hier Samen und Früchte eines aufgeklärten *Konservatismus* zugleich studiert werden können? Klugheit ist stets konservativ.« (Baker/Dodd o.J.: 45-46)[4]

Im Verständnis Wilsons bestand der praktische Konservatismus der britischen Kämpfer für den Freihandel in der Radikalität, mit der sie Verhältnisse des unverfälschten Kapitalismus gegenüber »retardierenden« Interessen (in diesem Fall englische Grundeigentümer) zur Durchsetzung verhelfen wollten – alles zum Zwecke der Einsparung von Kosten für den Kapitalisten und damit zur optimalen Rendite für den Investor. Wilson übernahm – obwohl persönlich gar nicht unmittelbar interessiert – schon früh in seinem Denken mit proselytischer Überzeugung die erste Maxime aus dem Katechismus der »Werkstatt der Welt«: Der »freie Markt« ist nicht der wichtigste Faktor für Prosperität und Fortschritt, er ist der einzige Faktor.

Trotz der brutalen Eindeutigkeit ihres Programms gelang es auch den britischen Freihändlern zu ihrer Zeit, Teile der Arbeiterbewegung auf ihre Seite zu ziehen. Schließlich sprachen sie emphatisch und systematisch von »Reform« und »Fortschritt«, was stets wohlwollende Reflexe bei guten Menschen und mitunter auch in den Hirnen von Arbeiterführern erzeugt, auch wenn die angestrebten Reformen einzig den praktischen Fortschritt effektiv reduzierter Arbeitslöhne erzielen wollen.[5]

---

[4] Übersetzt von mir, F.U.

[5] Einer der wenigen zu dieser Zeit, die diese »Reform«-Anbiederei der Freihändler-Fraktion öffentlich als Rosstäuschertrick bloßzustellen suchten, war der junge Karl Marx. In einer Rede vor der Demokratischen Gesellschaft zu Brüssel im Januar 1848 warnt er sein proletarisches Publikum, offensichtlich aus gegebenem Anlass, vor ihren Versprechungen: »Wir haben gezeigt, was die Brüderlichkeit ist, welche der Freihandel zwischen den verschiedenen Klassen ein und derselben Nation hervorruft. Die Brüderlichkeit, welche der Freihandel zwischen den verschiedenen Nationen der Erde stiften würde, wäre schwerlich brüderlicher; die Ausbeutung in ihrer kosmopolitischen Gestaltung mit dem Namen der allgemeinen Brüderlichkeit zu bezeichnen, ist eine Idee, die nur dem Schoß der Bourgeoisie entspringen konnte. Alle destruktiven Entscheidungen, welche die freie Konkurrenz in dem Innern eines Landes zeitigt, wiederholen sich in noch riesigerem Umfange auf dem Weltmarkt.« (MEW Bd. 4: 456).

Nachdem Wilson auf der Plattform des New Freedom die Wahl 1912 gewonnen hatte, trat er 1917 auf Seiten der Alliierten in den Krieg ein und fuhr nach der deutschen Kapitulation 1919 nach Paris, um den Frieden zu organisieren. In seinen berühmten 14 Punkten und seinen Plänen für einen Völkerbund kann man – auch wenn er bei der Durchsetzung dieses Programms in den Verhandlungen mit den europäischen Siegermächten als praktischer Politiker kläglich scheiterte[6] – die operationale Absicht erkennen, eine internationale Wirtschaftsordnung auf der Basis des Multilateralismus zu etablieren, in der die businessmen aller großen kapitalistischen Länder (einschließlich Deutschlands) miteinander kooperieren und in solidarischer Gemeinsamkeit dem rohstoffliefernden, Fertigprodukte kaufenden und lukrative Investitionsmöglichkeiten bietenden Rest der Welt unter ein legitimes Weltregime zu stellen, das jede Verletzung der Regeln unbarmherzig ahnden würde. Rhetorisch sollte der Völkerbund zum Garanten und freundlichen Moderator einer Epoche des Friedens auf der Basis des »Selbstbestimmungsrechts der Völker« werden; in Wilsons eigener ideologischer Welt war es der »idealistische« Plan, den Epochenwandel von 1914 dadurch rückgängig zu machen, dass der multilaterale Liberalismus der Pax Britannica des 19. Jahrhunderts auf neuer historischer Stufe rekonstruiert wurde.

Diese praktische Anschauung von der Welt als einem prädestinierten Raum naturrechtlich abgeleiteter bürgerlicher (im Sinne von bourgeois) Rechtsstaatlichkeit, verbunden mit dem Glauben an die historisch oder göttlich legitimierte Berechtigung der Englisch sprechenden Völker, die Welt mit allen zur Verfügung stehenden Mitteln auch real in einen solchen Raum zu transformieren – allein moderiert durch die gelegentliche Beachtung des Prinzips der Verhältnismäßigkeit der Mittel –, das ist sozusagen der kollektive Katechismus der amerikanischen Machteliten, ideologisch, wenn auch nicht immer operational, verbindlich für jede amerikanische Regierung seit der vorletzten Jahrhundertwende. Man könnte dieses politische Glaubenssystem, wenn man den Aspekt ihrer historischen Analogie zur schwer angeschlagenen »Weltanschauung der Arbeiterklasse« hervorheben möchte, »Brightismus-Wilsonismus« nennen.[7]

Wilsons formellem Ersatz für Großbritannien als strengem, aber gerechtem Moderator des Weltfriedens wurde bekanntlich zu Hause die Akkreditierung verweigert. Der amerikanische Kongress verweigerte Wilson seiner Zeit den

---

[6] Die nach wie vor beste Darstellung von Wilsons persönlichem Scheitern in Paris findet man bei Keynes 1920: 36-55.

[7] Er ist übrigens – dies nur ganz nebenbei – auch die ideologische Wurzel des neuzeitlichen Pazifismus, etwa bei Bertha von Suttner, die ein begeisterter Wilson-Fan war. So gesehen, ist die jüngste Wende ehemaliger 68er »Pazifisten« zu schwärmerischen Befürwortern humanitärer Interventionskriege, die im Namen der »Weltgemeinschaft« geführt werden, nicht ganz so erstaunlich. Man kehrt zurück zu seinen Wurzeln!

Beitritt der USA in den Völkerbund und zwar nicht in erster Linie mit dem Argument, dass die Idee einer Weltregierung zur Absicherung eines globalen bürgerlichen Rechtsstaats (oder einer bestimmten politisch-ökonomischen Ordnung) absurd und anmaßend sei, sondern damit, dass die USA genau dieses Ziel mit größerer Aussicht auf Erfolg vorläufig auf eigene Faust besser verfolgen könne und es gefährlich sei, sich jetzt schon auf verbindliche Bündnisse mit den europäischen Weltmarktkonkurrenten einzulassen. Diese Gegenposition zu Wilsons Internationalismus nannte sich selbst Isolationismus, unterschied sich aber nur in den Mitteln, nicht in den großen strategischen Zielen.

Noch während des Zweiten Weltkriegs erkannten einige entscheidende Wortführer des »Isolationismus« ihre Kurzsichtigkeit gegenüber dem weitsichtigen Wilson und seinen »internationalistischen« Entwürfen. Oder besser gesagt: Sie meinten, nun sei der Moment gekommen, die Wilsonschen Ideen, die damals ihrer Zeit voraus waren, in die Tat umzusetzen. Der Zweite Weltkrieg sollte der endgültige Abgesang des irrationalen, kriegeheckenden Nationalismus gewesen sein. Nun sollte und könnte der chaotische Dschungel der internationalen Beziehungen, in dem nationales Machtstreben und Protektionismus immer wieder zu Krisen geführt hatten, ersetzt werden durch eine zeitgemäße Reinkarnation der Pax Britannica: d.h. ein System offener, multilateraler Wirtschaftsbeziehungen durch eine stabile Friedensordnung auf Basis einer internationalen politischen Ökonomie des »Laissez-faire« mit den Vereinigten Staaten als Verantwortung für das Ganze übernehmender Dreh- und Angelpunkt. Die Zeit für eine Pax Americana schien gekommen.

These 2.: Der Kalte Krieg bzw. die vorübergehende Existenz der UdSSR bzw. des sozialistischen Lagers war zwar einerseits eine Irritation auf diesem Weg, andererseits aber auch eine hervorragende Gelegenheit, die kapitalistischen Länder Westeuropas, Asiens und Lateinamerikas hinter das »internationalistische« Projekt zu nötigen. Anders gesagt: Die Verankerung und Ausdehnung des kapitalistischen Internationalismus war das Substanzielle, die »Eindämmung« der UdSSR das Akzidentielle.

Ein Resultat des Zweiten Weltkriegs war bekanntlich der vorübergehende Aufstieg der Sowjetunion zu einer international stark beachteten und in einigen Teilen der Welt durchaus einflussreichen Macht. Die Existenz dieses Störenfrieds – der von den amerikanischen Vätern der Nachkriegsordnung, wie z.B. George F. Kennan, Dean Achseson, George Marshall oder Charles Bohlen in erster Linie als ideologische und politische Macht angesehen wurde, niemals als ernsthafte militärische Bedrohung – und die zähneknirschende Akzeptierung seiner Existenz waren die Gründe dafür, dass die USA sich auf die Vereinten Nationen einließen, obwohl deren Funktionsprinzipien, also ideologische Überparteilichkeit und Anerkennung des Souveränitätsprinzips, der Wilsonschen

Vorstellung von »Weltorganisation«, wie sie dem Völkerbund zu Grunde lag, absolut nicht entsprach.

Internationalismus im amerikanischen Sinne, das waren: das Abkommen von Bretton Woods, das den Dollar zum Weltgeld machte, der Marshall-Plan, der Westeuropa in das von den USA geleitete multilaterale Weltwirtschaftssystem einzwang (OECD als Gemeinschaft der Marshall-Plan-Länder) und die NATO, die die militärische Anwesenheit der USA in Europa auf unbestimmte Zeit garantieren würde. Die Vereinten Nationen dagegen wurden von den Amerikanern als pragmatisch-notwendiges Mittel zum Zweck der Förderung und Durchsetzung des Internationalismus verstanden, nicht etwa als Verkörperung des Internationalismus selbst.

Für die Darstellung und Legitimation amerikanischer Nachkriegspolitik gegenüber der nicht-kommunistischen Welt galt die Existenz der Sowjetunion als jene Bedrohung, gegenüber der das »internationalistische« Bündnis als reine Defensivaktion geschmiedet wurde. Bis heute ist es bis weit ins linke Lager hinein, ja besonders dort, praktisch unmöglich, die Rolle der USA im Nachkriegsdeutschland nicht als Befreier und Beschützer zu beschreiben. Das Bild Amerikas als einer benevolenten »Schutzmacht« (meist noch mit dem Zusatz »wider Willen«) gegenüber Nachkriegswestdeutschland in Frage zu stellen oder zumindest dahingehend zu modifizieren, dass auch schlichte Expansionsmotive und -interessen zur Erklärung herangeführt werden, ist für Deutsche schwierig, weil ihnen dann entweder »Undankbarkeit« oder »Rechtspopulismus« unterstellt werden kann. Amerikanische Autoren haben dieses Problem nicht. Christopher Layne und Benjamin Schwarz, zwei sehr respektable Politikwissenschaftler der Realismus-Schule, schreiben unmittelbar nach Ende des Kalten Krieges: »Die amerikanische Außenpolitik (seit Ende des Zweiten Weltkriegs) ist durch zwei Paradoxien geprägt. Erstens: Obwohl die Sowjetunion im unmittelbaren Brennpunkt amerikanischer Sicherheitsstrategie stand, so war sie doch ziemlich nebensächlich für Amerikas Politik des liberalen Internationalismus. Und zweitens: Die Existenz der Sowjetunion war ironischerweise unerlässlich für den Erfolg dieser Politik [...]. Nach dem Zweiten Weltkrieg strebten die USA eine internationale Ordnung an, die auf amerikanischer Vorherrschaft beruhte. Dieses Ziel hatte sehr wenig zu tun mit irgendwelchen realen oder projizierten Handlungen der Sowjetunion; Tatsache ist vielmehr, dass die amerikanischen Staatsmänner genau wussten, dass ihre weitreichenden strategischen Ziele bei den Sowjets das Gefühl der Unsicherheit verstärken und die Gefahr eines Krieges erhöhen würden [...]. Das grundlegende Bestreben amerikanischer Sicherheitspolitik seit dem Zweiten Weltkrieg war *nicht* die Eindämmung der Sowjets.« (Layne/Schwarz 1993: 2)

Also: das unabhängige Hauptziel amerikanischer Politik war die Etablierung eines liberalen internationalen (multilateralen) Systems kapitalistischer Marktwirtschaften unter der Führung der Vereinigten Staaten, wobei es gerechtfertigt wurde als abhängiges Resultat angeblicher sowjetischer Aggression.

These 3: Da der liberale Internationalismus (Brigthismus-Wilsonismus) die Durchsetzung amerikanischer politischer Hegemonie innerhalb der Welt des multilateralen Kapitalismus (also des »westlichen Lagers«) anstrebt, war der Kalte Krieg gegen den äußeren Feind (die Sowjetunion) immer gleichzeitig auch a) politische Eindämmung der kapitalistischen Bruderländer, und b) Durchsetzung einer ständigen Kontrolle über sowie ein ständiges direktes und indirektes Einmischen in die innen- und wirtschaftspolitischen Verhältnisse in den kapitalistischen Bruderländern, insbesondere in Westeuropa. Westeuropa wird immer noch als wichtigste Weltgegend gesehen.

Für die Illustration dieser These sei zurückgegriffen auf die interne Begründung, die seinerzeit Henry Kissinger gab, als man ihn nach den Motiven für sein außerordentliches Engagement bei der Destabilisierung und schließlichen Liquidierung der Regierung Allende in Chile im Jahr 1973 fragte. Seymour Hersh berichtet, Kissinger hätten die Verhältnisse in Chile selbst gar nicht interessiert. Ihm sei es bei seinem Kampf gegen Allende vielmehr um Italien gegangen. Die frühen 70er Jahre waren in Italien geprägt durch die Bemühungen der KPI, Respektabilität zu erringen und auf diesem Weg zum *historischen Kompromiss* eines realpolitischen Bündnisses mit der Democracia Christiana zu gelangen.

Ein solches Szenario – die Partizipation einer kommunistischen Partei an der Regierung eines NATO-Landes – sei damals für ihn total unakzeptabel gewesen und hätte eine Intervention der USA zur Folge gehabt. Diese Intervention hätte sich legitimieren müssen mit der Begründung, die Geschichte habe gelehrt, dass kommunistische Regierungen, einmal an die Macht gelangt, sich diese dann auch auf legalem Wege nicht mehr nehmen ließen, sondern schließlich eine Einparteiendiktatur (klassisches historisches Beispiel hier: CSR) errichten würden. Ein solches Argument wäre aber dann nicht mehr zu gebrauchen gewesen, wenn die (kommunistische) Regierung Allende in Chile nach vier Jahren Regierungszeit bei den nächsten Wahlen (1974) wieder abgewählt worden wäre und sich dann auch korrekt wieder aus der Macht verabschiedet hätte – was zu erwarten war. Deshalb, so Kissinger, sei es wichtig gewesen, die Regierung Allende gewaltsam zu entfernen, bevor ihre demokratische Abwahl der Begründung für eine mögliche Intervention in Italien im Falle einer Regierungsbeteiligung der KPI den Boden entzogen hätte (vgl. Hersh 1983: 266-267).

Samuel Huntington hat kürzlich noch einmal darauf hingewiesen, dass die Vereinigten Staaten während des Kalten Krieges jährlich Milliarden von Dollar dafür aufwandten, um Regierungsentscheidungen, Wahlen oder andere politische Entwicklungen maßgeblich zu beeinflussen, und zwar in den Ländern der atlantischen Allianz. Die Tätigkeit des amerikanischen Auslandsgeheimdienstes CIA in den Ländern der NATO-Allianz fand keineswegs durchgehend in Abstimmung mit den nationalen Regierungen oder deren Geheimdiensten statt, sondern häufig unabhängig von ihnen oder sogar gegen sie gerichtet. Und: Deren Tätigkeit richtete sich keineswegs ausschließlich gegen linke subversive Elemente, sondern häufig auch gegen Bestrebungen, die eine größere Unabhängigkeit von den USA im Rahmen des atlantischen Bündnisses anstrebten (vgl. Gibbs 2001: 20f).

These 4: Nach dem Fall der Sowjetunion entfiel zum einen der plausible äußere Zwinggrund für den politischen Zusammenhalt zu Hause wie für die permanente (strukturelle) Unterwerfung der kapitalistischen Bruderländer; maßgebliche Teile der amerikanischen Führungsschichten fürchten, dass der im Kalten Krieg nur verhalten geäußerte Gegensatz (z.B. Frankreich) jetzt an die Oberfläche kommen und die Fortsetzung des Hegemonialprojekts ernsthaft gefährden könne. Auch vom wiedervereinigten Deutschland werden Herausforderungen erwartet.

Solange der Kalte Krieg dauerte, oder anders: solange der (proletarische) Internationalismus der Sowjetunion noch ein ernsthafter Rivale für den (bürgerlichen) Internationalismus der USA war, galt unter den Machteliten der USA wie in der Öffentlichkeit das Prinzip der bipartisan foreign policy, und ein amerikanischer Präsident war der oberste Feldherr im Kalten Krieg, der Herr der überparteilichen Außenpolitik.

Als dann 1989/91 die Führer des sozialistischen Lagers (bis auf China, Korea und Kuba) ihre Sache verrieten, die Flinte ins Korn warfen und damit den USA gewissermaßen das Feindbild entzogen wurde, hatte das erhebliche Folgen für den außenpolitischen Kompass der amerikanischen Machteliten: Sie wurden taktisch erheblich verunsichert über die zukünftigen Grundlinien der Politik.

Die Auflösung des außenpolitischen Konsenses zeigte sich unmittelbar nach der Zerstörung der Sowjetunion in den unzähligen publizistischen Deutungen dieses Vorgangs, aber auch bald in internen Auseinandersetzungen über die Frage, was denn nun eigentlich zu tun sei. Die Kernkontroverse drehte sich um die Frage der Ursache des Zusammenbruchs der UdSSR: Handelte es sich hier um einen militärischen Sieg der USA (Todrüstungsthese, seinerzeit von Reagan proklamiert) über den geopolitischen Rivalen Russland – oder war es vielmehr ein ideologischer Sieg »des Westens« oder auch »des Kapitalismus« über die kommunistische Sowjetunion? In amerikanische Terminologie übersetzt: »rechte Realisten« gegen »linke Idealisten«. Die »Realisten« – darunter z.B. die meisten ehemaligen US-Botschafter in den Warschauer-Pakt-Staaten – mahnten zur Zurückhaltung und warnten vor einer Osterweiterung der NATO, um den schließlich noch nicht begrabenen geopolitischen Rivalen nicht unnötig zu reizen; die »Idealisten« sahen dagegen in der Osterweiterung nichts weiter als die Chance, den historischen Auftrag des liberalen Internationalismus zur »Erweiterung« weiter zu verfolgen.

Gravierender als den Verlust des Konsenses wurde die drohende Erosion der amerikanischen Hegemonie im atlantischen Bündnis gesehen. Henry Kissinger z.B. sieht bereits Anfang der 90er Jahre ganz unverblümt »die atlantische Allianz als den Preis, den wir für den Sieg im Kalten Krieg zu bezahlen hatten« (Kissinger 1994: 819f).

Ob die Bürger des wiedervereinigten Deutschlands das selbst als absurd empfinden oder nicht: Von maßgeblichen Teilen des außenpolitischen Establishments der USA wird ihr Land als eine mögliche Gefahr gesehen. Das deutsche Vorpreschen bei der diplomatischen Anerkennung Kroatiens und die damit verbundene Brüskierung Frankreichs, Großbritanniens und der USA wurde in diplomatischen Kreisen als ungeheuerliche Eigenmächtigkeit empfunden. Bereits im März 1992 druckte die *New York Times* Exzerpte aus einem Planungs-Dokument des Pentagon (Defense Planning Guidance), in dem die bis dahin treuesten Verbündeten der USA, Deutschland und Japan, plötzlich mit äußerstem Argwohn betrachtet werden.

Was Europa betraf, so machte das Dokument klar, dass ein ansonsten wünschenswertes »Teilen der Lasten« für die gemeinsame Verteidigung auf gar keinen Fall dazu führen dürfe, dass einzelne europäische Staaten oder die EU im Kollektiv unabhängige militärische Kapazitäten aufbauen, die denen der USA auch nur entfernt das Wasser reichen könnten. Das Dokument betonte die Notwendigkeit der NATO als ein wichtiges Instrument, um »auf Europa allein beschränkte Sicherheitsstrukturen zu verhindern [...]« Allein die NATO könne die Hegemonie der USA in Europa garantieren. »Wir müssen unbedingt die Mechanismen erhalten, mit denen wir potenzielle Konkurrenten davon abschrecken können, auch nur den Versuch zu unternehmen, eine größere regionale oder globale Rolle zu spielen.«

These 5: Die wiederholten Versuche, die europäischen G7-Rivalen indirekt zu schwächen bzw. in die fortgesetzte Subordination zu zwingen, indem man sie in kompromittierende Komplizenschaft bei militärischen Aktionen einer neu gedachten NATO nötigt, bilden – neben der Sicherung der Energiequellen – die strategische Substanz US-amerikanischer Außenpolitik seit dem Ende des Kalten Krieges. Hier liegen auch die strategischen Motive für die Kriege der USA seit 1991, insbesondere für den Krieg gegen Jugoslawien von 1999.

Der amerikanische Politikwissenschaftler David N. Gibbs hat kürzlich den Gedanken entwickelt, dass es gar keine andere Erklärung für den Krieg gegen Jugoslawien gebe als die eines Konkurrenzkampfs innerhalb des atlantischen Bündnisses. Die Vorstellung, die Luftangriffe auf Jugoslawien seien ernsthaft durch die humanitäre Sorge um das Schicksal der Kosovo-Albaner motiviert gewesen, sei einfach zu untypisch für die bisherige amerikanische Politik und deshalb extrem unwahrscheinlich.

Umgekehrt wird eher ein Schuh draus: Für die amerikanischen Kriegsplaner, die ja – wie Heinz Loquai in seiner genauen Bestandsaufnahme des Jugoslawien-Kriegs überzeugend nachgewiesen hat (vgl. Loquai 2000) – die europäischen Alliierten einschließlich der Deutschen praktisch in den Krieg zwangen, sind diese und ähnliche Bekenntnisse ehemaliger 68er selbst ein wesentlicher Kriegserfolg – dokumentieren sie doch die gelungene Konversion ehemals kämpferischer »Pazifisten« und unsicherer Kantonisten zu nunmehr treuen Vasallen amerikanischer Hegemonialpolitik, auf die man in Zukunft bauen kann. Diese Sorge, die in den 90er Jahren viele in Washington umtrieb, als sich abzeichnete, dass die Grünen auf dem Weg zu einer Regierungsbeteiligung waren und die »pazifistischen« Nachrüstungsgegner der Achtziger in die Spitzengremien der Sozialdemokratie aufgerückt waren, war man auf diese Weise los.

Der Jugoslawienkrieg etablierte die NATO fest als militärisches Bündnis in Europa und demonstrierte auch den europäischen Partnern und deren Medienöffentlichkeit, dass ohne amerikanische Logistik jeder Versuch der Europäer, eine unabhängige militärische Statur zu entwickeln, mit der sie unabhängige globalpolitische Ziele verfolgen bzw. als politisches Gewicht in die diplomatische Waagschale legen könnten, nur als Blamage enden würde (vgl. Gibbs 2001).

These 6: In den USA selbst ist der Druck zum Schulterschluss mit George W. Bush seit dem 11. September 2001 derartig gewachsen, dass selbst die vorher entschiedensten öffentlichen Gegner und Kritiker des Präsidenten sich nun zu ihm bekennen. Seit dem Beginn des Krieges gegen Afghanistan hat sich dieser Trend noch verstärkt. Er hat es dem Präsidenten wie den Spitzen des Corporate America gestattet, innen- wie außenpolitisch Maßnahmen zu ergreifen bzw. Gesetze verabschieden zu lassen, die der Exekutivgewalt erweiterte Machtbefugnisse verleihen, mit deren Hilfe nicht nur Amerikas Interessen im Ausland, sondern auch möglicher Dissens im Innern mit legaler Gewalt erstickt werden kann. Das unmittelbare strategische Ziel des Krieges gegen die Taleban ist jedoch nicht die Terrorismusbekämpfung, sondern die Etablierung bzw. Festigung der US-Präsenz in der Ölregion Kaspisches Meer.

Es ist heute kaum noch nachzuvollziehen, dass Präsident George W. Bush vor dem 11. September 2001 als extrem schwacher Präsident galt und die amerikanische Nation innerlich so gespalten war wie seit den Tagen Nixons und des Vietnamkrieges nicht mehr. Für mindestens die Hälfte der Nation galt Bush als Usurpator und Wahlfälscher. Am Tage seiner Amtseinführung im Januar dieses Jahres gelangten trotz schärfster Polizeikontrollen über 20.000 wütende Menschen auf die Pennsylvania Avenue, um dem neuen Präsidenten zu demonstrieren, dass sie seine Inauguration für illegitim hielten. In den ersten Monaten seiner Amtszeit erfüllten er und die Republikaner im Kongress alle schlimmen Befürchtungen, die das progressive Amerika bis weit in den Mainstream der Demokraten hinein gehegt hatten: Steuersenkungen mit teilweise enormen Begünstigungen für spezielle Branchen, ja mitunter sogar einzelne Firmen aus dem Umkreis des Präsidenten wurden ohne die geringste Scham durchgesetzt.

Außen- und sicherheitspolitisch wurden Projekte wiederbelebt, die Clinton fallengelassen hatte, weil sie nicht mehr in die neue Zeit passten. Die Reaktivierung von Fossilien des Kalten Krieges und direkten Interessenvertretern des Corporate America wie Dick Cheney und Donald Rumsfeld, nur kosmetisch geglättet durch die Verpflichtung von Colin Powell, ließ selbst konservative politische Beobachter stirnrunzelnd feststellen, bei der neuen Regierung handle es sich um eine Art *hardware cabinet in a software world*. Angewidert von dieser Politik, verließ der langjährige republikanische Senator Jim Jeffords die Republikanische Partei und bescherte damit den Demokraten die Kontrolle über den Senat. Die europäischen Verbündeten und deren staatstragende Publizistik sahen in der Person Bushs eine gute Gelegenheit, sich in ihrer Kritik an den USA und ihrer Politik (Klimaschutz-Abkommen, Landminen, Vereinte Nationen, Biowaffen) rhetorisch weiter vorzuwagen, als sie das unter dem sympathischen Kumpel Clinton getan hatten.

Unmittelbar vor dem 11. September hatte Präsident Bush darüber hinaus einen Heimaturlaub auf seiner Ranch in Texas angetreten, dessen projektierte Dauer – nämlich vier Wochen – präzedenzlos lange für US-Präsidenten gewesen wäre, wie die nationale Presse süffisant feststellte. Und ein Konsortium großer Zeitungen hatte sich daran gemacht, die zweite Auszählung der Stimmen des Staates Florida, die seinerzeit durch Beschluss des Obersten Gerichtshofs gestoppt wurden, auf eigene Kosten durchzuführen – mit an Sicherheit grenzender Wahrscheinlichkeit verheerenden moralischen Folgen für die Bush-Administration. Alles sah so aus, als würden dieser Präsident und seine Regierung sich zu den großen Flops dieses Jahrhunderts auswachsen. Kurz: Bush war auf dem Weg zu einem lame duck president, und seine Regierung wurde vom demokratischen Gegner zunehmend und unwidersprochen dargestellt als eine Bande von Extremisten und unverfrorenen Interessenvertretern. Für die Zwischenwahlen im nächsten Jahr visierten die Demokraten offen die Machtübernahme in beiden Häusern des Kongresses an.

Doch mit dem 11. September wurde alles anders. Allerdings dauerte es beinahe zwei Monate, ehe sich wirklich herausstellte, welche Art von Aktion die Bush-Regierung meinte, als sie von »Amerikas neuem Krieg« sprach. Eine Zeitlang schien es, als wäre die kriegerische Sprache nur eine Metapher, und neue, nicht-kriegerische Wege würden gesucht, um die Schuldigen des Anschlags auf das World Trade Center zur Rechenschaft zu ziehen. Diese Zeit der Empörung und Trauer über die Opfer der Anschläge nutzte die Regierung nicht nur zu konkreter Kriegsvorbereitung, sondern auch zu politischen Überrumpelungsaktionen.

So verabschiedete der Kongress den USA Patriot Act of 2001, ein Gesetzeswerk mit weitreichenden neuen Polizeirechten zur internen Terrorbekämpfung, einschließlich neuer Abhörrechte und der Legalisierung von Foltermethoden beim Verhör mutmaßlicher Terroristen. Diese neuen Rechte der Exekutive sind so vage definiert, dass sie sich auch zur Bekämpfung unliebsamer Opposition im Innern bestens eignen. Außerdem verfügte der Präsident in der Executive Order 13223 eine massive Erschwerung für Journalisten und unabhängige Forscher, Einsicht in Regierungsdokumente für Recherche oder Forschungszwecke zu erhalten.

Es besteht kaum noch Zweifel daran, dass die Bush-Regierung den Anlass des Angriffs auf das World Trade Center dazu benutzt, um eine schon lange gehegte Absicht in die Tat umzusetzen: die Etablierung kooperierender Regierungen und amerikanischer Militärpräsenz in der Ölregion Kaspisches Meer. Hatte man bis vor dem 11. September noch versucht, mit den Taleban selbst zu einem Deal zu kommen, so bot der 11.9. mit seiner enormen emotionalen Wirkung zu Hause die willkommene Gelegenheit, sich in der Region militärisch zu etablieren und damit den Einfluss regionaler Großmächte zurückzudrängen, indem man vorgab, dort nach Osama Ben Laden suchen zu wollen. Dabei wissen inzwischen nicht nur Insider, dass die ideologischen Motive der New Yorker Selbstmordattentäter nicht in Afghanistan, sondern in Saudi-Arabien zu suchen sind. Ist doch die permanente amerikanische Truppenpräsenz dort mit ziemlicher Sicherheit einer der Hauptgründe, warum islamistische Überzeugungstäter – viele von ihnen wie Osama Ben Laden selbst hoch gebildete und zum Teil vermögende Menschen – unter Einsatz ihres Lebens die Vereinigten Staaten bekämpfen. Aber dort zu suchen, verbietet sich von selbst, denn eine Destabilisierung des dortigen Klientenregimes wäre das allerletzte, was die USA in der gegenwärtigen Situation wie überhaupt anstreben.

These 7: Die Politik der gegenwärtigen Regierung der Vereinigten Staaten gibt sich »unilateral«, verfolgt ungeniert nationale Interessen bis hin zum Protektionismus und arbeitet auf eine vollständige Deregulierung der internationalen Beziehungen hin. Dies ist aber nicht zu verstehen als eine Abkehr von den »multilateralen« Traditionen des liberalen Internationalismus Wilsonscher Provenienz, sondern vielmehr dessen radikale Vollendung.

Auch für die erklärten Wilsonianer war die auf den Vereinten Nationen aufgebaute Nachkriegsordnung mit ihren Prinzipien des Gewaltverzichts und ihrer impliziten Anerkennung des Rechtes der Völker nicht nur auf gouvernementale, sondern auch auf politisch-ökonomische Selbstbestimmung keine Lösung für die Ewigkeit. Sie war nicht das, was sie sich unter der von ihnen beschworenen

One World vorstellten, sie war noch nicht die Wiederherstellung des liberalen Internationalismus des 19. Jahrhunderts, in dem Englisch sprechende Geschäftsleute im Interesse aller die Geschicke eines naturrechtlich legitimierten Globalkapitalismus koordinierten. Sie war eine pragmatische Zwischenlösung, mit deren Hilfe man die »Übergangsgesellschaft« zur Epoche des globalen Kapitalismus regulieren und bis zu einem gewissen Grade friedlich kontrollieren konnte. Aber mit der Kapitulation des »real existierenden« Sozialismus wurde die Wilsonsche Vision zugleich vindiziert und schließlich ihrer Verwirklichung nahegebracht. Aus diesem Grunde sind heute nach dominierendem amerikanischem Verständnis nicht nur die Vereinten Nationen praktisch überholt, sondern »manche in den Washingtoner Amtsstuben würden gar am liebsten die Wiener Konvention über internationale Verträge durch Widerruf der US-Unterschrift aus dem Verkehr ziehen«. Darauf hat Otfried Nassauer in einer ganz hervorragenden Analyse des jüngst von Bush und Putin unterzeichneten, total farcenhaften Vertrags von Moskau über die angebliche Reduzierung der strategischen Atomwaffen am Rande hingeweisen. Richard Haass, Direktor für Politische Planung im State Department, der einen derartigen Vorschlag im politischen Raum plaziert hat, entgegnete auf kritische Fragen ausländischer Journalisten, ob dies nicht Unilateralismus sei: »Was Sie von dieser Administration erwarten dürfen, ist Multilateralismus à la carte. Wir werden uns jedes Abkommen einzeln anschauen und dann eine Entscheidung treffen« (Nassauer 2002: 2).

Mr. Haass kann sich nicht vorstellen, dass irgendein vernünftiger Mensch in der Welt das irgendwie kritisch sehen könnte. Er kann sich da auf den freundlichen »Multilateralisten« Warren Christopher berufen, einige Jahre Außenminister unter Bushs in Europa so beliebtem Vorgänger Bill Clinton. Er fasste sein Verständnis vom Verhältnis Amerikas zum Rest der Welt so zusammen: »Die Nationen der Welt blicken auf uns als verlässliche Führungsmacht mit hohen Grundsätzen. Sie sehen uns als optimistisches Volk, das durch seine Interessen motiviert und von seinem Potenzial geleitet ist. Sie folgen uns, weil sie verstehen, dass Amerikas Kampf für Frieden und Freiheit der Kampf der Welt ist.« (Christopher 1996: 2)

Literatur

Baker, Ray S./Dodd, William E. (Hrsg.) (o.J.): The Public Papers of Woodrow Wilson, New York.

Bercovich, Sacvan (1978): The American Jeremiad, Madison/Wisconsin.

Bragdon, Henry W. (1967): Woodrow Wilson. The Academic Years, Cambridge, Massachusetts.

Christopher, Warren (1996): Schutz der amerikanischen Interessen ist abhängig von Führungsrolle, in: Amerikadienst, 24. Juli 1996.

Diamond, William (1943): The Economic Thought of Woodrow Wilson, Baltimore.

Elliott, William Yandell u.a. (Hrsg.) (1957): Weltwirtschaft und Weltpolitik. Grundlage, Strategie und Grenzen der amerikanischen Außenpolitik, München. (Orginal: The Political Economy of American Foreign Policy. Its Concepts, Strategy and Limits. Report of a Study Group Sponsored by the Woodrow Wilson Foundation and the National Planning Assiciation, New York 1955).

Gibbs, David N. (2001): Washington's Interventionism. U.S. Hegemony and Inter-Imperialist Rivalries, in: Monthly Review, September.

Hersh, Seymour (1983): The Price of Power, New York.

Hobsbawm, Eric (1994): The Age of Extremes, New York. (deutsch: Das Zeitalter der Extreme. München 1998)

Keynes, John Maynard (1920): The Economic Consequences of the Peace, New York.

Kissinger, Henry (1994): Diplomacy, New York.

Klaus, Georg/Buhr, Manfred (1976): Philosophisches Wörterbuch, 2 Bde., Leipzig

Layne, Christopher/Schwartz, Benjamin (1993): American hegemony. Without an Enemy, in: Foreign Policy, No.1.

Loquai; Heinz (2000): Der Kosovo-Konflikt. Wege in einen vermeidbaren Krieg, Baden-Baden.

MEW= Marx, Karl/Engels, Friedrich (1961ff.): Werke, 39 Bde., Berlin/DDR

Nassauer, Otfried (2002): Wieder ein Startversuch, in: *Der Tagesspiegel*, 25.5.2002.

Smith, Henry Nash (1950): Virgin Land. The American West as Symbol and Myth, Cambridge, Massachusetts.

Spiegel-Gespräch mit Bundesaußenminister Joschka Fischer (2002), in: Der Spiegel, 18.5.2002.

Turner, Frederick Jackson (1938).: The Significance of the Frontier in American History, in: The Early Writings of F. J. Turner, hrsg. von Everett E. Edwards, Madison/Wisconsin.

Wallerstein, Immanuel (1995): After Liberalism, New York.

Werner Biermann/Arno Klönne

Grenzen amerikanischer Expansionspolitik

Der vom Präsidenten der USA erklärte »Jahrhundertkrieg gegen den Terrorismus« nimmt vermeintliche und tatsächliche terroristische Bedrohungen, deren Hintergrund soziale Verwerfungen der weltweiten kapitalistischen Ökonomie bilden, zum propagandistisch sehr brauchbaren Anlass, die militärische und politische Hegemonie der Vereinigten Staaten zu festigen und auszubauen. Zugleich soll damit die Vormachtstellung der USA an den globalen Finanzmärkten gesichert werden. Der »Jahrhundertkrieg« zielt darauf ab, durch neue US-amerikanische Brückenköpfe und Stützpunkte der eigenen Machtposition insbesondere gegenüber Russland, aber auch gegenüber China und Indien noch mehr geostrategischen Rückhalt zu geben. Die Opfer, die der »Jahrhundertkrieg« in den betroffenen Ländern hinterlässt, werden im herrschenden weltpolitischen Kalkül vernachlässigt. Auf den Schlachtfeldern werden nicht Kolonien im klassischen Sinne errichtet, sondern es bilden sich weitere Elendszonen heraus, die allerdings unter strategischer Kontrolle stehen. Diktatorische und korrupte Regimes werden gefördert, wenn sie nur Statthalterdienste für die Hegemonie der USA leisten. Eben dadurch bleibt der soziale Boden für terroristische Aufwallungen erhalten. Insofern produziert der »Jahrhundertkrieg« Risiken, die er – seiner offiziellen Legitimation nach – beseitigen will.

Die Regierung der USA behält sich allein die Definitionsmacht vor, wer als »Schurke« anzusehen und Militärschlägen auszusetzen ist, und sie geht dabei flexibel und situativ vor. Ebenso entscheidet sie von Fall zu Fall, wer als Bundesgenosse im Krieg herangezogen werden soll. Gleichberechtigte Mitsprache anderer Nationen bei der Gestaltung der globalen Politik ist vom Standpunkt der US-Regierung her nicht vorgesehen. Der Feind, der mit dem Untergang des Staatssozialismus abhanden gekommen war, ist wiedergefunden; ihn jeweils zu identifizieren, liegt in der Macht der Vereinigten Staaten.

Die Methodik dieses »Jahrhundertkrieges« setzt überkommene völkerrechtliche Konventionen außer Kraft und wertet die Institutionen der Vereinten Nationen nachhaltig ab. Sie mindert auch den weltpolitischen Einfluss der Europäischen Union und führt zu einem Bedeutungsverlust der NATO. Der UNO und den europäischen Staaten wird von der US-Regierung die Aufgabe zugewiesen, in den vom »Jahrhundertkrieg« verwüsteten Territorien »Nachsorge« zu betreiben. Insgesamt wird durch den »Jahrhundertkrieg« der Trend verstärkt, die Staatsetats auf kriegsbedingte oder militärische Leistungen auszurichten und somit soziale Verpflichtungen zu vernachlässigen. Auch in dieser Hinsicht ist der »Jahrhundertkrieg« strategischer Bestandteil einer spezifischen Variante von Globalisierung, die auf das Ideal des sozialen Ausgleichs keinen Wert mehr legt.

Der »Jahrhundertkrieg« im deutschen Diskurs

Der von Bush angekündigte und mit dem Krieg in Afghanistan begonnene »Jahrhundertkrieg gegen den Terrorismus« hat in der deutschen politischen Öffentlichkeit, soweit sie intellektuelle Ambitionen hat, bemerkenswerte Reaktionen erzeugt, und zwar insbesondere in jenem Sektor der veröffentlichten Meinung, in dem große und kleine Opinionleader mit linker oder grün-alternativer Herkunft tätig sind. Ziemlich schwach vertreten war und ist eine Kritik an der internationalen kriegerischen Politik der amerikanischen Politikadministration, die sich von antimilitaristischen und antiimperialistischen Argumenten – um das Spektrum etwas pauschal zu kennzeichnen – leiten lässt. Solche Betrachtungsweisen gelten überwiegend als »altbacken« und damit »überholt«, was dann eine Prüfung in der Sache als überflüssig erscheinen lässt. Die politische Diskussionskultur ist zu weiten Teilen zu einem Markt für Luxusartikel geworden; wer beim Angebot attraktiv sein will, muss modische Novitäten bringen. Unter diesen tritt besonders ein Deutungsmuster der weltpolitischen Konfliktlage hervor, wonach allein die globalen »militärischen Fähigkeiten« der Vereinigten Staaten imstande seien, einen Prozess weltweiter zivilisatorischer Modernisierung zu sichern und vor dem Abrutschen in vorbürgerliche, nicht »aufgeklärte« gesellschaftliche Zustände zu schützen. Wer so argumentiert, muss deshalb auf Einwände im Detail oder auf Warnungen vor »abenteuerlichen Überreaktionen« nicht verzichten; entscheidend ist die Anerkennung einer »progressiven« Leitfunktion der US-amerikanischen Globalpolitik, mit einer Begründung, die ideologische Anschlüsse bietet an eigene, früher vertretene politische Weltbilder. So lässt sich biographische Kontinuität behaupten, zugleich aber »Lernbereitschaft« nachweisen, die wiederum den Vorzug hat, Zugänge zum Medien- und Politikgeschäft offen zu halten, jedenfalls zu den darin dominierenden Trends. In einer diskursiv aggressiven Variante findet sich ein solches Deutungsmuster dort, wo kriegerische Unternehmungen der US-Regierung oder ihrer ausländischen Bündnispartner mit dem Argument gerechtfertigt werden, nur so sei das eine oder das andere »neue Auschwitz« zu verhindern, oder auch: Wer an den Entscheidungen der Bush-Administration herummäkele, versündige sich an den Befreiern Deutschlands vom Nationalsozialismus.

Das diskurspolitische Spektrum, auf das hier hingewiesen wird, hat bei aller Vielgestaltigkeit einen gemeinsamen Kern: Imperialismus wird als ein Phänomen der Vergangenheit dargestellt, und so wird auch die Frage überflüssig, ob möglicherweise der kapitalistischen Gesellschaftsstruktur Antriebe zu einer Politik innewohnen, die mit der »unsichtbaren Hand des Marktes« die nicht zu übersehende gepanzerte Faust verbindet. An einer kapitalismuskritischen Perspektive hält hingegen eine andere Diskursrichtung fest, die ebenfalls linker oder grün-alternativer Herkunft ist und aktuell, wenn auch als Minderheit, einige Bedeutung gewinnt. Hier wird unter Berufung auf Michael Hardt und Antonio Negri und deren Beschreibung des »Empire« das Zeitalter des Imperialismus als abgelöst betrachtet durch die Ära eines weltweit herrschenden Marktes, der Macht »von innen her« ausübt und in dem imperiale Interessen einzelner Nationen keine Bedeutung mehr haben, in dem es auch kein Machtzentrum mehr gibt, höchstens einen Vorrang der US-Gesellschaft (Hardt/ Negri: 2002).

Insgesamt ist für jenen Diskurs, der die Kategorie »Imperialismus« als für die Analyse der Gegenwartspolitik nicht mehr tauglich ansieht, die Behauptung kennzeichnend, man sei damit »in der Realität angekommen«; anders als bei den Verehrern von Hardt und Negri wird von den Bewunderern der »zivilisatorischen Mission« der Weltpolitik der USA das Selbstverständnis, die Dinge »realitätsgerecht« zu sehen und »realistische Politik« zu machen, auch dazu genutzt, Bedenkenträger und Zweifler im eigenen Terrain mundtot zu machen.

Seltsamerweise agieren aber die sogenannten Realisten linker oder grün-alternativer Herkunft beim gedanklichen Umgang mit dem »Jahrhundertkrieg« ganz überwiegend in einem Wertehimmel, d.h. sie interpretieren und beurteilen politisches und militärisches Handeln so, als sei dort ein Konflikt zwischen Weltanschauungen im Gange, dessen Ablauf wiederum nur weltanschauliche Folgen habe. Bei vielen feinsinnigen Überlegungen zum »emanzipatorischen« Ziel von Militärschlägen kommt die höllische Wirklichkeit eines Krieges gar nicht in den Blick. Auf manchmal groteske Weise fehlt es bei diesem Diskurs an Empirie. Dafür einige thematische Beispiele: Äußerst vernachlässigt wird im Diskurs über Terrorismus (hier gemeint: der von »Nicht-Regierungs-Organisationen«) und dessen Abwehr, wie er hierzulande geführt wird, die systematische Verflechtung »privat«-terroristischer Netzwerke mit den Interessen und Operationen von Staatsapparaten, insbesondere solchen der USA. Dies betrifft die Hilfe bei der Entstehung, die militärische Ausrüstung, die logistische Förderung, die Subventionierung und auch die propagandistische Legitimierung terroristischer Gruppierungen, in mehr oder weniger verdeckter Form, je nach deren Nützlichkeit für diese oder jene geopolitische Strategie. Der Zauberlehrlingseffekt wird dabei in Kauf genommen. Staatliche Geheimdienste in ihrer relativen Eigenständigkeit spielen bei solchen Konnektionen eine wichtige Rolle. Dieses Thema wird in der deutschen Publizistik am ehesten von rechtsextremen Autoren aufgegriffen, häufig in verschwörungstheoretischer Manier, nicht selten auch in antisemitischer Demagogie.

Antidemokratische und rassistische Deutungen belegen aber nicht unbedingt, dass die Problemlage, die sie verkehrend thematisieren, real nicht vorhanden ist. Demagogische Nutzung eines Themas hat zumeist gerade dann eine Chance, wenn sie Anknüpfung an die Empirie hat – und wenn eine analytisch-kritische Auseinandersetzung mit den entsprechenden Sachverhalten im demokratischen Diskurs nicht riskiert wird. Zu untersuchen wäre also, in welcher Weise die operative Struktur staatlicher Globalpolitik, speziell jener der Vereinigten Staaten als einzig verbliebener Supermacht, organisierten »Privatterrorismus« nicht nur fallweise begünstigt, sondern geradezu regelhaft erzeugt.

Was die Vorgehensweise der US-Regierungspolitik im Afghanistankrieg angeht, so verblüfft am deutschen Diskurs, dass es hier ganz überwiegend versäumt wird, den aktuellen militärischen Zugriff im Zusammenhang größerer historisch-politischer Perspektiven zu betrachten. In den USA selbst ist das – unter Fachleuten – anders. Dort ist längst vor dem 11. September 2001 öffentlich darüber nachgedacht worden, welche Möglichkeiten einer konfliktbereiten, auch militärstrategischen Einflussnahme sich in der zentralasiatischen Region nach dem Untergang der Sowjetunion anbieten, und welche Rolle das afghanische Terrain dabei spielt, ebenso Transkaukasien. Bei diesen Überlegungen wurde und wird auch das ökonomische Interesse an einer Neuverteilung von Räumen und Ressourcen nicht verschwiegen. Im deutschen Diskurs wird, öffentlich zumindest, über derart profane Politikmotive nicht gern diskutiert; wer sie beschreibt, wird als »Linkstraditionalist« abqualifiziert, so als seien Öl- und Erdgasvorräte oder Pipelines Phantasiegebilde altmarxistischer Literatur. Nur höchst genierlich wird im deutschen Diskurs ein Tatbestand erwähnt, der in US-amerikanischen Medien offen und mit hoher Gewichtung dargelegt wird: Die Vereinigten Staaten sind dabei, die Architektur internationaler Politik so zu verändern, dass ihre ökonomische und militärische Hegemonie in der methodischen Umsetzung keiner Beschränkung, keiner korrigierenden Macht und keinem Veto mehr unterliegt. Dies schließt die Kompetenz ein, sich über die Souveränitätsrechte anderer Nationen hinwegzusetzen, auch die Definitionsherrschaft, Staaten oder Organisationen als terroristische Gefahrenherde zu etikettieren und kriegerisch »stillzulegen«, gegebenenfalls auch präventiv. Verändert wird damit auch die Funktion der Vereinten Nationen, ebenso die der NATO. Herkömmliche völkerrechtliche Anforderungen werden im Zuge dieser weltarchitektonischen Neuordnung weggeräumt. Von den etablierten Politikexperten in der Bundesrepublik wird die Problematik, die in allem steckt, in der Begrifflichkeit »amerikanischer Unilateralismus oder Multilateralismus« diskutiert – eine die Realität nicht nur schönredende, sondern auch verfälschende Kategorisierung.

Wer in Deutschland vom Imperialismus US-amerikanischer Regierungspolitik spricht, gerät in den Verdacht, verfassungsfeindlichen und moslemistischen Bestrebungen zu folgen. In den Vereinigten Staaten selbst, und zwar bei den

Befürwortern der Politik der Bush-Administration, kommt die Neigung auf, auch den Begriff Imperialismus positiv für die eigene Globalstrategie in Anspruch zu nehmen, im Sinne eines postmodernen Kolonialismus, den der hegemoniale amerikanische Staat überall dort praktizieren müsse, wo der Prozess der kapitalistischen Globalisierung soziales Chaos, »gescheiterte Staatlichkeit« oder Widerstand hervorrufe. In den Denkschulen der herrschenden US-amerikanischen Politik ist man klug genug, um zu wissen, dass ein solcher neuer Kolonialismus nicht als überall befriedende und stets ordnende Durchdringung der Armutssektoren der Weltgesellschaft durch ein Herrenregime praktikabel ist. Eben deshalb wird affirmativ jene Fähigkeit hervorgehoben, die gesellschaftsgeschichtlich das Charakteristikum imperialistischer Politik war: mit überlegener Macht militärisch einzugreifen, Krisen kriegerisch zu lösen, und zwar aus der Souveränität eines Machtzentrums heraus (Gowan 2002).

Es liegt nahe, dass eben darin auch die Chance gesehen wird, die Dominanz des US-amerikanischen Standortes in den weltweiten Finanzmärkten abzusichern. Selbstverständlich liegt in einer solchen Ausformung imperialistischer Politik nicht der Ehrgeiz, im altkolonialen Stil den Vereinigten Staaten weitere Territorien einzuverleiben. Aber es ist auch nicht so, als stelle die Machtelite der USA sich lediglich einem eigengesetzlichen Weltmarkt zum Zwecke des Ordnungsdienstes zur Verfügung. Imperialismus heute, im Sinne globaler Herrschaft der USA, so beschreiben es auch systemkonforme Politikberater in den Vereinigten Staaten, ist ein in sich flexibler Komplex von weltweiter Machtausübung in den Finanzmärkten (auch mit Hilfe von Institutionen wie der Weltbank, des Internationalen Währungsfonds etc.), normativer Eingriffsfähigkeit in das Wirtschaftsleben der einzelnen Nationen, strategischer Bündnisse transnational agierender Konzerne (die auf die Schlagkraft des US-Militärs angewiesen sind), geheimdienstliche Steuerung – und eben der eigenmächtigen Fähigkeit der Vereinigten Staaten, kriegerisch zu intervenieren, wann immer und wo immer dies auf Schlachtfeldern der Globalisierung vom eigenen Interesse her erforderlich scheint. In einem solchen Komplex spielen, was die politische Sphäre angeht, Statthalterregimes ihre Rolle, auch halbselbstständige Partner minderen Ranges, und die Macht der USA hat zwar gegenwärtig weltweit keine gleichgewichtigen Konkurrenten, aber es bestehen Staaten, die nicht die Absicht haben, die USA als imperialistisches Zentrum anzuerkennen, auch wenn sie deren ökonomischer und militärischer Vormachtstellung zur Zeit nicht Paroli bieten können. Die Politikstrategen in den USA sind sich durchaus im klaren über den Konfliktstoff, der darin liegt, auch darüber, dass er weitaus schwerer wiegt als die »privat«-terroristischen Gefahren. Aus alledem lässt sich schließen: Das Zeitalter des Imperialismus ist nicht vorbei.

Mit zunehmendem Abstand von den Ereignissen des 11. September 2001 werden die Widersprüche deutlicher, die im weltweiten Hegemonialsystem der

Vereinigten Staaten liegen. So werden jetzt auch im Feld der etablierten Politik in Deutschland wieder Vorbehalte gegenüber einzelnen Handlungen oder Absichten der US-amerikanischen Regierungspolitik geäußert, wenn auch diplomatisch verklausuliert und weniger konsequent als in Frankreich. Dies betrifft etwa den rüden Umgang der US-Regierung mit dem Projekt eines internationalen Strafgerichtshofs oder vermutete Pläne der USA, im Irak militärisch zuzuschlagen. Andererseits können die Staaten der Europäischen Union, selbst wenn sie weltpolitisch als Einheit auftreten würden, auf absehbare Zeit mit den USA – allein wegen ihrer geringeren »militärischen Fähigkeiten« – nicht auf »gleicher Augenhöhe« operieren. Was die globalen Herrschaftsverhältnisse angeht, so fühlt sich die politische Klasse in den EU-Staaten auf die Vereinigten Staaten als »Weltpolizei« angewiesen. Freilich ist dieses Bedürfnis in den meisten anderen europäischen Ländern weniger ideologisch verkleidet als in Deutschland.

Die US-Politik nach dem 11. September

Die Regierung der Vereinigten Staaten musste auf die verheerenden Anschläge vom 11. September reagieren. Eine Katastrophe dieses Ausmaßes, von der medialen Berichterstattung zusätzlich angeheizt, zwang die US-Regierung zu einer spektakulären Aktion: Präsident Bush verkündete den Krieg gegen den Terrorismus. Afghanistan, die Basis des islamistischen Terrornetzwerkes, so lautete die Botschaft, musste erobert werden.

Die Ereignisse des 11. September waren von den Machtapparaten der USA sicherlich nicht beabsichtigt oder gewollt. Sie wurden allerdings in erstaunlich rascher Weise instrumentalisiert.[1] Fast möchte man meinen, dass sie gelegen kamen, um das umzusetzen, was schon vorgedacht und vorbereitet war, nämlich Schwachstellen im US-amerikanischen Herrschaftsgebäude, im Innern und weltweit, zu beheben.[2]

---

[1] Mit großer Wahrscheinlichkeit ist die Bush-Regierung sehr fahrlässig mit den Informationen umgegangen, die ihr von den eigenen Geheimdiensten bereits Monate vor den Terroranschlägen übermittelt worden waren, worauf die ersten Ergebnisse des parlamentarischen Untersuchungsausschusses hindeuten. Hieraus allerdings eine Verschwörungstheorie abzuleiten, ist sehr gewagt; siehe Mulgrew 2002 und besonders Blum 2002: viiiff.

[2] In diesem Zusammenhang ist bemerkenswert, dass Präsident Clinton in den letzten Wochen seiner Amtszeit maßgebliche Gesetze unterzeichnet hatte, die in diese Richtung zielen und das Antiterrorgesetz vom 20. April (!) 1996 verschärften. Eine Kehrtwende in der US-amerikanischen Politik ist, wie häufig unterstellt wird, dem jetzigen Amtsinhaber nicht ausschließlich anzulasten; das gesamte Regierungs- und Parteiensys-

Abbau demokratischer Rechte

Die Einrichtung der *Homeland Defense* Behörde führt zu einschneidenden Beschränkungen bei bürgerlichen Rechten und bedeutet die Verankerung eines parallelen Rechtssystems, denn die Militärgerichtsbarkeit ist jetzt auf einige zivile Bereiche ausgedehnt worden (McGarrell 2001; Stanton/Madsen 2002a). Da die rechtliche Definition dessen, was Terrorismus eigentlich ist, unpräzise bleibt, kann sie im Bedarfsfall erweitert werden, beispielsweise gegenüber ethnischen Minderheiten und anderen sozialen Randgruppen (Stanton/Madsen 2002b; Valentine 2001).

Das Militär erhält jetzt eine neue Aufgabe,[3] die den immensen Finanzbedarf rechtfertigt.[4]

Erstaunlich ist auch, dass die hochgerüsteten und mehr noch, hochgelobten Sicherheitsdienste kläglich versagten, ohne dass daraus bislang Konsequenzen gezogen wurden; gleichwohl erhalten sie mehr Geld und mehr Befugnisse. Verschwörungstheoretischen Ansätzen bietet dies sicherlich einen idealen Nährboden für Spekulationen über eine gewollte Inszenierung der Attentate vom 11. September. Zweifelsohne sind die Geheimdienste Nutznießer der Ereignisse, die sie nicht verhindert haben.

Die politische Elite schafft sich eine neue Mission, die zunächst die Legitimationsbasis festigt (Estabrook 2001). Die bisherige war rissig geworden, wie beispielsweise die geringe Wahlbeteiligung belegt, und auch, weil die sozialen Verwerfungen des von den USA inszenierten Globalisierungsmodells Zweifel an den Fähigkeiten dieser Elite nährten. (Alte Legitimationsmodelle waren stumpf geworden: Reagans ›Kampf dem Imperium des Bösen‹ fehlte seit dem Untergang der Sowjetunion der Gegenstand. Ein Ersatz war nicht beschaffbar, was die geringe Akzeptanz der Präsidenten Bush senior und Clinton erklärt; (Walker 2001). Mit dem »Krieg gegen den Terrorismus« gelingt es der US-Elite, die Eliten in den westeuropäischen und japanischen Vasallenstaaten erneut an sich

---

tem hat seit längerem die konservativ-reaktionäre Wende eingeleitet, wie Moore 2001: 209ff. dokumentiert. Das nun in Kraft getretene Modell der Heimatverteidigung war in seinen Grundlagen im März 2001 von der Akademie der Luftwaffe veröffentlicht worden (Smith/Thomas 2001).

[3] »Unsere Sicherheit erfordert die Transformation des Militärs...Und unsere Sicherheit erfordert es ebenfalls, dass alle Amerikaner nach vorne schauen, resolut sind und zu Erstschlägen bereit, wenn es gilt, unsere Freiheit und unser Leben zu verteidigen«, so Präsident Bush anlässlich der »2002 Graduation Exercise of the United States Military Academy in West Point«. Zur neuerlichen Militarisierung der US-Außenpolitik siehe u.a. Barry/Lobe 2002.

[4] Der aktuelle Militäretat von knapp 400 Mrd. Dollar entspricht in etwa dem Aufwand, der von konservativen Kreisen schon Jahre zuvor gefordert worden war; siehe beispielsweise O'Hanlon 2000: 41.

zu binden.[5] Schließlich kann sich die Wirtschaftselite von dem neuen Ordnungsmodell machtstabilisierende Wirkungen erhoffen, was man als politischen Flankenschutz für den Globalismus bezeichnen könnte (Rothkopf 2002).

Im Ergebnis kommt es in der Reaktion auf die Terroranschläge in den Vereinigten Staaten selbst als auch in der übrigen westlichen Welt zu anti-demokratischen Maßregelungen. Bezogen auf den Anlass sind diese Einschränkungen demokratischer Rechte völlig überzogen.

Dass dies offenbar von der Bevölkerung in den USA hingenommen wird, weist auf einen weiteren Aspekt hin: die gelungene Inszenierung des neuen Feindbildes.[6] Die gegenwärtige Mobilisierung im Gewande des Patriotismus richtet sich gegen die »Militanz« des Islams, was bei genauer Betrachtung kein Zufall ist: Historisch stieß die koloniale oder halbkoloniale Expansion des Westens in der islamischen Welt auf den stärksten Widerstand, etwa in Algerien, Ägypten, Palästina und schließlich durch die iranische Revolution. Aber diese Region verfügt über den für die Weltwirtschaft lebenswichtigen Rohstoff Öl. Die Verteilungskämpfe zwischen den westlichen Ölkonzernen und den lokalen Eliten wurden von der US-Öffentlichkeit, wie die Ereignisse während des »Ölschocks« in den siebziger Jahren zeigen, nicht als wirtschaftsübliche Vorgänge ausgelegt, was sie tatsächlich waren, sondern als Bedrohung des Westens gedeutet.

Vor diesem Hintergrund stellt Ben Laden ein im Prinzip austauschbares Medium dar, das sich vorzüglich für einen Kollateraleffekt mit erheblicher Reichweite nutzen lässt. Genau das beinhaltete die politische Botschaft des US-Präsidenten, als er den Kampf gegen die terroristische Bedrohung von vornherein als eine langfristige Aufgabe definierte (Corn 2001; Parry 2001; Zinn 2002a). Das skizzierte Modell der Herrschaftsabsicherung bedarf zu seiner Festigung einer hinreichenden Zeit, der Gewöhnung der Gesellschaft an die neuen Verhältnisse und deren Einübung. Im Herrschaftsdenken ist eine Rückkehr zu den alten Zuständen wohl nicht vorgesehen, denn das Anti-Terrorprogramm sieht im Bedarfsfall Ausdehnung und Intensivierung vor, die mit Verweis auf die Bedrohlichkeit des Terrorismus hinter verschlossenen Türen in den engen Machtzir-

[5] Die gewaltige Militärmaschinerie der Vereinigten Staaten tut ein übriges; sie ist allen Konkurrenten in sämtlichen Belangen turmhoch überlegen, wie u.a. Odom 2001, Kennedy 2002 und Bidwai 2002 ausführen. Rawnsley 2002 und Nye 2002 hinterfragen eine allzu optimistische Deutung der Erfolgschancen der neuen »Mission« der USA vor allem, weil die Militarisierung keines der politischen Probleme (dauerhafte Allianz mit der Europäischen Union, Russland, China, den arabischen Staaten etc.) gelöst hat und die wirtschaftlichen Grundlagen, auf denen der US-Militärapparat fußt, alles andere als stabil anzusehen sind.

[6] Was von Huntington 2002 in fast euphorischer Manie gepriesen wird, sein Konstrukt vom Kampf der Zivilisation scheint politische Realität zu werden: »Osama bin Laden hat dem Westen die gemeinsame Identität zurückgebracht«.

keln, nicht aber in der parlamentarischen Öffentlichkeit beschlossen werden (Zinn 2002b).

Die strategische Bedeutung der Militärkolonie Afghanistan[7]

Die einzig verbliebene Weltmacht mit ihrem unvergleichlichen Militärapparat ergriff die Chance, ihren Einflussbereich in Regionen wie Zentralasien auszudehnen, die im geostrategischen Denken als Schlüsselzonen für eine Weltmachtarchitektur angesehen werden (Saunders 2002). So gesehen, war der Anlass für die Intervention in Afghanistan ein Glücksfall.

Die Ereignisse seit dem 6. Oktober 2001, als der Krieg gegen die Talebanherrschaft begonnen wurde, machen deutlich, dass es den Vereinigten Staaten vorrangig um die Etablierung einer Militärkolonie Afghanistan ging. Die neue Regierung, seit dem Juni 2002 international anerkannt und legitimiert, ist ein Erfüllungsgehilfe Washingtons. Das Führungspersonal, vom Präsidenten über den Finanzminister bis zu den Staatssekretären für Finanzen, Wirtschaft und Entwicklung, ist von den USA handverlesen (Herold 2002a). Da die Zentralregierung in Kabul von außen alimentiert wird, wird sie extrem abhängig und steuerbar bleiben (Herold 2002b). Die einzelnen Regionen werden – wie schon zu Zeiten der Monarchie – eine gewisse Unabhängigkeit behalten, d.h. die Regionalfürsten – also Grundherren, Kriegsfürsten und Drogenbarone – werden nach eigenem Gusto schalten und walten (Rashid 2002; Steele 2002; Zakhilwal and Niazi 2002). Das wäre ihnen schwer gefallen, wenn sie Regierungsämter übernommen hätten (Ahrari 2002).

Die Reichweite der Kabuler Zentralregierung geht territorial über die Stadtgrenzen der Hauptstadt kaum hinaus; ihre Position gegenüber den Regionen bestimmt sich maßgeblich über die Verfügungsgewalt über ausländische Finanzmittel (Kredite und Entwicklungshilfe). So gesehen, sollte es möglich sein, die Interessen der USA im afghanischen Machtgefüge abzusichern; nötigenfalls steht die internationale Schutztruppe bereit, die Architektur der Militärkolonie zu garantieren.

Afghanistan bildet einen nahezu perfekten Ausgangspunkt für weitere strategische Vorstöße und für die Verankerung US-amerikanischer Machtprojektionen in Zentralasien. Die Bush-Regierung hat seit dem 6. Oktober 2001 keinen Zweifel daran gelassen, dass sie bei ihren Operationen Zentralasien im Blick hat, und sie hat dies auch in der Öffentlichkeit so verkündet. Welche strategischen Vorteile bietet nun die neue Militärkolonie Afghanistan im Einzelnen?

---

[7] Die folgenden Ausführungen basieren auf Biermann/Klönne 2002; im Folgenden werden nur Entwicklungen seit Ende Februar belegt.

Einwirken auf den indischen Subkontinent

Pakistan – immer noch eine künstliche Gesellschaft mit Religion als einzig wirklichem Identitätsfaktor – sieht sich einem zunehmend aggressiver gewordenen Hindu-Chauvinismus Neu Delhis ausgesetzt. Die politisch-militärische Elite in Islamabad schöpft aus diesem Bedrohungsszenario ihre Legitimation. Sie kann dies umso glaubhafter darstellen, je dichter die Unterstützung der USA ist. Der gemeinsame Kampf gegen terroristische Netzwerke in Pakistan und Kaschmir liefert Washington den geeigneten Vorwand, über Pakistan auf Indien einzuwirken, das in den Vorstellungen der eigenen Politik-Strategen als eine aufsteigende Großmacht gesehen wird, die es rechtzeitig klein zu halten gilt.

Militärbasen in Tadschikistan und Usbekistan

Die logistische Präsenz des US-Militärs in Afghanistan erleichtert die Inbetriebnahme der neuen Basen in Tadschikistan und Usbekistan. Die dortigen Luftwaffenstützpunkte ermöglichen es den Vereinigten Staaten, das Zentrum der postsowjetischen Nuklearmacht in Kasachstan in knapp 20 Flugminuten zu erreichen – also nötigenfalls einen aussichtsreichen Erstschlag durchzuführen. Auf dem Höhepunkt des Kalten Krieges hatte die damalige Sowjetunion ihr strategisches Atomarsenal in die kasachische Steppe ausgelagert, weil es dort am weitesten von US-Bomberangriffen entfernt war. Gleiches gilt übrigens auch gegenüber der Volksrepublik China, die ihre Nuklearstreitmacht in Sinkiang konzentriert hat. Auch sie liegt nun in bequemer Reichweite US-amerikanischer Kampfjets.

Zentralasien

Die Militärpräsenz der USA in Zentralasien hat noch einen weiteren Grund: Die Vereinigten Staaten haben ihr Gedankengut des Kalten Krieges beibehalten – gewollt oder ungewollt ist die politische Elite immer noch vom Kreuzzugsgedanken gegen das postsowjetische Russland durchdrungen. Für die militärische Elite ist es daher ein leichtes, den geostrategischen Traum vom Zugriff auf die sowjetische Erbmasse auszuleben. Vieles spricht dafür, dass die US-amerikanische Wirtschaftsberatung für Jelzin im Kern auf Sabotage angelegt war – es galt, den russischen Staat zu schwächen und so das Nervenzentrum der Großmacht Russland zu paralysieren. Dass bei den Wirtschaftsreformen dort offenkundig der Aufbau solider Staatsfinanzen durch ein Finanz- und Steuerwesen ›vergessen‹ wurde, dass eine Privatisierungspolitik empfohlen wurde, die den Zugriff von kriminellen Elementen auf Großkonzerne und ganze Wirtschaftszweige erst ermöglichte, ist sicherlich nicht dem Zufall zuzuschreiben.

Vor diesem Hintergrund war es für die USA ein Leichtes, in Zentralasien vorzustoßen. Gegenüber der Öffentlichkeit müssen die vorgeblich riesigen Rohstoffvorkommen in der Region als Begründung für das neue Engagement herhalten. Das ist aber ein geschicktes Propagandamanöver, denn (a) gibt es keine seriöse Untersuchung über diese Rohstofflager und (b) ist die Weltmarktnachfrage nach diesen Rohstoffen gering. Und: Die Erdgasfelder sind seit langem erschlossen und über ein Pipelinenetz mit Deutschland, als dem Hauptabnehmer, verbunden – business as usual.

Vor dem 11. September war es für die US-Regierungen (Clinton darf man hier nicht vergessen) kaum möglich oder opportun, neue Abenteuer in Zentralasien als das zu benennen, was sie sind – nämlich militärisch-strategische Vorstöße. Der Aufmarsch reicht aber auf 1992 zurück, als staatliche und halbstaatliche US-Agenturen erstmalig in Zentralasien Präsenz zeigten. Am Rande: 1992 gelang es ihnen, die Regierung der Mongolischen Volksrepublik so unter Druck zu setzen, dass die staatliche Weidewirtschaft privatisiert wurde mit verheerenden ökologischen und materiellen Folgen.

Weiter im Westen, im Kaukasus, begann zur gleichen Zeit der Kampf um die Öl- und Erdgasvorkommen des Kaspischen Meeres. Dieser Kampf wurde mit den handelsüblichen Methoden ausgefochten – im Jargon ein Nullsummenspiel, denn alle Interessenten profitierten davon. US-Konzerne verknüpfen sich erfolgreich mit aserbaidschanischen Ölgesellschaften; deutsche Unternehmen gingen Allianzen mit russischen Konglomeraten, wie *Gasprom*, ein. *Chevron* beispielsweise beteiligte sich an der Erschließung neuer Ölfelder in Kasachstan gemeinsam mit der russischen Lukoil. Damals war Frau Rice Chefberaterin dieses US-Konzerns und sah keine Notwendigkeit, als Kriegstreiberin aufzutreten, so wie sie es heute als Nationale Sicherheitsberaterin von Präsident Bush tut.

Für den Kaukasus gilt das gleiche wie für die zentralasiatischen Staaten – ökonomische Belange gelten als Vorwand für militärische Ambitionen der USA.

Kaukasus

Die neuen US-Stützpunkte in Aserbaidschan und Georgien bieten ideale Voraussetzungen für mögliche Militärschläge gegen den Iran, an dessen Ostgrenze in Afghanistan ebenfalls US-Truppen stationiert sind. Dass von der US-Diplomatie eine Wirtschaftskooperation der kaspischen Anrainerstaaten mit Teheran hintertrieben wurde, deutet darauf hin, dass der Iran isoliert werden soll, um so zu einem passenden Zeitpunkt eine Militäraktion gegen ihn zu starten. Und der Irak – gegenwärtig wieder als Kandidat für eine US-Intervention hoch gehandelt?

Zweifelsfrei ist das Hussein-Regime eine üble Diktatur, man denke an die Giftgasangriffe gegen die eigene kurdischstämmige Bevölkerung oder an die Massaker an den Mitgliedern islamischer Sekten im Süden des Landes. Aber das rechtfertigt keineswegs das angelsächsische Dauerbombardement seit 1993. Verwunderlich ist hierbei, dass eine Militärmacht wie die irakische, die von westlichen Medien als hochgerüstet dargestellt wird, die Kampfeinsätze der US-

und britischen Jets tatenlos hinnimmt. Könnte es vielleicht sein, dass der Irak militärisch gesehen ganz schwach ist?

Erdöl

Erdöl als strategische Waffe – das trifft besonders auf die wirtschaftlich widersinnige Pipeline von Baku über Tiflis zum türkischen Mittelmeer-Terminal Ceyhan zu. Ökonomisch ist sie widersinnig, weil sie sehr, sehr teuer ist. Die Stückkosten für kaspisches Öl liegen bereits jetzt erheblich über denen am Persischen Golf. Fraglich ist außerdem, ob die für eine rentierliche Auslastung der neuen Pipeline erforderlichen Mengen überhaupt vorhanden sind. Und dann noch eine Beobachtung: Das türkische Ceyhan hatte bis 1990 das nordirakische Erdöl vermarktet. Die Anlagen sind wegen der Sanktionen heute leer. Offenbar unterstellen die Pipeline-Betreiber, dass Irak auf Dauer als Weltmarktproduzent ausscheidet, denn in den Planungen ist eine entsprechende Aufstockung der Raffineriekapazitäten in Ceyhan nicht vorgesehen.

In der Tat ist die Baku-Ceyhan-Pipeline in erster Linie ein strategisches Objekt: (a) erhält das vom ehemaligen Geheimdienstboss und heutigem Präsidenten Schewardnadse heruntergewirtschaftete Georgien eine dringend benötigte Einnahmequelle; (b) verläuft die Pipeline auf türkischen Territorium durch Kurdistan. Jede Pipeline-Trasse wird militärisch gesichert, das ist international üblich und versicherungstechnisch erforderlich. In diesem Kontext erhält die türkische Armee das modernste US-Equipment, wie die Apache-Kampfhubschrauber, mit denen Israel in Palästina äußerst erfolgreich operierte. Und mit Blick auf die Energieversorgung des Westens wird Ankara den Freibrief im Bürgerkrieg gegen die Kurden erhalten. Vor diesem Hintergrund ist es eher nebensächlich, dass die Pipeline durch eines der weltweit am stärksten von Erdbeben betroffenen Gebiete führt, also eine immense ökologische Katastrophe riskiert wird.

Soweit der Überblick, bei dem die neuen Militärabkommen der USA mit Sri Lanka und Indonesien ebenso wie die US-Aktionen auf den Philippinen und in Nepal nur erwähnt werden sollen.

Die Grenzen der Expansionspolitik

Die Monate seit dem 11. September haben eine so nicht gekannte strategische Expansion der USA gebracht. Die Gunst der Stunde wurde von der amerikanischen politisch-militärischen Elite genutzt, langgehegte Weltmachtpläne rasch umzusetzen. Das Spektakuläre der Katastrophe und der Appell an Patriotismus und Chauvinismus führten zu einer breiten gesellschaftlichen Unterstützung der Regierung; Einsichten, dass die militärischen Maßnahmen und die sie begleitenden politischen Schritte möglicherweise unangemessen oder höchst riskant sein könnten, wurden ignoriert und dem Zeitgeist folgend als »unamerikanisch« abgetan.

Nun zeigt sich aber, dass die Vereinigten Staaten dabei sind, ihren geopolitischen Gewinn zu verspielen. Das Ziel, den Kern des internationalen Terrorismus zu vernichten, haben sie nicht erreicht: Ben Laden und seine Gefolgschaft sind immer noch in Freiheit. Neue Konfliktlinien sind entstanden oder werden entstehen; so operieren die Vereinigten Staaten als »neue Gestaltungsmacht« in Zentralasien in einer höchst instabilen Umgebung. Den post-sowjetischen Regimes vor Ort mangelt es an breiter gesellschaftlicher Akzeptanz; ihre wirtschaftlichen Grundlagen sind brüchig, denn die nachkommunistische Transformation hat die jetzt im demokratischen Gewande daher kommende alte Machtelite begünstigt, die materielle Lage der Bevölkerung jedoch eher verschlechtert. Der Umbau hat zudem zur Wiederbelebung islamischer Bewegungen geführt, die zur Zeit der Sowjetunion unterdrückt worden waren. Diese Bewegungen finden in der Bevölkerung eine breite Unterstützung, da sie die einzig attraktive Alternative zu den herrschenden Eliten darstellen.

Unter strategischen Gesichtspunkten wird sich die US-Präsenz in dieser Region im Sinne von neuen Märkten und Zugriff auf Ressourcen kaum auszahlen. Das trifft auch auf die angeblich riesigen Erdöl- und Erdgasvorkommen zu. Der machtpolitische Vorstoß wird auf lange Sicht nur Kosten verursachen und kaum Erträge bringen.

Wie kaum eine andere Gesellschaft ist die US-amerikanische selbstbezogen, was die Ideologie des *American Way of Life* zum Ausdruck bringt (Lobe 2002). Dem entspricht eine Orientierung an kurzfristigen Erfolgen und an materiellem Zugewinn »just in time«. Eine dauerhafte Mobilisierung der Gesellschaft für nationale Ziele, wie sie beispielsweise die Politik der europäischen Großmächte im Zeitalter des Imperialismus kennzeichnete, ist auf der anderen Seite des Atlantiks nicht zu erwarten. Die Informationen über die Unterlassungen der Bush-Regierung in den Monaten vor dem 11. September lassen Zweifel an der Regierungspolitik aufkommen; ein eher kläglicher Umgang der Regierung mit diesen Vorwürfen erhärtet den Eindruck, möglicherweise von einem inkompetenten Präsidenten geführt zu werden – einer Umfrage der Tageszeitung *USA Today* im Juni 2002 zufolge steigt die Zahl derjenigen US-Bürger, die nicht mehr an einen Erfolg beim Kampf gegen den Terrorismus glauben.[8] Die Warnungen der Führungsmannschaft um Bush vor neuen Anschlägen werden zunehmend als Ablenkungsmanöver von den eigenen Fehlern gesehen.

---

[8] Anfang des Jahres waren fast 70 Prozent der Befragten sicher, dass die Vereinigten Staaten den Krieg gegen den Terror gewinnen würden; gegenwärtig sind es lediglich 33 Prozent. Nur noch knapp die Hälfte der Befragten spricht sich für den Fortgang des Krieges aus; siehe Benedetto 2002. Umfragen zur Bewertung Wirtschafts- und Sozialpolitik der Regierung Bush deuten an, dass die US-Bevölkerung nichts von ihr hält: Nur 20 Prozent halten die Regierung in diesen Bereichen für kompetent.

Und hier häuft sich einiges an: Die lange Rezession der US-Wirtschaft fällt zusammen mit einer Reihe von Wirtschaftsskandalen, in die nun auch der Präsident selbst unmittelbar verwickelt ist. Die Vorzeigeunternehmen der US-Industrie, die Sterne am Börsenhimmel wie *Enron, Tyco, WorldCom, Xerox*, die Ikonen der Wall Street wie *Merill Lynch* versinken in einem Morast von Gier, Korruption und Betrug: Bilanzfälschungen größten Stils, Plünderung des Firmenvermögens durch gierige Vorstände, Griff nach den betrieblichen Pensionskassen und Betrug der privaten Anleger durch wissentlich falsche Informationen über die Lage der Unternehmen (Beatty 2002). Vor diesem Hintergrund erscheint der Wirtschaftsboom der neunziger Jahre als ein einziger Schwindel, zumal die materielle Lage der lohnabhängigen Bevölkerung in diesen Jahren spürbar verschlechtert wurde; die Arbeitszeit wurde bei sinkenden Stundenlöhnen und verringerten Sozialleistungen um knapp 20 Prozent erhöht (Baker 2001; Blackburn 2002). Offenbar fand eine Umverteilung großen Stils zugunsten der Unternehmensleitungen und Großaktionäre statt, denen angesichts der jüngsten Entwicklungen nicht mehr zugetraut wird, die wirtschaftliche Entwicklung in einem gesamtgesellschaftlichen Interesse zu gestalten. Wenn dann auch noch bekannt wird, dass der heutige Präsident selbst an diesem Bereicherungsrad gedreht hat,[9] sinkt das Vertrauen in den Amtsinhaber.

Imperiale Außenpolitik, eine verschärfte Gangart im Kampf gegen den internationalen Terrorismus und ein wahrscheinlicher Krieg gegen den Irak scheinen nun die geeigneten, wahrscheinlich die einzigen Mittel zu sein, von diesen Problemen abzulenken. Eine solche Vorgehensweise wurde schon früher praktiziert, so im kaiserlichen Deutschland während der langen »Gründerkrise« Ende des 19. Jahrhunderts und fast zeitgleich in Großbritannien: Der deutsche Griff nach der Weltmacht, die zweite Welle des britischen Kolonialismus lenkten tatsächlich von den sozialen Verwerfungen in der eigenen Gesellschaft ab.

Diese Vergleiche hinken aber, denn beide Großmächte hatten etwas, was den USA heute fehlt – Finanz- und Kapitalautonomie. Die Vereinigten Staaten sind der weltweit größte Schuldner und zur Finanzierung der operativen Staatsausgaben wie zur Finanzierung des internationalen Warenverkehrs muss auf ausländisches Kapital zurückgegriffen werden, das in der Vergangenheit, angezogen von einem starken Dollar und blühenden Börsen, ins Land strömte. Diese Bedingungen sind gegenwärtig nicht mehr gegeben.[10] Das Vertrauen der Akteure der globalen Ökonomie in die USA scheint abzunehmen (Andrews 2002).

---

[9] Bush hat an Insidergeschäften in den frühen neunziger Jahren kräftig verdient und die Aufsichtsbehörden nicht informiert; dies wird von ihm auch zugegeben. Sein Vizepräsident Cheney hat ähnliches vorzuweisen, vgl. Krugmann 2002.

[10] Hierzu bemerkt der *Economist* in der Ausgabe vom 14. Juni 2002: »Im Jahr 1999 finanzierten ausländische Direktinvestitionen 91 Prozent des US-Leistungsbilanzdefi-

So gesehen ist es eher wahrscheinlich, dass die Expansion der USA nach dem 11. September 2001 nicht von Dauer sein dürfte – zu beobachten sind Anzeichen für den weltpolitischen Niedergang der militärischen Supermacht USA, wie Adrian Hamilton im *Independent* vom 5. Juli 2002 schreibt.

Literatur

Ahrari, Ehsan (2002): Afghanistan: Warlordism redux, in: Asia Times vom 11. Juni 2002.
Andrews, Edmund L. (2002): U.S. Businesses Dim as Models for Foreigners, in: New York Times vom 27. Juni 2002.
Barry, Tom/Jim Lobe (2002): U.S. Foreign Policy-Attention, Right Face, Forward March, in: Foreign Policy in Focus, April 2002.
Baker, Dean (2001): The New Economy goes bust: What the record shows. Center for Economic and Policy Research Report, 29. Oktober 2002.
Beatty, Jack (2002): Good Times for the Bad Guys, Atlantic Monthly, April.
Benedetto, Richard (2002): Confidence in war on terror wanes, USA Today, 25. Juni 2002.
Bidwai, Praful (2002): The U.S. as a Hyperpower, Frontline, Juni 2002.
Biermann, Werner/Klönne, Arno (2002): Ein Kreuzzug für die Zivilisation? Internationaler Terrorismus, Afghanistan und die Kriege der Zukunft, Köln.
Blackburn, Robin (2002): The Enron Scandal and the Pension Crisis. New Left Review, März/April 2002.
Blum, William (2002): Rogue State. A Guide to the World's Only Superpower. New updated Edition, London.
Corn, David (2001): A War Without End, in: TomPaine.com, September 2001.
Estabrook, C.G. (2001): American Crusades, Counterpunch, 17. November 2001.
Flounders, Sara (2002): Expanding empire, in: http://www.iacenter.org.
Gowan, Peter (2002): US-Hegemonie und globale Unordnung. Supplement zu Sozialismus, Heft 5. 2002.
Hardt, Michael/Antonio Negri (2002): Empire, Cambridge (Massachusetts)
Herold, Marc W. (2002a): Karzai & Associates' Trickle-Down Reconstruction, in: http://www.cursor.org.
Herold, Marc W. (2002b): Print Money [quietly] and Hope for Foreign Largesse, in: http://www.cursor.org.
Huntington, Samuel (2002): Osama bin Laden Has Given Common Identity Back to the West, in: New Perspectives Quarterly, Winter 2002.
Kennedy, Paul (2002): The Greatest Superpower Ever, in: New Perspectives Quarterly, Frühling 2002.

---

zits. Ein Jahr später war diese Quote auf 43 Prozent gesunken. Die Lücke wird von kurzfristig angelegtem, unberechenbaren Kapital geschlossen...Ausländische Anleger besitzen zwei Fünftel der US-Schatzbriefe, ein Viertel der von Unternehmen ausgegebenen Anleihen und 13 Prozent des Kapitals aller US-Unternehmen«.

Krugman, Paul (2002): Everyone is outraged, in: New York Times, 2. Juli 2002.
Lobe, Jim (2002): US public still uninterested in world news, in: Asia Times, 11. Juni 2002.
McGarrell, Edmund F. (2001): Defending the Home Front, in: American Outlook, November 2001.
Moore, Michael (2001): Stupid White Men, New York.
Mulgrew, Ian (2002): The truth is out there ... right?, in: Vancouver Sun, 23. Februar 2002.
Nye, Joseph (2002): Why military power is no longer enough, *Observer*, 31. März 2002.
O'Hanlon, Michael E. (2000): The U.S. Defense Budget. Choices for the Next President, in: The Brookings Review, Vol. 18 No. 2, Frühling 2000.
Odom, William E. (2001): 21st Century Directions in American Foreign Policy, in: American Outlook, April 2001.
Parry, Sam (2001): Bush's ›Crusade‹, in: Consortium news, 25. September 2001.
Rashid, Ahmed (2002): New Afghan Cabinet Configuration Source of Discontent for Many Pashtuns, in: Eurasiaweek, 24. Juni 2002.
Rawnsley, Anthony (2002): How to deal with the American goliath, in: Observer, 24. Februar 2002.
Rothkopf, David J. (2002): Business Versus Terror, in: Foreign Policy, Mai/Juni 2002.
Smith, James M./Thomas, William C. (eds.) (2001): The Terrorism Threat and U.S. Government Response: in: Operational and Organizational Factors, Colorado.
Stanton, John/Madsen, Wayne (2002a): Democracy in Crisis. What is to be Done?, in: Counterpunch, 12. Juni 2002.
Stanton, John/Madsen, Wayne (2002b): The War that Destroyed America, in: The News Insider, 19. März 2002.
Steele, Jonathan (2002): The west is walking away from Afghanistan – again, in: The Guardian, 24. Juni 2002.
Valentine, Douglas (2001): Homeland Insecurity, in: Counterpunch, 8. November 2001.
Walker, Martin (2001): Bush's Choice: Athens or Sparta, in: World Policy Journal, Volume XVIII, No2, Sommer 2001.
Zakhilwal, Omar, and Adeena Niazi (2002): The Warlords Win in Kabul, in: New York Times, 21. Juni 2002.
Zinn, Howard (2002a): The Great Deception: Elusive Enemy, Endless War, in: TomPaine.com, Februar 2002.
Zinn, Howard (2002b): Operation Enduring War, in: The Progressive, März 2002.

Mohssen Massarrat

Hegemonialpolitik durch Zugriff auf Ölquellen und Öltransportrouten

Der Krieg der Vereinigten Staaten gegen die Taleban in Afghanistan ist das jüngste Glied einer Kette der inzwischen über ein halbes Jahrhundert andauernden Geschichte angloamerikanischer Interventionen im Nahen und Mittleren Osten und nun auch in Zentralasien. Ereignisreiche Turbulenzen wie die Niederschlagung der Demokratiebewegung im Iran Anfang der fünfziger Jahre, die Schah-Diktatur als regionale Supermacht, die islamische Revolution im Iran, das Phänomen Saddam Hussein, der islamische Fundamentalismus, die Taleban und Ben Laden – sie alle sind ohne diese Interventionsgeschichten nicht zu verstehen.

Dies gilt auch für die Terroranschläge auf das World Trade Center und das Pentagon am 11. September. Die Kette der Interventionen und der im Nahen und Mittleren Osten seit fünf Jahrzehnten andauernden Gewalteskalation schließt sich nun global. Hatten die Vereinigten Staaten mit dem Luftkrieg gegen die Taleban es in erster Linie darauf abgesehen, die strategischen Öl- und Gastransportrouten zum Indischen Ozean frei zu bomben? Jedenfalls wurde bisher weder das eigentliche Kriegsziel, die Al-Qaida zu zerschlagen und Ben Laden zu fassen, erreicht, noch dem geschundenen afghanischen Volk eine hoffnungsvolle Perspektive eröffnet.

Das bisher einzige vorzeigbare Resultat des amerikanischen Bombenkrieges in Afghanistan ist, dass die Kämpfer der Nordallianz ihre hartnäckigen Widersacher, die Taleban, losgeworden sind. Mit den Warlords, den Bürgerkriegsparteien und der eigenen inneren Zerrissenheit steht Afghanistan wieder dort, wo die Taleban Anfang der neunziger Jahre mit Hilfe Pakistans, Saudi-Arabiens und der USA starteten. Selbst die wenigen positiven Nebeneffekte des Krieges bezogen auf mehr Freiheit für Frauen und für individuelle Bedürfnisse stehen damit erneut zur Disposition. Diese offenkundige Blamage hindert die USA jedoch nicht daran, die »Achse des Bösen« ausfindig zu machen, den im letzten Golfkrieg durchaus nicht irrtümlich zurückgelassenen Feind Saddam Hussein erneut ins Visier zu nehmen und gebetsmühlenartig und inzwischen ritualisiert die neue Bedrohung mit Massenvernichtungsmitteln aus Bagdad ins Bild zu

---

Eine gekürzte Version dieses Artikels erschien unter dem Titel »Reduzierung des Terrorismus auf den Islam führt in die Irre« in der Zeitschrift *Wissenschaft und Frieden 1/ 2002*.

setzen. Welche Ziele verfolgen die Vereinigten Staaten mit ihrem Engagement im Mittleren Osten und Zentralasien? Geht es um den Kampf gegen den Terrorismus, um die Befreiung des Iraks von Saddam Hussein, um einen dauerhaften Frieden im Nahen Osten und um den Kampf für eine demokratische Entwicklung in dieser Region? Oder geht es in erster Linie um nichts anderes als die Verfolgung eigener geopolitischer Ziele in einer Region mit den größten fossilen Energieressourcen der Welt und um die Festigung der eigenen Hegemonialposition gegenüber Russland, China und den westlichen Verbündeten Japan und Europa?

Der Zugriff auf den Persischen Golf und die geopolitische Doppelstrategie der USA

Viele Menschen im Mittleren Osten halten die gigantischen Öl- und Gasreserven auf ihrem Territorium durchaus nicht für einen Segen, sondern für ein Unglück. Nach dem Zweiten Weltkrieg hatte im Mittleren Osten eine hoffnungsvolle gesellschaftliche Umwälzung und Demokratisierung eingesetzt. Zum ersten Mal in der Geschichte dieser Region hat 1951 im Iran ein frei gewähltes Parlament und mit Mossadegh eine demokratisch gewählte Regierung für die gesamte Region eine neue Ära eingeläutet. Im Anschluss an die Entwicklung im Iran wurden im Irak und in Ägypten die Monarchien gestürzt, das postdiktatorische, postkoloniale Zeitalter schien angebrochen zu sein.

Doch es kam alles anders. Die Golf-Region war zu diesem Zeitpunkt längst in den geostrategischen Würgegriff der alten Supermacht Großbritannien und der neuen Supermacht Vereinigte Staaten geraten. Hinzu kam der Beginn des Kalten Krieges, der das politische Koordinatensystem für die künftige Entwicklung dieser Region determinierte. Geostrategische Ölinteressen der USA und die Eindämmung des sowjetischen Einflusses auf den Mittleren Osten und den Persischen Golf wurden fortan zum einzigen Maßstab für die künftige Beziehung des Westens zu dieser Region und zur Richtschnur der Unterscheidung zwischen Gut und Böse.

Die Welt besitzen

Bereits zu Beginn des letzten Jahrhunderts hatten europäische Kolonialmächte die strategische Bedeutung des Öls erkannt. »Derjenige, der das Erdöl besitzt, wird die Welt besitzen«, prophezeite um das Jahr 1920 der französische Industrielle und Senator Henri Berenger. »Denn er wird das Meer durch die Schweröle beherrschen, die Luft durch die feinstraffinierten Öle und das Land durch Benzin und die Leuchtöle. Außerdem wird er seine Mitmenschen wirtschaftlich beherrschen aufgrund des phantastischen Reichtums, den er vom Erdöl herleiten wird – dieser wundervollen Substanz, welche heute gesuchter und wertvoller ist als selbst Gold« (zitiert nach Denny 1930: 15). Gemäß der geopolitischen

Übersetzung dieser genialen Einsicht wird derjenige, der den Mittleren Osten mit den größten und ergiebigsten Ölreserven der Welt beherrscht, in der Lage sein, seinen Einfluss auf die Welt nachhaltig geltend machen zu können. Die neue Supermacht Amerika zögerte nach dem Ende des Zweiten Weltkrieges nicht, dieser Erkenntnis zu folgen und sie zur Richtschnur des eigenen außenpolitischen Handelns zu machen. George Forest Kennan, ein einflussreicher US-Außenpolitiker, ordnete in den fünfziger Jahren des letzten Jahrhunderts der Kontrolle über die Ölquellen des Mittleren Ostens die Rolle einer »Vetomacht über die Alliierten, über Europa und Japan« zu, »so dass es sehr wichtig wäre, diese nicht aus der Hand zu geben.« So wundert es auch kaum, dass das *State Department* das Mittelost-Öl als »gewaltige strategische Reserve, als den größten materiellen Preis der Weltgeschichte« einstufte (vgl. Chomsky/Beinin 1992: 33). Die Vetooption der USA bestand in einer aus zwei Komponenten bestehenden Doppelstrategie, einer energiepolitischen und einer geopolitischen.

Die Doppelstrategie

Dabei sollte zum einen alles unternommen werden, um sich selbst und den eigenen Verbündeten eine störungsfreie Ölversorgung zu niedrigen Preisen (Wirtschaftswachstum durch Billigöl) zu sichern. Es geht hierbei um beträchtliche Summen. So sparen beispielsweise die OECD-Volkswirtschaften bei einem Ölpreisunterschied von lediglich 10 US-Dollar je Barrel Öl jährlich über 350 Mrd. US-Dollar an Energieausgaben (vgl. Massarrat 2000: 134). Zum anderen sollte aus der Not der Abhängigkeit der militärischen Verbündeten (Westeuropa und Japan) vom Öl des Mittleren Ostens eine Tugend gemacht und die militärische Führungsrolle der USA nicht nur durch die Einbindung in die Nato, sondern auch indirekt durch die »Ölwaffe« untermauert werden. Die Blockkonfrontation zwischen den USA und der Sowjetunion überdeckte jahrzehntelang diese US-Doppelstrategie. US-Geostrategen bedienten sich gern des Szenarios der sowjetischen Bedrohung, die darin bestanden haben soll, durch den Zugriff auf die mittelöstlichen Ölquellen westliche Staaten zu erpressen. Unabhängig davon, ob es sich dabei um eine reale Bedrohung handelte oder nicht, lieferte dieses Szenario den Vereinigten Staaten die Rechtfertigung, sich unter dem Vorwand der Abwendung sowjetischer Bedrohung durch die Einrichtung von Militärstützpunkten und Schaffung von Interventionskapazitäten im Mittleren Osten als unverzichtbarer Garant westlicher Ölversorgung unabkömmlich zu machen und auch die militärischen Verbündeten und gleichzeitigen ökonomischen Rivalen Westeuropa und Japan in der Weltwirtschaft im Bedarfsfall zu disziplinieren oder gar zu erpressen.[1]

---

[1] In diesem Zusammenhang ist eine Kontinuität in der US-Hegemonialstrategie nachweisbar, die sich ganz besonders auch Anfang der 1980er Jahre durch die Stationierung

Diese Doppelstrategie der Vereinigten Staaten in ihrer Beziehung zu Japan und Europa hat bis heute – so in der Anti-Irak-Allianz 1990 und aktuell in der Anti-Terror-Allianz sowie im Krieg gegen Afghanistan – ihre Gültigkeit in der US-Außen- und Geopolitik beibehalten und wirft ein neues Licht auf das peinlich vasallenhafte Verhalten der Europäer in Krisensituationen. Alle US-Präsidenten, Präsidentenberater sowie Außen- und Verteidigungsminister haben immer sehr darauf geachtet, die Grundlagen dieser Doppelstrategie nicht zu gefährden und sie allen revolutionären Umwälzungen im Mittleren Osten zum Trotz räumlich auszubauen und außenpolitisch sowie militärisch weiterzuentwickeln und flexibel anzupassen. Die so genannte *Carter-Doktrin* von 1980, wonach »der Versuch einer auswärtigen Macht, die Kontrolle des Persischen Golfes zu übernehmen, als Angriff auf die vitalen Interessen der USA betrachtet und mit allen Mitteln einschließlich militärischer Gewalt zurückgewiesen wird«,[2] die unmissverständliche Feststellung des ehemaligen Energieministers James Schlesinger auf der Weltenergiekonferenz in Montreal 1989: »Welche Großmacht auch immer die Kontrolle über die Energieressourcen in der Golfregion erringt, sie wird dadurch in großem Ausmaß auch die Entwicklung der Welt beherrschen. Ein dritter Weltkrieg, sollte er stattfinden, würde wahrscheinlich um die Energiequellen in der Golfregion geführt werden« (zit. nach Müller 1991) und die durch die Klarheit über den Anspruch der USA auf die Ölvorräte der Persischen-Golf-Region unübertroffene Aussage des US-Präsidenten Bush sen. von 1990 »Unsere Wirtschaft, unsere Lebensart, unsere Freiheit und die Freiheit befreundeter Länder auf der ganzen Welt, alles würde leiden, wenn die Kontrolle über die großen Ölreserven der Welt in die Hände Saddam Husseins fielen« (zit. nach Yergin 1991: 950) – all diese amerikanischen Statements und Festlegungen belegen das nach wie vor überragende geostrategische Interesse der USA an den Ölquellen des Mittleren Ostens. Nach dem Zusammenbruch der Sowjetunion wird die Rolle des potentiellen Aggressors im Bedrohungsszenario der US-Doppelstrategie den »Schurkenstaaten« zugeschrieben. Ursprünglich spielten diese Rolle die fundamentalistischen Ajatollahs im Iran, heute fällt sie Saddam Hussein zu, die er in der »unheiligen Allianz« (vgl. ausführlich Massarrat 1999a) mit den USA offenbar auch gern spielt, um so die innenpolitische Legitimation für seine Herrschaft zu festigen.

---

von atomaren Mittelstreckenraketen in Europa herausgestellt hat. Ausführlicher und retrospektiv durchaus auch erhellend vgl. Massarrat 1981.

[2] Präsident Carters Erklärung »State of the Union«, 23. Januar 1980.

Zentralasien – Kaspische-Meer-Region: Diversifizierung der Energiequellen und Transportrouten

Die traumatischen Auswirkungen der Ölpreissprünge von 1973/74 und 1979[3] veranlassten die Vereinigten Staaten, Rohstoffquellen und Transportrouten zu diversifizieren und Verknappungs-(»Strangulierungs-«)Situationen soweit wie möglich zu vermeiden. Diversifizierung entwickelte sich so zu einem substanziellen Element zur Absicherung und Fortentwicklung der US-energie- und geopolitischen Doppelstrategie. Die massiven Aktivitäten der US-Konzerne und -Regierungen in Ost- und Westafrika zur Erschließung neuer Energiequellen in den letzten zwei Jahrzehnten gehen in diese Richtung.[4] Eine gewichtigere Alternative zu den insgesamt dürftigen Ölquellen Afrikas bildet allerdings die Kaspische-Meer-Region, in der sich die zweitgrößten Ölquellen nach der Persischen-Golf-Region und die wichtigsten Gasquellen der Welt befinden. Diese neue energie- und geopolitische Option fiel den Vereinigten Staaten nach dem Zusammenbruch der Sowjetunion und der Unabhängigkeit der zentralasiatischen Republiken in den neunziger Jahren als Geschenk des Himmels quasi in den Schoß. Fortan pilgerten multinationale Ölkonzerne scharenweise in die neue Ölregion und machten in Kasachstan, Usbekistan, Turkmenistan und Aserbaidschan ihre Aufwartung. Die US-Konzerne betreiben dort intensive Lobbyarbeit und rekrutieren einflussreiche Berater, darunter Richard Cheney, Verteidigungsminister unter Bush sen. und heute Vizepräsident von Bush jun., und Zbigniew Brzezinski, der früher Sicherheitsberater von Präsident Carter war (vgl. Abramovici 2002).

Mit von der Partie sind auch die Ölkonzerne Amaco, Unocol, Texaco und Exxon Mobil, die alle bereits mehrere Milliarden US-Dollar für die Öl- und Gasproduktionsanlagen bzw. Pipelineprojekte investiert haben. Gleichzeitig unterzeichneten die Vereinigten Staaten unter dem Vorwand eines »humanitären« Einsatzes 1996 mit Usbekistan und danach mit Kasachstan und Kirgisistan das *Central Asia Bataillons-Abkommen* (vgl. ebd.) und schufen damit die Grundlage für Militärübungen und darüber hinaus auch langfristig angelegte Militärstützpunkte. Zu dieser Einbindung neuer, zentralasiatischer Republiken in die eigene geopolitische Diversifizierungspolitik und Doppelstrategie gehörte es auch, dass die Kaukasusrepubliken Georgien, Kasachstan, Aserbaidschan und die zentralasiatischen Staaten Usbekistan, Turkmenistan und Tadschikistan auf dem Nato-Gipfel von 1999 den Status von »Nato-Partnerschaftsländern« erhiel-

---

[3] Über die Ursachen der Ölpreissprünge vgl. ausführlicher Massarrat 1980.

[4] Und damit einhergehend auch die Zuspitzung von Konflikten und Kriegen zwischen den Warlords in West- und Zentralafrika um tatsächliche oder für die Zukunft antizipierte Pfründe. Näheres dazu siehe Massarrat 2000: 122f und Kronenberger 1999.

ten (vgl. Massarrat 2000). Die Einbindung Zentralasiens in »Amerikas Strategie der Weltherrschaft auf dem Eurasischen Schachbrett«, so Brzezinski in seinem Buch *Die einzige Weltmacht* (Brzezinski 2001), gewinnt mit Hinblick auf die Volksrepublik China als aufsteigende regionale Supermacht und geopolitischer Rivale der USA in Ostasien, der einen wachsenden Bedarf an Energieimporten hat, eine zusätzliche strategische Bedeutung. Was bisher für Europa und Japan in der energie- und geopolitischen Doppelstrategie der USA galt, gilt in Zukunft auch – angesichts ihrer zu erwartenden Abhängigkeit von Öl- und Gasimporten – für die Volksrepublik China.

Zu der Diversifizierung von Öl- und Gasquellen kommt auch die Diversifizierung von Transportrouten hinzu: (a) die russische Route von Kasachstan durch Russland zum russischen Schwarzmeerhafen Novorossijsk, (b) die Mittelmeerroute westlich vom Kaspischen Meer entweder durch Aserbaidschan, Armenien, Georgien oder durch den Iran zum türkischen Mittelmeerhafen Ceyhan und schließlich (c) die Afghanistanroute östlich vom Kaspischen Meer über Turkmenistan, Afghanistan und Pakistan zum Persischen Golf und Indischen Ozean. Nahezu alle Kriege und Konflikte der letzten Jahre im kaukasisch-türkischen Raum und in Zentralasien, vor allem die Kriege innerhalb und gegen Afghanistan, haben direkt oder indirekt mit dem Wettkampf zwischen den USA und Russland zu tun, den Zugriff auf die Energiequellen und Transportrouten in der Region für sich zu entscheiden.

Die Schlüsselrolle des Afghanistan-Pipelineprojektes

Durch die Diversifikation der Energiequellen und -routen soll die Abhängigkeit der USA von einer einzigen Quelle reduziert und der eigene Handlungsspielraum zur Umsetzung der Doppelstrategie maximiert werden. Die Energiequellen im Kaspischen Meer könnten sich allerdings nur dann als eine ernsthafte Alternative zu den Energiequellen der Persischen-Golf-Region etablieren, wenn außer den beiden möglichen, von Russland bzw. Iran abhängigen Routenoptionen eine direkt unter amerikanischer Kontrolle stehende weitere Öl- und Gastransportroute erschlossen würde. So kommt dem Afghanistan-Pipelineprojekt eine Schlüsselrolle zu. Denn nur die Afghanistan-Route ermöglicht es den USA, den Einfluss Russlands oder Irans zurückzudrängen und eine mögliche geopolitische Koalition dieser Staaten, die Amerikas Vorherrschaft beeinträchtigen könnten, von vornherein aussichtslos zu machen. Die Idee einer derart beschaffenen Diversifizierung geht auf den jetzigen Berater des in Zentralasien aktiven US-Ölkonzerns Amaco und einstigen Förderer der afghanischen Volksmodjahedin bei der Vertreibung der sowjetischen Armee aus Afghanistan, Zbigniew Brzezinski, zurück, der mehr als jeder andere US-Geopolitiker die Bedeutung Eurasiens in »Amerikas Strategie der Vorherrschaft« hervorgehoben hat. So plädiert er dafür, »den derzeit herrschenden Pluralismus (!) auf der Landkarte Eurasiens zu festigen und fortzuschreiben. Dies erfordert ein hohes Maß an Taktieren und Manipulieren, damit keine gegnerische Koalition zustande kommt, die schließlich Amerikas Vorrangstellung in Frage stellen könnte, ganz abgesehen davon, dass dies einem einzelnen Staat so schnell nicht gelänge« (Brzezinski 2001: 282f.).

Folgt man der Feststellung der herausragenden Rolle des Afghanistan-Pipelineprojektes in der US-energie- und geopolitischen Doppelstrategie, so erscheint die Afghanistan-Politik der USA seit 1995 in einem neuen Licht. Es ging dabei in erster Linie um die Realisierung eben dieses Projektes – koste es was es wolle und mit wem auch immer. So wurde im März und Oktober 1995 die turkmenische und pakistanische Zustimmung für das Projekt eingeholt. Die Taleban, »eine Schöpfung des pakistanischen Geheimdienstes«, waren schon zu Beginn des Jahres 1995 aufgetaucht. Sie wurden »vermutlich vom CIA und Saudi-Arabien finanziert« (Abramovici 2002). Im September 1996 eroberten die Taleban Kabul. Michael Bearden (Vertreter des CIA in Afghanistan während des Krieges gegen die Sowjetunion und heute halb-offizieller Sprecher des CIA) gibt die damalige Stimmung der Amerikaner so wieder: »Diese Typen (die Taliban) waren nicht einmal die schlimmsten, etwas hitzige junge Leute, aber das war immer noch besser als der Bürgerkrieg. Sie kontrollierten das gesamte Gebiet zwischen Pakistan und den Erdgasfeldern Turkmenistans. Vielleicht war das doch eine ganz gute Idee, dachten wir, wenn wir eine Erdölpipeline durch Afghanistan bauen und das Gas und die Rohstoffe auf den neuen Markt befördern können. Alle wären zufrieden« (Pieces conviction, France 3, 18. Oktober 2001, zit. nach Abramovici 2002).

Die US-Geostrategen und -Außenpolitiker hat also weder der Steinzeit-Fundamentalismus der Taleban noch die Perspektivlosigkeit ihrer Politik für die afghanische Bevölkerung im geringsten interessiert. Ihnen ging es offenbar allein um politische »Stabilität« in Afghanistan und die Sicherheitsgarantie für das Afghanistan-Pipelineprojekt. In Afghanistan wiederholt Bush jun. was Bush sen. 1991 im Irak-Konflikt vormachte. Beide waren und sind, wie keine anderen US-Präsidenten zuvor, sehr eng mit der US-Ölindustrie verbunden und von den Spenden der Ölkonzerne in ihren Wahlkämpfen abhängig. George W. Bush ernannte in sein engstes Beraterteam Leute, die zur Führungsriege der US-Ölkonzerne gehörten, darunter Vizepräsident Dick Cheney und die Sicherheitsberaterin Condoleezza Rice.[5] Es war durchaus kein Zufall, dass Bush kurz nach der Amtsübernahme ankündigte, die fossile Energienutzung stärker als bisher in den Vordergrund der Energiepolitik stellen zu wollen und dass er im März 2001

[5] »In Afghanistan wird nicht nur gegen Terror, sondern auch um Öl und Gas gekämpft – von einer Regierung, die eng mit der Ölindustrie verbunden ist.« (Pitzke 2001).

demzufolge die Klimavereinbarungen im Protokoll von Kyoto aufkündigte. Die Öl- und die Geopolitik erhielt so neuen Auftrieb und mit ihr wuchs die Bedeutung des Afghanistan-Pipelineprojekts. Ganz in diesem Sinne hat die US-Administration die laufenden Verhandlungen mit den Taleban, wie in *Le Monde diplomatique* vom Januar 2002 dokumentiert, intensiviert und sogar bis Ende Juli 2001 (sechs Wochen vor der Katastrophe in New York und Washington) fortgesetzt. Dabei stand die Auslieferung von Osama Ben Laden keineswegs im Vordergrund. Ganz im Gegenteil waren »die Amerikaner damals so sehr vom Zustandekommen der Verhandlungen (mit den Taliban) überzeugt, dass das FBI seine Untersuchung über eine mögliche Beteiligung Bin Ladens [...] am Anschlag auf den amerikanischen Zerstörer USS ›Cole‹ [...] auf Veranlassung des State Departments einstellen muss« (Abramovici 2002). Der für Ben Laden zuständige FBI-Abteilungsleiter, John O'Neill, trat im August 2001 aus Protest gegen diese Behinderungen zurück.[6]

Tatsächlich hätte Osama Ben Laden, wie der damalige sudanesische Verteidigungsminister, General Erwa, der *Washington Post* mitteilte, bereits 1996 ausgeliefert werden können, als er sich im Sudan aufhielt. Doch Washington lehnte das Auslieferungsangebot Sudans mit Rücksicht auf möglichen Unruhen in Saudi-Arabien und einer möglichen Destabilisierung des saudischen Königshauses ab (vgl. Brökers 2001: 4). Laut *Washington Post* vom 2. Oktober 2001 gab es damals innerhalb der US-Administration eine intensive Diskussion darüber, »ob die Vereinigten Staaten Bin Laden verfolgen und anklagen oder ihn wie einen Mitstreiter in einem Untergrundkrieg behandeln sollten.« Ganz offensichtlich hat man sich dafür entschieden »to treat him like a combattant in an ›underground war‹« (ebd.). Diese Behauptung mag unsere Phantasie über die taktischen Spielchen der Geostrategen überschreiten, man kann sie allerdings auch nicht ganz von der Hand weisen, zumal bisher unwidersprochen ist, dass auch Saddam Hussein durch die amerikanische Seite nicht daran gehindert wurde, Kuwait militärisch zu besetzen. Zu diesem Ergebnis kamen Pierre Salinger (Chefkorrespondent der amerikanischen Fernsehanstalt ABC für Europa und den Nahen Osten) und Eric Laurent (freier Journalist) in ihrem 1991 veröffentlichten Buch. Salinger antwortete auf die Frage, dass, »wenn man Ihr Buch liest, man meinen könnte, die Vereinigten Staaten hätten alles getan, um die Krise heraufzubeschwören und den Emir von Kuwait, Dschabir el-Sabbah, dazu getrieben, Saddam Hussein herauszufordern« antwortet er: »Ja, man kann sagen, dass die Amerikaner nichts getan haben, um den Konflikt zu verhindern, im Gegenteil« (Salinger/Laurent 1991: Zitat auf dem Umschlag des Buches).

---

[6] Dies berichten die beiden französischen Geheimdienstexperten Brisard und Dasquie in ihrem kürzlich publizierten Buch »Bin Laden – La Verite interdite« (Verbotene Wahrheit) (vgl. Bröckers 2001a).

Ob diese »unheiligen Allianzen« zwischen Washington und Saddam Hussein bzw. zwischen Washington und Osama Ben Laden durch den CIA geplant und gezielt Schritt für Schritt umgesetzt wurden, bleibt eine Spekulation. Fakt ist allerdings, dass ohne die Besetzung Kuwaits durch Saddam Hussein die direkte militärische Präsenz in Darham und Riad (Saudi-Arabien) und in Kuwait City, d.h. in unmittelbarer Reichweite der größten Erdöl-Lagerstätten der Welt, genauso unwahrscheinlich gewesen wäre, wie die Errichtung neuer US-Militärstützpunkte in Zentralasien (Usbekistan, Kirgistan) und entlang der Öl- und Gastransportrouten der Quellen in der Kaspischen-Meer-Region ohne Osama Ben Laden und den 11. September. Die Kommandos, die das World Trade Center zerstörten, wurden jedenfalls erst Mitte August aktiviert, nachdem sich Ende Juli 2001 ziemlich klar herauskristallisiert hatte, dass die Taleban nicht bereit sind, sich den Bedingungen der USA zur Realisierung des Pipelineprojektes zu unterwerfen und nachdem die US-Verhandlungsführer den Taleban nach Aussage des an den Verhandlungen beteiligten ehemaligen pakistanischen Außenministers, Niaz Naik, mit Militäraktionen gedroht hatten (vgl. Abramovici 2002 und Brökers 2001a). Diese Militäraktion hat als Folge des 11. Septembers tatsächlich stattgefunden, die Taleban wurden weggebombt, die Al-Qaida-Verbände sind entweder aufgerieben, verhaftet oder auf der Flucht und die Transportroute für die kaspischen Energiereserven Richtung Indischer Ozean ist nun frei.

Die USA sind nun im Begriff, entlang der neuen Öl- und Gastransportrouten Militärstützpunkte zu errichten, um ihren globalen Anspruch auf die Vorherrschaft mittels Kontrolle der Ölquellen gegenüber Europa, Japan und nunmehr auch der Volksrepublik China zu untermauern. Dass die hier dargestellte Doppelstrategie der USA mittels Öl- und Geopolitik die strukturelle Abhängigkeit von fossilen Energieimporten voraussetzt, erklärt, weshalb Russland auf Grund seiner eigenen umfangreichen Energieressourcen jenseits der Reichweite dieser energie- und geopolitischen Doppelstrategie liegt und dass es den USA in erster Linie darum geht, Russlands geopolitische Optionen in Zentralasien auf Null zu reduzieren.

Zur Diversifizierungsstrategie der USA gehört auch eine Diversifizierung von Militärstützpunkten und strukturellen Fähigkeiten für den Nachschub von Kriegsmaterial und -personal im gesamten eurasischen Raum. Vor diesem Hintergrund erscheint auch das US-Engagement auf dem Balkan, insbesondere im Kosovokonflikt, und die Errichtung einer Militärbasis, des Camp Bondsteel in der Nähe von Pristina als einem der größten US-Militärstützpunkte außerhalb der NATO, in einem neuen Licht (vgl. Massarrat 2000a).

Eine öffentliche Gerichtsverhandlung für die gefangenen Taleban ist nicht vorgesehen. Sie werden jenseits der Rechtsstaatlichkeit in Guantanamo Bay von einem US-Militärtribunal abgeurteilt. Ob Osama Ben Laden tatsächlich in einen Untergrundkrieg getrieben wird, der die Rechtfertigung für die Fortsetzung der

Militäraktionen gegen den internationalen Terrorismus liefert, bleibt abzuwarten. Fakt ist, dass Saddam Hussein und die von ihm ausgehende Bedrohung gegen die Herrschaftshäuser arabischer Ölpotentaten am Persischen Golf den USA dazu verhilft, ihre Militärstützpunkte in der Golfregion zu halten und von den umfangreichen Rüstungsexporten in den gesamten mittel- und nahöstlichen Raum zu profitieren (vgl. Massarrat 1999a).

Diese Ausführungen wären unvollständig, blieben zwei Ironien des Afghanistan-Krieges unerwähnt. Erstens die Tatsache, dass ausgerechnet jemand wie Osama Ben Laden, der die amerikanische Ölpolitik als Grund für seinen antiamerikanischen Hass anführt und damit auch die Terroranschläge gegen die USA rechtfertigt,[7] selbst zum Verbündeten der USA umfunktioniert wird, um die bisherige US-Öl- und Geopolitik im Mittleren Osten und Zentralasien zu festigen und auszubauen. Und zweitens die bittere Wahrheit, dass ausgerechnet die rotgrüne Bundesregierung, die bei den internationalen Klimaverhandlungen zur Reduzierung des fossilen Energieverbrauchs für sich eine Vorreiterrolle reklamiert, mit ihrer »uneingeschränkten Solidarität« im Afghanistan-Konflikt dazu beigetragen hat, dass die Vereinigten Staaten ungehindert ihre Politik der forcierten Nutzung fossiler Energien durchsetzen und damit alle Ergebnisse des Klimaprotokolls von Kyoto von Grund auf zunichte machen können. So schließt sich wieder der Teufelskreis der US-energie- und geopolitischen Doppelstrategie.

Der Teufelskreis von Rüstungswettlauf, Krieg und Fundamentalismus anstelle von Demokratisierung und friedlicher Entwicklung

Was die politische Klasse Amerikas bei der Verfolgung ökonomischer und geostrategischer Ziele von den Menschen im Orient jenseits aller ideologischen Phrasen über Demokratie, westliche Werte und Menschenrechte wirklich hält, sagte unumwunden der ehemalige US-Energieminister James Schlesinger auf dem 15. Kongress des Weltenergiebeirates 1992 in Madrid: »Das, was das amerikanische Volk aus dem Golfkrieg gelernt hat, ist, dass es wesentlich leichter und wesentlich lustiger ist, den Leuten im Vorderen Orient in den Hintern zu treten, als Opfer zu bringen und die Abhängigkeit Amerikas im Hinblick auf das importierte Öl zu begrenzen. [...] Diejenigen, die mich gut kennen, werden verstehen, dass ich es niemals wagen würde, einen Ausdruck zu verwenden, wie eben von mir getan, wenn dieser nicht auch auf höchster Regierungsebene so

---

7 »Amerika stiehlt uns das Öl. Sie behaupten es wäre wichtig für sie. Amerika ist der größte Terrorist aller Zeiten. Nichts wird Amerika davon abhalten, so weiterzumachen, außer man zahlt es ihnen mit gleicher Münze heim.« Notiert aus einem nach dem 11. September über diverse Sender ausgestrahlten Interview ohne Zeitangabe.

akzeptiert würde« (vgl. Sarkis 1993). Die US-Politik im Mittleren und Nahen Osten seit der Mitte des letzten Jahrhunderts und nun auch in Zentralasien entspricht ziemlich genau der »Wertschätzung«, die Schlesinger den Menschen im Vorderen Orient entgegenbrinbgt. Nicht zuletzt auch dank dieser Politik setzte sich in der Region eine andere Entwicklung durch, als man ursprünglich hoffnungsvoll erwartet hatte: 1953 wurde die demokratisch gewählte Regierung Mossadegh im Iran mit Hilfe des CIA gestürzt, dann das Schah-Regime zu einer regionalen Supermacht militärisch aufgerüstet. Dadurch wurde ein gigantischer Rüstungswettlauf am Persischen Golf in Gang gesetzt, an dem sich auch die Sowjetunion ihrerseits durch Aufrüstung des Irak aktiv beteiligte.

Der Rüstungswettlauf entlud sich schließlich im ersten (iranisch-irakischen) Golfkrieg und dann im zweiten Golfkrieg. Im ersten Golfkrieg wurde das irakische Regime von Saddam Hussein als Bollwerk gegen die islamische Revolution im Iran von den USA unterstützt und militärisch gestärkt, um es dann im zweiten Golfkrieg mit erheblichem militärischen Aufwand zu besiegen.[8] Dass dieses – auch aus der eigenen geostrategischen Perspektive – äußerst risikoreiche Ausspielen von zwei islamischen Staaten am Persischen Golf in den Augen der Menschen dieser Region Misstrauen erweckte und Hass erzeugte, kann nicht geleugnet werden. Jedenfalls wurden damit den ohnehin antiwestlich gesinnten Islamisten neue Argumente an die Hand gegeben, die westliche und US-amerikanische Politik im Mittleren und Nahen Osten bei der eigenen Bevölkerung als einen gezielten Angriff gegen den Islam insgesamt anzuprangern. Nicht weniger verhängnisvoll sind die Folgen der Errichtung von amerikanischen Militärstürzpunkten vor allem in Saudi-Arabien – dem Statthalter der bedeutendsten islamischen Heiligtümer in Mekka und Medina –, die die frommen Moslems empörte und nicht nur auf der arabischen Halbinsel, sondern in den arabischen Ländern und in der gesamten islamischen Welt als erneute Demütigung empfunden wurde. Osama Ben Laden und Al-Qaida haben auf diesem fruchtbaren Boden des islamischen Fundamentalismus ihre furchterregende Größe und Anhängerschaft gewonnen.

Über ein halbes Jahrhundert erlebten die Menschen im Mittleren und Nahen Osten eine politisch-militärische Kooperation des Westens und der Sowjetunion mit diktatorischen Regimen. Sie erlebten Militärinterventionen, Waffenimporte, Kriege, Zerstörungen und menschliches Leid. Es gibt kein einziges Beispiel dafür, dass Ansätze von Demokratie von außen in der Region gefördert wurden, dass die Werte westlicher Industriestaaten, wie Pluralismus, Meinungsfreiheit und Schutz der Menschenrechte, glaubhaft als Richtschnur ihrer Beziehungen

[8] Ausführlicher zu beiden Golfkriegen, die den Roten Faden der obigen Analyse empirisch und analytisch untermauern, vgl. Massarrat 1988 und 1991.

zu den Staaten im Mittleren und Nahen Osten gedient hätten. Wie sollten die islamischen Bevölkerungen dieser Region die positiven politischen Errungenschaften des Westens wahrnehmen und sich diese auch zu Eigen machen, wenn sie durch eigene Erfahrungen und Erlebnisse mit den westlichen Staaten mit purer westlicher Interessenpolitik, mit Waffengewalt und geopolitischen Schikanen konfrontiert wurden? Dadurch wurde die Demokratisierung in der Region um Jahrzehnte zurückgeworfen und den Völkern im Nahen und Mittleren Osten beträchtlicher Schaden zugefügt. Es gibt einen eindeutigen Zusammenhang zwischen den nationalistisch-fundamentalistischen Regimen, den beiden Golfkriegen, den gigantischen Rüstungsexporten in die Persische-Golf-Region in den letzten 30 Jahren und den sinkenden Ölpreisen. Letztere gelten bekanntlich als wichtigster Stabilitätsfaktor für die kapitalistischen Industrieländer. Nun hat sich durch die Terroranschläge auf das World Trade Center und auf das Pentagon das Konzept einer Destabilisierungsstrategie mit »kalkulierbarem Risiko« als Bumerang erwiesen. Die auf eigenen ökonomischen und geostrategischen Interessen basierende Politik der USA und des Westens wird durch den globalisierten Terrorismus eingeholt. Wie die drohende Klimakatastrophe als Reaktion der Natur auf ein nur kurzsichtig ausgerichtetes ökonomisches Handeln der reichen Eliten in den Industrie- und Entwicklungsländern gesehen werden muss, ist der globalisierte Terrorismus die politische Reaktion auf die Art und Weise der Aufrechterhaltung und Absicherung des Systems. Insofern tragen alle westlichen Staaten, allen voran die USA selbst, eine beträchtliche Mitverantwortung für die Katastrophe in New York und Washington und für Tausende Opfer unter den Trümmern des World Trade Centers.

Literatur

Abramovici, Pierre (2002): Dubiose Kontakte. Washington und Taliban, in: Le Monde diplomatique vom Januar 2002.

Altmeyer, Martin (2001): Renaissance zweier Welten. Der Terror und die narzisstische Kränkung, in: Frankfurter Rundschau vom 19. September 2001.

Bröckers, Mathias (2001): Pack schlägt sich, Pack verträgt sich. Die Bush-Bin-Laden-Connection, in: Telepolis vom 20.11.2001 (http://www.heise.de).

Bröckers, Mathias (2001a): In Memorian John O'Neill - der kaltgestellte Jäger Bin Ladens starb im World Trade Center, in: Telepolis vom 24.11.2001 (http://www.heise.de)

Brzezinski, Zbigniew (2001): Die einzige Weltmacht. Amerikas Strategie der Vorherrschaft, Frankfurt a.M.

Chomsky, Noam/Beinin, Joel u.a. (1992): Die neue Weltordnung und der Golfkrieg, Grafenau.

Denny, Ludwell (1930): Amerika schlägt England. Geschichte eines Wirtschaftskrieges, Stuttgart.

Kronenberger, Hans (1990): Blut für Öl. Der Kampf um die Ressourcen, Wien.

Massarrat, Mohssen (1980): Weltenergieproduktion und Neuordnung der Weltwirtschaft, Frankfurt a.M./New York.

Massarrat, Mohssen (1981): Instabilität der Weltlage und Kriegsgefahr, in: Sozialistisches Büro (Hrsg.): Sozialistische Politik und Kriegsgefahr, Offenbach, S. 13-37.

Massarrat, Mohssen (1988): Der Gottesstaat auf dem Kriegsschauplatz, in: Peripherie, Nr. 29.

Massarrat, Mohssen (1991): Der Golfkrieg: Historische, politische, ökonomische und kulturelle Hintergründe, in: Stein, Georg (Hrsg.): Nachgedanken zum Golfkrieg, Heidelberg.

Massarrat, Mohssen (1999): Islamischer Orient und christlicher Okzident: Gegenseitige Feindbilder und Perspektiven einer Kultur des Friedens, in: Osnabrücker Jahrbuch Frieden und Wissenschaft, 6/1999.

Massarrat, Mohssen (1999a): Die unheilige Allianz mit dem irakischen Diktator, in: Wissenschaft und Frieden, Nr. 1/99.

Massarrat, Mohssen (2000): Das Dilemma der ökologischen Steuerreform. Plädoyer für eine nachhaltige Klimapolitik durch Mengenregulierung und neue politische Allianzen, 2., stark erweiterte Auflage, Marburg.

Massarrat, Mohssen (2000a): Der Nato-Krieg gegen die Bundesrepublik Jugoslawien. Lehren für eine pazifistische Perspektive und eine europäische Friedenspolitik, in: Osnabrücker Jahrbuch Frieden und Wissenschaft VII/2000.

Müller, Michael (1991): in taz vom 13. August 1991.

Pitzke, Marc (2001): Die Woche vom 19. Oktober 2001.

Salinger, Pierre/Laurent, Eric (1991): Krieg am Golf. Das Geheimdossier. Die Katastrophe hätte verhindert werden können, München.

Sarkis, Nicolas (1993): L'inquiétante baisse des revenus du pétrole, in: Le monde diplomatique, Nr. 467, Febr.

Yergin, Daniel (1991): Der Preis. Die Jagd nach Öl, Geld und Macht, Frankfurt/Main.

Winfried Wolf

Neue Aufrüstung, wachsende Kriegsgefahr und Militärisch-Industrieller Komplex

Die Vorgänge um den im Juli 2002 endgültig ins Abseits gestolperten Verteidigungsminister Scharping und um den neu installierten Kurzzeit-Verteidigungsminister Peter Struck sind für den Zusammenhang von Aufrüstung, Kriegsgefahr und militärisch-industriellem Komplex in mehrerer Hinsicht lehrreich. Zunächst war der Anlass für Scharpings Abgang seine Verwicklung in das Beziehungsgeflecht eines gewissen Herrn Hunzinger, der wiederum als Rüstungslobbyist wirkt. Auch wenn es niemand so sagte und schrieb, so ging es bei diesem Sturz nicht um fragliche Honorare und teure Klamotten, sondern um einen Rüstungsskandal. Sodann hat die erste Amtshandlung des neuen Verteidigungsministers Peter Struck darin bestanden, die öffentliche Vereidigung von Rekruten im Bendler-Block abzunehmen und damit eine unsägliche, bereits unter Volker Rühe begonnene Tradition fortzusetzen, die Teil der Militarisierung der Gesellschaft ist. Zum dritten hat Struck in seiner ersten Bundestagsrede als Verteidigungsminister am 25. Juli 2002 kundgetan, dass die Bundeswehr ein »unverzichtbares Element einer umfassend verstandenen Außen- und Sicherheitspolitik« ist (zit. nach *Frankfurter Allgemeine Zeitung* vom 26.7.2002). Er hat damit nochmals offensiver, als dies vor ihm Rühe und Scharping taten, den Einsatz von Militär und die Führung von Kriegen zum integralen Bestandteil der Politik erklärt. Schließlich reiste Struck nach seiner Vereidigung umgehend zu Besuchen bei Bundeswehreinheiten im Ausland, u.a. nach Usbekistan und Kabul. Stolz verkündete das Verteidigungsministerium, dass 1998, bei Antritt der SPD-Grünen-Regierung, »nur« 2000 Bundeswehr-Soldaten im Ausland eingesetzt waren und dass nunmehr 10.000 Männer und Frauen in Bosnien, Georgien, Mazedonien, im Kosovo, in Afghanistan, auf der arabischen Halbinsel, im östlichen Mittelmeer und am Horn von Afrika präsent sind. Einschließlich der Vor- und Nachbereitung sind bereits 50.000 Soldatinnen und Soldaten permanent durch Auslandseinsätze der Bundeswehr gebunden (vgl. *junge Welt* vom 26.7.2002).

Diese Ereignisse fügen sich nahtlos ein in die Tendenzen von Aufrüstung, Militarisierung, neuen Kriegen (Golfkrieg 1990/91, Somalia-Intervention 1992, Krieg gegen Jugoslawien 1999, Afghanistan-Krieg 2001/2002) und Kriegsvorbereitung (Krieg gegen den Irak), die wir seit 1989/90 beobachten. Diese müssen vor dem Hintergrund der jüngeren Entwicklung des Kapitalismus und der ökonomischen Funktionsweise von Rüstung im Kapitalismus diskutiert werden.

Die Zäsur von 1989/90

Die Jahre 1989/90 stellen einen tiefen Einschnitt in der jüngeren Entwicklung des Kapitalismus und des Militarismus der bürgerlichen Gesellschaft dar. Dies gilt in erster Linie für die stärksten kapitalistischen Länder, also für USA/Kanada, Japan, Großbritannien, Frankreich und Deutschland. Dieses Datum markiert die Wiederkehr des ordinären Kapitalismus und damit das Ende einer gewissen Sondersituation. Bis 1989 gab es – außer der weiter wirkenden innerkapitalistischen Konkurrenz – immer auch ein gemeinsames Ziel aller kapitalistischen Länder: Die nicht unter der Kontrolle des privaten Kapitals stehenden Regionen sollten unterworfen werden: politisch, wirtschaftlich und nicht zuletzt militärisch. Dieses Ziel einte den Kapitalismus, der ansonsten von der Konkurrenz der Kapitale und der Nationalstaaten bzw. Blöcke geprägt ist. Die Nato (und andere vergleichbare Militärpakte) sind oder waren Ausdruck dieser einheitlichen Zielsetzung. Seit 1989/90 erleben wir durch den Wegfall des »Reichs des Bösen« qualitative Veränderungen:

- Gewisse soziale Rücksichtnahmen verschwinden; der Westen muss nicht mehr »Schaufenster nach Osten« sein.
- Die Angriffe auf den Reallohn, die Gewerkschaften und den Massenkonsum verstärken sich.
- Der Staat »verschlankt« sich dort, wo es um »Soziales« geht. Das gilt keineswegs allgemein: siehe Rüstung.
- Die Konkurrenz verschärft sich; es bilden sich verstärkt die drei großen Blöcke Nordamerika, Japan und Westeuropa heraus.
- Die Rüstungsindustrie orientiert sich an diesen Blöcken.
- Neue Kriege gelten zunehmend als »normaler« Bestandteil bürgerlicher Politik.

Damit ergibt sich das Bild eines »normalen«, ordinären Kapitalismus, wie er Jahrhunderte lang charakteristisch war. Dazu zählten immer:

- Aufrüstungstendenzen und Kriege; letztere als »Fortsetzung der Politik mit anderen Mitteln«;
- Kriege gegen den »Süden«: als koloniale Kriege zur Aufrechterhaltung der politischen Herrschaft über diese Regionen; als »neokoloniale Kriege« zur Aufrechterhaltung der ökonomischen Vorherrschaft;
- Kriege zur Integration der Peripherie bzw. Erhalt und/oder Ausbau von »Hinterhöfen« (z.B. das britische Empire in Irland; die europäischen Mächte auf dem Balkan; die USA gegenüber Mexiko);

■ Kriege unter entwickelten kapitalistischen Ländern (z.B. Frankreich gegen Deutschland und umgekehrt; Japan gegen Russland);
■ und schließlich zwei Weltkriege, die jeweils nicht zufällig von Deutschland ausgingen, also von dem kapitalistischen Land, das unter den führenden als letztes Nationalstaatscharakter erlangte und am wenigsten Einfluss in und Besitz von Kolonien besaß – was nun militärisch »nachgeholt« werden sollte.

In den Jahren seit 1989/90 erlebten wir im Zeitraffer die Rückkehr zu dieser – abschreckenden – »Normalität« des Kapitalismus: Golfkrieg 1990/91, Somalia-»Expedition«; Balkankrieg 1999; Tschetschenien-Krieg (im Vor- oder Hinterhof des neokapitalistischen Russland); Chiapas-Konflikt (im hintersten Hinterhof von USA/Nafta); Afghanistan-Krieg 2001/2002.

Wie »ordinär« und wie »wiederkehrend« der aktuelle Kapitalismus ist, zeigt ein Zitat: »Jene chaotische Masse materieller Güter, Fertigkeiten, Gewohnheiten und Vorurteile, die wir ›Zivilisation‹ nennen, hypnotisiert uns alle und gibt uns das falsche Gefühl, als sei die Hauptsache schon erledigt; und da kommt plötzlich der Krieg auf dem Balkan und zeigt uns, dass wir immer noch auf allen Vieren durch die Epoche der Barbarei laufen. Wir haben gelernt, Hosenträger zu tragen, kluge, fortschrittliche Artikel zu schreiben und Milka-Schokolade herzustellen, doch wenn wir ernsthaft die Frage des friedlichen Zusammenlebens einiger Stämme auf dieser segensreichen Halbinsel Europas lösen sollen, sind wir außerstande, eine andere Art und Weise zu finden als eine gegenseitige Massenvernichtung«(Trotzki 1996: 124f.).

Rüstungsindustrie und militärisch-industrieller Komplex

Die Rüstungsindustrie bzw. Rüstungskonzerne führten schon immer ein relatives Eigenleben. Dies galt z.B. für das deutsche Unternehmen Krupp oder die britische Firma Vickers im Ersten Weltkrieg. Es handelte sich um Konzerne, die eindeutig als Rüstungsunternehmen ausmachbar waren oder zumindest in diesem Gebiet erkennbar ihren Schwerpunkt hatten.

Seit Anfang des 20. Jahrhunderts, vor allem aber nach 1945, ergab sich eine neue Qualität. Der damalige US-Präsident Eisenhower prägte dafür erstmals den bis heute geläufigen Begriff »Military-Industrial Complex« – Militärisch-Industrieller Komplex (MIK).

Bei diesem »Komplex« gehen unterschiedliche Bereiche eine vierfache Symbiose ein:
■ Die militärische und industrielle Produktion verbindet sich; teilweise, weil es »dual use«-Produkte gibt, die »zivil« und militärisch nutzbar sind; teilweise weil die »zivile« und militärische Produktion in einem Unternehmen oder Konzern eng miteinander verbunden und verzahnt sind.

■ Industrie (Management) und Militär vernetzen sich auf der personellen Ebene. In den USA ist es z.B. üblich, dass hohe Generäle kurz nach ihrem Abgang bei der Army im Pentagon als Lobbyisten auftauchen.
■ MIK-Manager und Militärs durchdringen die »Politik« und hier insbesondere das Verteidigungsministerium (Pentagon; Hardt-Höhe) und die parlamentarisch zuständigen Ausschüsse (Verteidigungsausschuss). Aufschlussreich ist hier die Affäre Hunzinger; letzterer erklärte ausdrücklich, dass »so gut wie alle Rüstungsfirmen in Deutschland« zu seinen Kunden zählten.
■ Schließlich vernetzt sich der MIK mit dem Finanzsektor. Die Deutsche Bank beispielsweise ist Großaktionärin der DaimlerChrysler AG, die wiederum Großaktionärin der deutsch-französisch-spanischen Rüstungsfirma EADS ist.

Diese Verbindung von Rüstungsindustrie, ziviler Produktion, Militär, Politik und Finanzsektor stellt eine neue Stufe der Militarisierung der kapitalistischen Gesellschaft dar. Dabei geht es weniger um die Quantität, um das spezifische Gewicht des MIK. Entscheidend ist die Qualität, die mit diesen Vernetzungen zum Ausdruck kommt.

MIK und kapitalistische Produktion

Allgemein gesprochen ist der MIK das spezifische Produkt des Spätkapitalismus, einer Phase des Kapitalismus, in der die Expansion der produktiven Sektoren relativ gering war und ist und teilweise stagniert. Zugespitzter gesagt: Der MIK ist Teil des allgemein zerstörerischen und selbstzerstörerischen Charakters des Kapitalismus, ist ein in sich logisches Ergebnis der abnehmenden Produktivkraft und erfüllt gerade hinsichtlich der in dieser Phase des Kapitals zurückbleibenden Massennachfrage eine Substitutfunktion.

Untersucht man die ökonomische Funktionsweise und die wirtschaftlichen Wirkungen des MIK im Rahmen der kapitalistischen Produktion, dann gibt es drei Spezifika:

(1) Die Herstellung von Waffen bzw. Rüstung ist Teil der kapitalistischen Warenproduktion. Der Gebrauchswert dieser Produkte ist töten, zerstören, vernichten, vergiften, sprengen, sengen, verbrennen, verseuchen, vergasen usw. usf. Doch der Tauschwert ist derselbe wie bei allen Waren: Geld. Das Ziel der Kapitalanlage im Rüstungssektor ist, wie überall, die Maximierung des Profits und eine möglichst hohe Profitrate (Kapitalrendite). Um diese »Normalität« von Rüstungsfertigung zu unterstreichen, wird bei der Public Relation für Rüstung alles getan, um den tatsächlichen Gebrauchswert hinten anzustellen: Es geht um »High-Tech-Produktion«, bei Daimler handelt es sich, gerade wenn der Rüstungsanteil dieses größten deutschen Industrieunternehmens ins Blickfeld gerät, um einen »Technologie-Konzern.« Die Rede ist von »Luft- und Raumfahrt« oder, wenn es sich gar nicht vermeiden lässt, das Spezifikum der Warenfertigung in diesem Sektor anzusprechen, dann ist von »Verteidigungstechnik« die Rede.

(2) Die Nachfrage nach Rüstung ist eine spezifische. Sie wird nicht, wie im Kapitalismus üblich, von einzelnen, nachfragenden Wirtschaftssubjekten – von »individuellen Rüstungskonsumenten« – verkörpert. Sie tritt vielmehr »geballt« auf – in Form der Nachfragemacht des Staates bzw. – im Fall des Rüstungsimports – der Nachfrage durch andere Staaten. Dieser Umstand bietet erhebliche Vorteile für das »Marketing von Rüstung«: Mit relativ wenig Lobbyarbeit und mittels gezielt einsetzbarer »Schmiermittel« (Korruption) kann ein Maximum dieser geballten Nachfrage geweckt und können maximale Profite erzielt werden.

(3) Staatliche Rüstungsproduktion ist nicht von der normalen Massenkonsumtion abhängig. Es handelt sich nicht um klassische Konsumgüter und im Grunde auch nicht um Investitionsgüter. Damit ist Rüstung zumindest nicht dem traditionellen Schema der kapitalistischen Produktion zuzuordnen, das Marx in eine »Konsumtionsmittel herstellende Abteilung« (auch als »Abteilung I« bezeichnet) und in eine »Investitionsmittel herstellende Abteilung« (auch als »Abteilung II« bezeichnet) unterteilte. Marxisten haben dafür das Modell der Reproduktionsschemata um eine »Abteilung III« erweitert.[1]

Damit wirkt sich Rüstungsfertigung und Aufrüstung in einer spezifischen Situation des »modernen« Kapitalismus zeitweilig positiv aus: im Fall eines Kapitalismus mit gering wachsenden produktiven Sektoren und beim Wirken einer neoliberalen Offensive gegen die lohnabhängige Klasse, also mit stagnierenden und abnehmenden Masseneinkommen. In diesem Klima »gedeiht« der MIK *auch* aus »rein ökonomischen« Gründen gut.

Die Wirkung des MIK auf die industrielle Profitrate – den entscheidenden Indikator der langfristigen Entwicklung des Kapitalismus – ist widersprüchlich.

Auf der einen Seite üben hohe Rüstungsausgaben in Form hoher Steuern einen Druck auf das allgemeine Lohnniveau aus. Dies wiederum hebt die Mehrwertrate und die Profitrate. Auf der anderen Seite ist die Rüstungsproduktion meist extrem kapitalintensiv: Auf einen großen Kapitaleinsatz für Rohstoffe und vor allem für Maschinerie, Anlagen, Computer usw. (»konstantes Kapital«) kommt ein relativ geringer Einsatz von lebendiger Arbeit (»variables Kapital«).

---

[1] Vgl. z.B. Mandel 1972. Karl Marx entwickelte die Schemata der »einfachen« und der »erweiterten Reproduktion« mit den zwei »Produktionsabteilungen«, um nachzuweisen, dass es auch und gerade bei der Ausbeutung der Ware Arbeitskraft zumindest theoretisch und zeitweilig ein Gleichgewicht in der gesamten kapitalistischen Ökonomie geben könnte. Daran anknüpfend gingen Rosa Luxemburg, Roman Rosdolsky (in: »Die Entstehungsgeschichte des Kapitals«) und Ernest Mandel (in »Marxistische Wirtschaftstheorie« und »Der Spätkapitalismus«) der Frage nach, ob das Aufkommen eines entwickelten Rüstungssektors dieses zumindest theoretische und zeitweilige Gleichgewicht verunmöglichen würde. Dies muss verneint werden, auch wenn die Störanfälligkeit des »Modells« sich auf diese Weise erhöht. Dazu siehe unten.

Das heißt, die Rüstungsindustrie ist ein Sektor mit hoher organischer Zusammensetzung des Kapitals (auch: mit hoher »Kapitalintensität«). Diese hohe Kapitalintensität wiederum drückt, wenn sie sich in der Wirtschaft verallgemeinert, auf die Profitrate, da die Profite auf eine relativ ständig vergrößerte Kapitalmasse – Masse des eingesetzten Kapitals – bezogen werden.[2]

Kurzfristig kann eine Hochrüstung die Konjunktur ankurbeln, weil sie eine zusätzliche Nachfrage darstellt, oft in Zeiten einer relativ zurückbleibenden Massennachfrage. Das war so im NS-Regime: Niedrige Löhne und hohe Rüstungsausgaben brachten die nach der Weltwirtschaftskrise am Boden liegende Wirtschaft wieder in Gang. Langfristig betrachtet bedeutet eine Aufrüstungsperiode jedoch immer, dass es zu einem Abzug von Ressourcen kommt, die im produktiven Bereich eingesetzt werden könnten, was die Konkurrenzfähigkeit mindert. Gleichzeitig wird eine solche Rüstung meist über einen Aufbau erhöhter Staatsschulden finanziert. Dieser wiederum reduziert die über den Staat verwaltete Masse an Geldern, die produktiv und investiv eingesetzt werden könnten und steigert insbesondere die Staatsverschuldung.

Rosa Luxemburg hat diese zeitweilig positiven Wirkungen der Rüstungsproduktion wie folgt beschrieben:

---

[2] Die Marx'sche Formel für die Profitrate lautet p' = m:(c+v), wobei »p'« für »Profitrate«, »m« für »Mehrwert« oder die Profitmasse, »c« für das – für Rohstoffe und Maschinerie (ggfs. Abschreibungen) eingesetzte »konstante Kapital« und »v« für das »variable Kapital«, für die Löhne und Gehälter, stehen. Um die maßgeblichen Kräfte zu identifizieren, die auf die Profitrate einwirken, kann die folgende Operation vorgenommen werden: Zähler und Nenner der p'-Formel , also von m : (c+v), werden mit 1:v multipliziert (was die Gleichung nicht verändert). Dann ergibt sich die abgewandelte Formel: p'= (m:v):((c:v)+1). m:v ist die Formel für die Mehrwertrate oder Ausbeutungsrate m' (der Mehrwert/Profit gemessen am eingesetzten variablen Kapital). c:v wiederum ist die Formel für die organische Zusammensetzung des Kapital = q. Auf diese Weise transformiert sich die Profitraten-Formel in: p' = m':(q+1). Die Profitrate kann also durch eine gesteigerte Mehrwertrate m' weiter steigen. Allerdings sind solchen Steigerungen objektive Grenzen gesetzt – die maximale Länge des Arbeitstags sind (theoretisch) 24 h; eine gewisse Lohnhöhe wird es immer geben, weil das Überleben der arbeitenden Klasse garantiert sein muss. Der Steigerung der organischen Zusammensetzung des Kapitals, von q, sind jedoch theoretisch keine Grenzen gesetzt: das eingesetzte Kapital (»c«) kann unermesslich wachsen, während gleichzeitig die im Produktionsprozess eingesetzte lebendige Arbeit »v« massiv gesenkt werden kann und beispielsweise in einer vollautomatisierten Fabrik gegen Null tendiert. Auf lange Frist gesehen wird die organische Zusammensetzung des Kapitals schneller wachsen wie die entgegengesetzte Kraft, die Steigerung der Mehrwert- oder Ausbeutungsrate. Dies führt – letzten Endes – zu einer tendenziell sinkenden Profitrate. Die Rüstungsindustrie weist in großen Bereichen eine überdurchschnittliche organische Zusammensetzung des Kapitals auf, die sich tendenziell auf die übrigen Sektoren der Ökonomie überträgt und damit zum Fall der Profitrate zusätzlich beiträgt.

Es tritt »an Stelle einer großen Anzahl kleiner zersplitterter und zeitlich auseinanderfallender Warennachfragen [...] eine zur großen, einheitlichen kompakten Potenz zusammengefasste Nachfrage des Staates. Diese setzt aber zu ihrer Befriedigung von vornherein die Großindustrie auf höchste Stufenleiter, also für die Mehrwertproduktion und Akkumulation günstige Bedingungen voraus. In Gestalt der militärischen Aufträge des Staates wird die zu einer gewaltigen Größe konzentrierte Kaufkraft der Konsumentenmasse außerdem der Willkür, den subjektiven Schwankungen der persönlichen Konsumtion entrückt und mit einer fast automatischen Regelmäßigeit, mit einem rhythmischen Wachstum begabt. Endlich befindet sich der Hebel dieser automatischen und rhythmischen Bewegung der militaristischen Kapitalakkumulation in der Hand des *Kapitals* selbst – durch den Apparat der parlamentarischen Gesetzgebung und des zur Herstellung der sogenannten öffentlichen Meinung bestimmten Zeitungswesens« (Luxemburg 1913: 442).

Doch diese positiven Wirkungen sind nicht langfristiger Art. Letzten Endes stellen Rüstungsausgaben immer »faux frais«, tote Kosten der Produktion dar. So profitabel sie für den einzelnen Kapitalisten sein mögen – gesamtgesellschaftlich sind sie ein Abzug vom produktiv eingesetzten Kapital. Es war in sich logisch, dass die USA nach langen Phasen hoher Rüstungsausgaben (Koreakrieg; Vietnam-Krieg) in den 70er Jahren in eine Phase gelangten, in der Japan und Westeuropa – bei letzterem vor allem die BRD – wirtschaftlich die USA überflügelten; die Konkurrenzfähigkeit der US-Wirtschaft schien massiv reduziert. Umgekehrt erlebten Japan und die BRD ihren Aufstieg und ihr »Wirtschaftswunder« auch deshalb, weil sie 1950 bis 1970 extrem niedrige Rüstungsausgaben aufwiesen. Als der US-amerikanische Kapitalismus ab Mitte der 1980er Jahre eine neue Blütezeit erlebte und als die Produktivität in den USA wieder hohe, teilweise über denen der Konkurrenz in Japan und Westeuropa liegende Wachstumsraten erzielte, da hatte dies auch damit zu tun, dass der Anteil der Rüstungsausgaben am US-amerikanischen Bruttoinlandsprodukt von teilweise mehr als 9 Prozent auf weniger als 4 Prozent reduziert worden war, und damit das Bleigewicht dieser Rüstungsausgaben nicht mehr so schwer wog.[3]

[3] In dem Zeitabschnitt 1966-1970 machten die US-Rüstungsausgaben 9 Prozent des Bruttoinlandprodukts, in der Periode 1970-1975 9,5% des BIP aus. Danach sanken sie bis auf 5,8% im Zeitabschnitt 1980-1984, um nochmals in 1985-1989 auf 6,2% anzusteigen (Reagan-Ära). Danach waren sie wieder fallend und erreichten in 1995-1998 3,7% des US-BIP. Vgl. Wolf, 1999: 37 (Quellen u.a. Nato-Brief).

Einfluss des MIK

Der Militärisch-Industrielle Komplex übt zu unterschiedlichen Zeiten einen unterschiedlich großen Einfluss auf Politik und Wirtschaft aus. Dies hängt teilweise von seinem spezifischen Gewicht in der jeweiligen gesamten kapitalistischen (nationalen) Ökonomie, oft jedoch stärker von seiner Einflussnahme (der Lobbyarbeit, des erfolgreichen Einsatzes von Korruption) und natürlich davon ab, ob Frieden oder Krieg herrscht.

Im Krieg ist das Gewicht von Rüstungsfirmen erheblich. So wurde im Ersten Weltkrieg dem Unternehmen Daimler von der Obersten Heerführung vorgeworfen, beim Bau von Flugzeugmotoren einen überproportional hohen Extraprofit einzustreichen und dieses aufgefordert, den Kostpreis zu senken, damit staatliche Gelder an anderer Stelle für die »Wehrfähigkeit des Reiches« eingesetzt werden könnten. Daimler drohte mit der Drosselung der Produktion – und konnte seine erhöhten Preise und Gewinne in vollem Umfang verteidigen (vgl. Bontrup/Zdrowomyslaw 1988: 159).

Im O.M.G.U.S.-Report zur Deutschen Bank wird nachgewiesen, wie der Vertreter der Deutschen Bank, Georg von Stauss, die Unternehmen BMW und Daimler-Benz bereits *vor* Beginn des NS-Regimes auf Rüstungsproduktion umorientierte und damit den Aufrüstungskurs der Nazis bereits präjudizierte (vgl. OMGUS-Report 1986).

Im Jahr 1992 erklärte der damalige Verteidigungsminister Rühe mehrmals, der »Jäger 90« sei tot – was an sich logisch war, da dieser als Angriffswaffe gegen die UdSSR entwickelt worden war. Darauf setzte eine heftige Lobbyarbeit ein. Nach wenigen Monaten erklärte Rühe das Gegenteil; sein Schneid reduzierte sich darauf, dass der »Jäger 90« in »Eurofighter« umgetauft wurde. (vgl. Grässlin 1995: 381).

Die »Bimbes-Affäre« 1998/99, mit der die CDU/CSU nach der Abwahl von Kanzler Kohl in ein großes Loch stürzte, war im Grunde eine Rüstungsaffäre: In ihr wurde belegt, dass maßgebliche Leute in der Kohl-Regierung, so zwei Staatssekretäre und die CDU-Schatzmeisterin, im Grunde hauptberuflich als Rüstungslobbyisten – u.a. für die Daimler-Benz AG und deren Tochter Dasa bzw. für Thyssen und Rheinmetall – tätig waren.[4]

Die SPD/Grünen-Regierung hat in der gesamten Legislaturperiode 1998 – 2002 nicht ein einziges großes Militärprojekt gestoppt und nicht einen einzigen,

---

[4] Interessanterweise haben SPD und Grüne die abgewirtschafteten Parteien CDU und CSU in der »Bimbes«-Affäre 1999-2001 auffällig geschont. Der Grund liegt letzten Endes darin, dass zumindest die SPD längst ebenfalls eng mit dem militärisch-industriellen Komplex verbunden, in diesen eingebunden ist, von diesem profitiert bzw. gegebenenfalls auf die eine und andere Art erpressbar ist. Scharping dürfte da kein Einzelfall sein.

größeren Rüstungsexport verhindert. Sie hat dies nicht einmal ernsthaft versucht. Sogar der Forschungsreaktor München II wurde unter Kanzler Schröder weiter gebaut und weiter aus dem Bundeshaushalt finanziert; er erbrütet – wenn er in 2003 oder 2004 fertig erstellt ist – atombombenfähiges Plutonium. Wie noch zu zeigen sein wird, wurde gerade die EU-Rüstung insbesondere unter Kanzler Gerhard Schröder vorangetrieben. Die »Affäre Hunzinger« wiederum sollte ebenfalls primär als Beispiel für die Einflussnahme der Rüstungslobby auf die Politik erkannt werden. Ein Verteidungsminister, dem der Rüstungslobbyist Hunzinger auch noch privat zu neuen Höhenflügen und erheblichen zusätzlichen Einnahmen verhilft, unterstützt allzu bereitwillig die hoch fliegenden Träume von Komissköppen und Rüstungslobbyisten. Die mehrfache Erpressung, die Scharping gegenüber dem Haushaltsausschuss des Bundestags und dem Parlament in den Jahren 2001/2002 praktizierte, um eine überproportional hohe Bestellung des Militärtransporters A 400 M durch den Bund zu garantieren, legt ein beredtes Zeugnis vom Einfluss der Rüstungslobby auch unter der SPD-Grünen-Regierung ab.[5] Diese Macht des MIK existiert, obgleich das spezifische Gewicht der Rüstungsproduktion in der BRD derzeit eher niedrig ist. Der Anteil der Rüstungsproduktion am Bruttoinlandsprodukt liegt hierzulande bei rund 1,5% (als Anteil an der industriellen Produktion bei rund 3%.). In den USA lagen diese Anteile in den Jahren 1995-2000 mehr als doppelt, zur Zeit des Vietnamkriegs drei mal so hoch. Seit dem 11. September 2001 steigen sie wieder an.

Die bisherige Untersuchung zeigt: Trotz seines – rein ökonomisch gesehen – relativ geringen Gewichts übt der militärisch-industrielle Komplex einen erheblichen politischen und wirtschaftlichen Einfluss aus.

Nach außen und insbesondere in sozialdemokratischen und gewerkschaftlichen Kreisen wird die Aufrechterhaltung der Rüstungsproduktion oft mit den Arbeitsplätzen in dieser Branche begründet. Das ist allerdings lächerlich. In der Fahrradindustrie und im Fahrradhandel arbeiten derzeit mehr Menschen als in der Rüstungsindustrie und im Waffenhandel.[6] Es gab bereits einige Parlaments-

---

[5] Als ich am 10. April 2002 auf der Hauptversammlung von DaimlerChrysler im ICC Berlin als Kritischer Aktionär den Vorstandsvorsitzenden des Unternehmens darauf verwies, dass nach meiner Kenntnis Daimler-Dasa bzw. die EDAS mit mindestens sechs Mitgliedern des Haushaltsausschusses des Bundestags intensive Einzelgespräche geführt hatten, um sie zu einem Ja zu der zusätzlichen Bestellung von A 400 M-Militärtransportern zu bewegen, bestätigte dies Schrempp indirekt, indem er sinngemäß antwortete, dass es sich hier um einen »normalen Vorgang in der Demokratie« handeln würde. Er unterstrich, dass »alle demokratischen Parteien mit Ausnahme der von Ihnen vertretenen PDS der Anschaffung des A 400M zugestimmt« hätten. Womit er Recht hat.

[6] Der erste Fahrrad-Bericht der Bundesregierung – im Jahr 2000 vorgelegt – errechnete die Zahl der in der Fahrradindustrie in der BRD Beschäftigten mit 15.000; diejenigen in Handel und Reparatur und Versicherungswesen bzw. Tourismus (soweit zum Fahrradverkehr zuzurechnen) mit weiteren 45.000 bis 50.000.

Debatten zum Thema Arbeitsplätze in der Rüstungsindustrie – so auf dem Höhepunkt des »Dolores-«Rationalisierungsprogramms bei Dasa. Debatten unter dem Slogan: »Verteidigt die Jobs in der deutschen Fahrrad-Branche« gab es bisher nie.

Militärpolitik und Veränderungen in der Struktur des weltweiten MIK

Wir erleben derzeit – vor allem seit 1990 – tiefgreifende Umstrukturierungen im Bereich der Militärisch-Industriellen Komplexe und in der Militärpolitik. Zusammenfassend kann von einer allgemeinen Stärkung des »Militärischen« gesprochen werden. Dabei sind auf weltweiter Ebene vier grundlegende Tendenzen zu beobachten:

Erneuter Anstieg der Rüstungsausgaben

Die in diesem Sektor für die weltweite Entwicklung besonders wichtigen US-Rüstungsausgaben waren im Zeitraum 1990 bis 1995 rückläufig, stiegen dann aber insbesondere im Zeitraum 1998-2000 zunächst wieder absolut und dann ab 2001 auch relativ, gemessen als Anteile am Bruttoinlandsprodukt, an. Damit ist die kurze Periode, in welcher auf eine »Friedensdividende« – auf sinkende Rüstungsausgaben und einen Einsatz dieser »ersparten« Mittel an anderer Stelle, etwa in der »Dritten Welt« – gehofft werden konnte, vorbei.

In den Jahren 2001-2003 kam und kommt es – ausgelöst oder begünstigt durch den Terroranschlag vom 11. September 2001 und den Krieg gegen Afghanistan – zu einem sprunghaften Wachstum der US-Rüstungsausgaben. Sie stiegen von 252 Milliarden US-Dollar in 1999 auf 296 Mrd. $ in 2001, 310 Mrd. $ in 2002 und – vorgesehenen – 380 Mrd. $ in 2003 (vgl. *Financial Times Deutschland* vom 21.2.2002 und *International Herald Tribune* vom 24./25.1.2002). Über kurz oder lang ziehen nun die Verbündeten der USA, die übrigen Nato-Staaten, die konkurrierenden Länder wie Russland und China und viele »Schwellen-Länder« und »Entwicklungsländer« nach.

Der neue Charakter von Armeen und Waffen begünstigt die »asymmetrische Kriegführung«

Zweitens gibt es einen »praktischen« Prozess, der die neue Phase der Militarisierung begleitet und begünstigt. Weltweit werden die Armeen der führenden kapitalistischen Länder von Verteidigungsarmeen mit Interventionsbestandteilen (überwiegend auf Basis der Wehrpflicht) umgebaut in Interventionsarmeen mit Verteidigungsbestandteilen (überwiegend auf Basis von Berufsarmeen). Der Einsatz solcher Berufsarmeen und die Ideologie dieser Interventionseinheiten – eine spezifische Ausformung der neoliberalen Ideologie, die auch im zivilen Leben die Herrschaft des Faustrechts predigt – erweckt, solange die »eigenen« menschlichen und materiellen Opfer sich in Grenzen halten, weit weniger internen Disput und Widerstand, als es der Einsatz von größeren Teilen einer Wehrpflichtigen-Armee tun würde.

Dies wird noch verstärkt durch die Weiterentwicklung der Waffentechnologie. Diese ermöglicht zunehmend eine »asymmetrische Kriegführung«: Auf Seiten der angreifenden Berufsarmeen der USA und anderer imperialistischer Mächte kommt es nur zu wenigen Toten und Verletzten; die Opfer der Gegenseite bleiben in der Regel hoch, sie können jedoch aufgrund der Monopolisierung im Mediensektor und der dort faktisch herrschenden Zensur medial weitgehend ausgeblendet werden. Die im Afghanistan-Krieg erstmals eingesetzten unbemannten, bewaffneten Flugzeuge (bewaffnete Drohnen) vom Typ »RQ-1 Predator« lassen Kriege denkbar werden, die von Seiten der USA (und anderer hochindustrialisierter Staaten) weitgehend »automatisiert«, ohne Einsatz von Menschen und bei sehr niedrigem Risiko für »eigene Menschen«, durchgeführt werden. Die *Washington Post* sprach in diesem Zusammenhang von einem »revolutionären Schritt in der Kriegführung« und von der »Zukunft des Kriegs ohne Menschen.« Mit letzterem ist natürlich nur die »eigene« Seite gemeint.[7]

Blockbildung bei den Militärisch-Industriellen Komplexen

Im Vorfeld des Kriegs gegen Jugoslawien kam es zu einer Reihe großer Fusionen und Konzentrationsvorgängen im Bereich der Rüstungsindustrie; so in den USA und in Westeuropa. In Westeuropa verfolgten diese zunächst (bis 1999) die »nationale« Linie: British Aerospace übernahm Marconi; in Frankreich gingen Aerospatiale und Matra-Lagardere zusammen. Seit 1999 – und nicht zufällig als Folge des Kriegs gegen Jugoslawien – schlägt sich die Blockbildung verstärkt im Rüstungssektor nieder.

Die Rüstungsindustrie der USA ist ohnehin seit langem eine weitgehend geschlossene Veranstaltung. Durch die neuen Konzentrationsprozesse und den beschriebenen Prozess beschleunigter Hochrüstung wird diese Abkapselung auf Blockebene noch verstärkt. So schlossen sich Mitte 2002 die Unternehmen Northrop Grumman und TRW zusammen. Damit liegen die drei größten US-Rüstungshersteller Lockheed Martin (Rüstungsumsatz in 2001 14,7 Mrd. $), Boeing (Rüstungsumsatz in 2001 13,3 Mrd. $) und Northrop Grumman/TRW (addierter Umsatz in 2001 13 Mrd. $) weitgehend gleichauf. Jeder von ihnen setzt fast das Doppelte dessen um, was die EU-Konkurrenz EADS an Rüstungsanteil aufzuweisen hat (vgl. *Financial Times Deutschland* vom 2.7.2002).

In der EU wurde 1999 (Gründung) bzw. in 2000 (Börsengang) die European Aeronautic Defence & Space Corporation – EADS – gebildet. Es handelt sich

---

[7] Angaben zum »Predator« nach: *Washington Post* vom 18.10.2001 und *Financial Times Deutschland* vom 19.10.2001. Diese Flugzeuge werden auch als Unmanned Combat Air Vehicle – UCAV – bezeichnet.

dabei um einen – zunächst noch nicht gefestigten – Zusammenschluss eines großen Teils des deutschen Rüstungspotentials (vor allem die DaimlerChrysler-Rüstungstochter Dasa) mit einem großen Teil der französischen Rüstungsindustrie (v.a. Aerospatiale-Matra) und wichtigen Teilen der spanischen Rüstungskapazitäten (Casa). Seit Gründung der EWG Mitte der 1950er Jahre gelang es nicht, (west-)europäische Konzerne und Banken, gemeint: solche mit gemischten europäischen Eigentümerstrukturen, herauszubilden und damit einen kapitalistischen, ökonomischen Kern für die angestrebte »Europäische Union« zu bilden. Mit der EADS wurde erstmals auf dem Gebiet der Rüstung ein solcher EU-Konzern gebildet. Sollte die EADS ein Erfolg werden und zur Herausbildung eines neuen EU-Nationalstaats beitragen, dann würde dies eine interessante Parallele zur Herausbildung des Deutschen Reichs vor und in 1871 darstellen, als die Einheit ebenfalls nicht mit der vorausgegangenen Freihandelszone erreicht wurde, sondern Resultat des deutsch-französischen Kriegs war.

Wie unsicher und problematisch allerdings das EADS-Projekt ist, zeigt sich auf drei Ebenen: Erstens ist die Struktur dieser Gesellschaft – u.a. mit einer deutsch-französischen Doppelspitze und komplizierten Eigentümerverhältnissen – ausgesprochen fragil. Es gibt staatliche Einflussnahmen (der Regierungen in Paris und Madrid), Einflussnahmen durch private große Rüstungskonzerne (DaimlerChrysler und Lagardère-Aerospatiale) und den Einfluss der Deutschen Bank (als DaimlerChysler-Großaktionärin). Auch drei Jahre nach der EADS-Gründung drängt sich der Eindruck auf, dass dieses Rüstungsunternehmen eher den Charakter einer Kooperation bei verschiedenen vereinbarten Rüstungsprojekten als den eines Konzerns hat (vgl. ausführlich Wolf 2000: 183ff.).

Des weiteren ist von Interesse, dass sich trotz hundertfacher Bekenntnisse zur Schaffung einer EU-Rüstungsindustrie auch nach Bildung der EADS die rüstungspolitischen Alleingänge der an der EADS beteiligten Staaten fortsetzen. So übernahm der französische Rüstungskonzern Thales (zuvor: Thomson CSF) das britische Rüstungsunternehmen Racal, womit er auch in Großbritannien den zweitgrößten Rüstungshersteller darstellt. Thales liegt mit einem Umsatz von 10,3 Mrd. Euro in 2001 hinsichtlich der Rüstungsausgaben auf vergleichbar hohem Niveau wie die EADS (ohne den anteiligen Airbus-Umsatz) (vgl. *Financial Times Deutschland* vom 15.3.2002). Im deutschen Panzerbau dominiert ebenfalls die »nationale Karte« – Rheinmetall und Krauss-Maffei-Wegmann planen den gemeinsamen Bau eines Nachfolgemodells für den Schützenpanzer »Marder«. Im deutschen Kriegsschiffbau kam es 2002 zu noch nicht ganz durchsichtigen Umstrukturierungen, bei denen sich jedoch bereits jetzt mit Sicherheit sagen lässt, dass eine Europäisierung nicht ansteht.[8]

---

[8] HDW wurde Anfang 2002 von Babcock-Borsig abgespalten; der mehrheitliche Einfluss beim Aktienkapital liegt bei der US-Investorengruppe One Equity Partners, einer

Drittens gelang es bislang nicht, zwei wichtige EU-Staaten in das EADS-Projekt einzubinden: Italien blieb mit seiner Rüstungsindustrie – v.a. Finmeccanica/Alenia – trotz intensiver Bemühungen, die Mitte 2002 endgültig als gescheitert erklärt wurden, außen vor.[9] Die britische Rüstungsindustrie, die bis 1999 ebenfalls als Kernbestandteil des neu zu bildenden EU-Militärisch-Industriellen Komplexes verstanden wurde, entwickelte sich sogar in die entgegengesetzte Richtung: Durch die Übernahme der Rüstungssparte von General Electric, Marconi, transformierte sich der führende britische Rüstungskonzern British Aerospace (BAe) in ein Unternehmen, das den größeren Teil seines Umsatzes in den USA durch US-Rüstungsaufträge erzielt. Dies hat sich nach dem Afghanistankrieg nochmals verstärkt. Als eine Art Dankeschön für die britische Unterstützung in diesem Krieg wurde BAe als einziger europäischer Rüstungskonzern an dem US-Projekt eines neuen Kampfflugzeugs mit der Bezeichnung Joint Strike Fighter (JSF) beteiligt. Damit wird das Rüstungsunternehmen BAe, das auch am Eurofighter-Konsortium beteiligt ist, mit dem JSF-Programm wesentlich mehr umsetzen als im Rahmen des Eurofighters.[10]

Blockbildung als EU-Militärbündnis

Die Blockbildung bei den militärisch-industriellen Komplexen schlägt sich in der Militärpolitik und in Militärbündnissen nieder. Am 2.5.1999, mitten im neuen Balkan-Krieg, tagte der EU-Gipfel in Köln. Wichtigster Tagesordnungspunkt war die Westeuropäische Union (WEU), der Aufbau eines Militärarms der EU. Mit diesem sollen EU-Kriege möglich werden, die unabhängig von der Nato,

---

Tochter des US-Finanzinstituts Bank One. Darüber erhob sich ein heftiges Lamento mit der Tendenz, dass sich so die US-Rüstungsindustrie »das Know-how des deutschen U-Boot-Baus« sichern wolle. Einiges spricht jedoch für einen Deal ganz anderer Art: Auf diese Weise könnte HDW die von der US-Regierung versprochenen U-Boote an Taiwan liefern. Die USA bauen solche U-Boote nicht mehr. Die BRD könnte sie nicht liefern, ohne massive Handelsschwierigkeiten in China zu bekommen. Mit diesem Deal könnte HDW liefern und es für den hierbei relevanten Zeitabschnitt erklären, dass HDW US-bestimmt sei. Dass der ehemalige Babcock-Boss Lederer HDW-Boss wurde, mag als Indiz für diesen Deal gelten. U.a. nach: *Der Spiegel* 25/2002.

[9] Zu Italien und der EADS vgl. *Financial Times Deutschland* vom 24.1.2002. Inzwischen zeichnet sich sogar ein Bündnis Finmeccanica mit BAe ab. Sollte es dazu kommen, hätte die britisch-italienische Gruppe die Mehrheit beim Eurofighter-Konsortium (EADS: 44%, BAe: 37%, Finmeccanica: 19%).

[10] BAe hat zusätzlich zum Kauf von General Electric-Marconi in 2000 vom US-Rüstungsunternehmen Lockheed Martin die Rüstungssparte »Steuerungssysteme« übernommen, so dass sich damit die Orientierung auf den US-amerikanischen Rüstungsmarkt noch steigerte. Siehe: *Financial Times* (London) vom 28.4.2002. Generell entwickelt sich das JSF-Programm zu einem Spaltpilz für die EU-Rüstungsindustrie. Mitte 2002 entschieden sich auch Italien und die Niederlande für eine Beteiligung am JSF. Siehe: *Financial Times* vom 5.6.2002 (Niederlande) und vom 26.6.2002 (Italien).

sprich von den USA, geführt werden. Anfang 2000 wurde dies auf der Münchner Wehrkundetagung konkretisiert mit dem Projekt einer neu aufzustellenden 50.000 Mann/Frau-Interventionsarmee der EU. Die USA protestierten – und protestieren heftig – gegen dieses Vorhaben. Die EU versucht seither, dieses Vorhaben durch spezifische Rüstungsprogramme, die eine Kriegführung ohne US-und Nato-Logistik ermöglichen, durchzusetzen.

Im Juni 2002 präsentierte eine hochrangige Beratergruppe der EU-Kommission einen Bericht zur Zukunft der EU-Rüstungsindustrie. Darin wird festgestellt, dass es »nur mit einer abgestimmten Rüstungspolitik [...] möglich sein wird, eine wettbewerbsstarke technologische und industrielle Basis zu schaffen.« Andernfalls werde »Europa in der Verteidigunsindustrie den Weltmarktführern in den USA nie Paroli bieten« können. Um diese Zielsetzung zu erreichen, »brauchen wir eine europäische Rüstungspolitik und ein abgestimmtes Beschaffungswesen«(vgl. *Handelsblatt* 13.6.2002).

Ein maßgebliches Rüstungsprojekt, das die autonome Führung von EU-Kriegen ermöglichen soll, ist das Satellitenprogramm »Galileo«. Dieses soll mit dem US-System GPS konkurrieren und insbesondere Raketen und Bomben, die von WEU-Militäreinheiten abgeschossen werden, sicher ins Ziel leiten – unabhängig von einer US- oder Nato-Technik. Nato- und US-Militärs erhoben gegen Galileo massive Bedenken – formal hieß es, diese Technik könne das Leben von US- und Nato-Militärs gefährden. Faktisch geht es um die Tatsache, dass auch hier die EU auf eine autonome Kriegführung abzielt.[11]

Ausdruck der Blockbildung in der Rüstungspolitik ist schließlich das US-Programm National Missile Defence, inzwischen als Missile Defence umgenannt. Der so um die USA aufzubauende »Raketenvorhang« wird ausschließlich oder zumindest primär Nordamerika vor Atomraketen abschirmen bzw. der Bevölkerung dort ein gewisses Sicherheitsgefühl geben – und damit die Schwelle zur Führung atomarer Kriege drastisch senken.

Neue Militarisierung der Gesellschaft und drei Lehren

Wir erleben derzeit eine neue und umfassende Militarisierung der Gesellschaft. Dies ist die ideologische Voraussetzung für eine neue Phase der Hochrüstung. Krieg soll wieder als Normalität der bürgerlichen Gesellschaft akzeptiert werden – das Gegenteil dessen, was in der UN-Charta festgehalten wird.

---

[11] Siehe: *Financial Times* (London) vom 21.6.2002. Die in der BRD vielfach vorgetragene Behauptung, das System »Galileo« sei primär oder gar ausschließlich ein »ziviles« Projekt, ist nicht haltbar. Dasa-Chef Bischoff plädierte vor den Dasa-Aktionären für Galileo aus primär »militär-strategischen Gründen« (Bilanzpressekonferenz in 2000).

Dies erklärt in der Bundesrepublik Deutschland die Einführung und dann Zunahme der öffentlichen Vereidigungen von Soldatinnen und Soldaten und die Bezugnahmen auf ein deutsches ehrenwertes Soldatentum – beispielsweise, als Verteidigungsminister Scharping bei Vereidigungen die »preussischen Militärreformer Scharnhorst und Gneisenau« als Vorbilder der Bundeswehr herausstellte. Gleichzeitig wurde hierzulande der Prozess, Bundeswehr-Kasernen, deren Namen an NS- und deutsche Kolonial-Generale bzw. Offiziere erinnern, umzubennen, weitgehend gestoppt.

Nach dem Nato-Krieg gegen Jugoslawien erschien in der führenden wissenschaftlichen US-Zeitung für Außenpolitik, *Foreign Affairs*, ein programmatischer Artikel, verfasst von dem Ex-Herausgeber Edward N. Luttwak. Die Überschrift lautete, in Anspielung auf John Lennons Song: »Give War A Chance«. Der Autor beklagt sich darüber, dass der Nato-Krieg gegen Jugoslawien nicht lang genug gedauert habe; dass die EU-Staaten diesbezüglich Weicheier seien. Dann heißt es: »Ein nicht unterbrochener Krieg würde sicherlich mehr Leid hervorbringen und aus der einen oder anderen Sicht zu einem ungerechten Ergebnis führen. Aber dies würde auch zu einer stabileren Situation führen, dazu, dass die Nachkriegsära wirklich beginnt. Der Frieden greift nur, wenn der Krieg wirklich vorbei ist [...] Kriege müssen ausbrennen« (*Foreign Affairs*, July/August 1999: 37).

Solche kaum verhüllten faschistoiden Formulierungen werden konkretisiert, wenn die kommenden Kriege offen angekündigt werden. Drei Lehren scheinen mir an dieser Stelle wichtig.

Erstens: Das Thema Krieg und Frieden ist für linke und demokratische Politik so wichtig wie selten zuvor. Wir stehen kaum übersehbar vor einem weiteren Krieg, dem gegen den Irak.

Der neue Irak-Krieg wurde offen angekündigt – so von US-Präsident Bush im Deutschen Bundestag am 23. Mai 2002, als er u.a. ausführte: »Sie können es eine Herausforderung nennen. Sie können es, wie ich, die Achse des Bösen nennen. Aber seien Sie versichert: Wir werden mehr einsetzen als unsere militärischen Fähigkeiten, um dieser Bedrohung zu begegnen.«[12]

Die Dimension dieses Krieges könnte wesentlich größer sein als im Fall des Golf-Krieges 1990/91, des Kosovo-Krieges 1999 oder des Afghanistan-Krieges 2001/2002. So wird bei einem möglichen Krieg gegen den Irak die Türkei als weitere Regionalmacht einbezogen sein. Ende Juli 2002 ließ Ecevit öffentlich

[12] Bush-Rede nach: *Frankfurter Allgemeine Zeitung* vom 24.5.2002. Während dieser Rede protestierten im Bundestag die PDS-MdB Ulla Jelpke, Heidi Lippmann und Winfried Wolf mit einem Transparent mit der Aufschrift: »Mr. Bush + Mr. Schröder: STOP Your Wars«. Eine Dokumentation zu dieser Aktion ist über das MdB-Büro Winfried Wolf beziehbar.

erklären, dass ein »neuer Irak-Krieg unabwendbar« sei und dass die Türkei daran in der einen und anderen Form beteiligt sein werde (vgl. *Berliner Tagesspiegel* 1.8.2002). Des weiteren wird ein neuer Irak-Krieg die kurdische Frage auf die Tagesordnung setzen. Schließlich dürfte sich ein solcher Krieg mit dem Nahost-Konflikt verbinden, womit enormer politischer Sprengstoff verbunden ist.[13]

Zweitens muss die deutsche Friedensbewegung die Kriegsbeteiligung der BRD bzw. diejenige der EU gleichrangig wie die US-Kriegspolitik bekämpfen. Und zwar nicht deswegen, weil eine einseitige Kritik an den USA den Vorwurf des »Antiamerikanismus« auf sich ziehen könnte. Sondern weil in der Substanz der Militarismus und die Kriegstreiberei der EU bzw. der deutschen Regierung ebenso gefährlich und zu verurteilen sind wie diejenigen der US-Regierung.

In der aktuellen Situation drängt sich vielen die Position auf, dass primär die US-Kriegspolitik zu kritisieren sei. Allzu oft paart sich dies mit einem Denken, wonach die Welt durch die Ablösung der aktuellen »Unipolarität« (überwiegende US-Herrschaft) durch die Herausbildung einer »Bipolarität« (mehr oder weniger gleichberechtigte Existenz der zwei Blöcke USA und EU) weniger zerstörerisch und nicht so sehr von Kriegen bestimmt wäre.

Dieser Ansatz ist grundfalsch. Die EU betreibt, wie aufgezeigt, vergleichbare Militarisierungsprojekte wie die US-Regierung. Sie war faktisch am Afghanistan-Krieg beteiligt – im Fall der BRD auch noch in »uneingeschränkter Solidarität«. Der kommende Krieg wird von den europäischen Militärs konkret mit vorbereitet. Ich konnte aufdecken, dass die Entscheidung für die Entsendung von 3900 Soldaten u.a. an das Horn von Afrika, die formal am 16. November 2001 im Bundestag gefällt wurde, bereits am 9. Oktober 2001 – also rund 36 Stunden nach Beginn der Bombardements auf Afghanistan – in der Bundeswehrspitze diskutiert und konkretisiert wurde (vgl. Wolf 2002: 40). Wenige Tage vor dem Bush-Besuch in Berlin trafen sich führende Vertreter der nordirakischen Kurden mit Verantwortlichen der US-Regierung *auf deutschem Boden und mit Wissen der Bundesregierung*, um den kommenden Irak-Krieg vorzubereiten und zu prüfen, inwieweit kurdische Gruppen in einem solchen Krieg eine

[13] So wird das Thema Antisemitismus für die Linke eine wichtige Rolle spielen und kann, wie 1990/91, erneut zur Spaltung in der Antikriegsbewegung beitragen. Auch aus diesem Grund ist eine klare Haltung der Linken gegenüber Israel und der PLO wichtig: So gilt es, die Einmaligkeit der NS-Verbrechen gegenüber der jüdischen Bevölkerung durch nichts zu relativieren – womit sich jeder Vergleich mit der aktuellen Politik Israels in den Autonomie-Gebieten verbietet. Gleichzeitig muss die Kritik an Israel und M. Friedman, wie sie von Möllemann/Karsli vorgetragen wurde, als das erkannt werden, was sie ist: ein Versuch, den Antisemitismus zu beleben und die FDP zu »haiderisieren«. Siehe dazu auch die Debatte in der und um die Zeitung *Sozialistische Zeitung/SoZ*, Köln, in den Monaten Juli/August 2002.

Rolle wie die »Nordallianz« im Afghanistan-Krieg bzw. wie die UCK im Kosovo-Krieg spielen könnten (vgl. Fußnote 12).

Dies bedeutet: An einem solchen Krieg werden die EU und die Bundeswehr maßgeblich beteiligt sein. Der einzige Grund, weshalb die US-Regierung auch bei diesem Krieg führend sein wird, liegt in ihrer herausragenden militärischen Position. Die EU-WEU und die Bundeswehr unternehmen jedoch alles, um in die gleiche Kategorie der Kriegstreiber »hineinzuwachsen«.

Aus unserer Sicht muss die US-Regierung zwar als führend in der Vorbereitung des kommenden Kriegs angegriffen werden. Die Bundesregierung und die Bundeswehr sind jedoch unser entscheidender Adressat; die Forderung zur sofortigen Zurückholung aller Bundeswehreinheiten aus dem Ausland bzw. die Kritik an den Aktivitäten der Bundeswehr in diesem Krieg müssen im Zentrum der Politik einer deutschen Friedensbewegung stehen.

Drittens ist es ein Gebot der Stunde, die Verbindung zwischen der Globalisierungskritik und der Antikriegspolitik herzustellen.

Die Positionen der Globalisierungskritiker waren in der ersten Phase 1999-2001 auf die Kritik des Weltfreihandels und der Konzern- und Bankenmacht focussiert. Das war und bleibt, wenn zu Ende gedacht, ein durchaus antikapitalistischer Ansatz. Das Verständnis der Militarisierung und der drohenden Kriege erschließt sich jedoch nur, wenn der in dieser Bewegung ebenfalls vertretene Mythos zerstört wird, wir hätten es mit schwachen und hilflosen Nationalstaaten zu tun. Tatsächlich werden die Nationalstaaten bzw. die Blöcke EU und Nafta nur ihrer sozialstaatlichen Funktionen entkleidet. Gleichzeitig wächst jedoch ihre Bedeutung im Rahmen der verschärften Konkurrenz und insbesondere im Rahmen der logischen Fortentwicklung der Konkurrenz zu einer Politik der militärischen Erpressung, zur Durchführung von militärischen »Interventionen« und neuen Kriegen. Die Konzerne und Banken stehen im Prozess dieser Militarisierung selbstverständlich nicht neutral an der Seite. Vielmehr erfolgt dieser Prozess einerseits als Ausdruck einer spezifischen Kapitalkonzentration – derjenigen im Rahmen der Militärisch-Industriellen Komplexe. Andererseits agieren die Nationalstaaten bzw. Blöcke im Interesse dieser global agierenden Konzerne und Banken bzw. die Nationalstaaten und Regierungen werden in ihrem Interesse instrumentalisiert.[14]

Diesen inneren Zusammenhang gilt es im Rahmen der Antikriegsarbeit herauszuarbeiten und damit die antikapitalistische und sozialistische Komponente in der Friedensbewegung zu stärken, ohne die notwendige Breite dieser Bewe-

[14] Auf die Macht der Konzerne und Banken, auf deren globalen Charakter hinsichtlich Arbeitsteilung und Umsatz, auf deren jedoch weiterhin »nationalen« Charakter hinsichtlich der Eigentümerstruktur und der Bindung an Nationalstaaten bzw. Blöcke bin ich ausführlich eingegangen in: Wolf 2000.

gung, die von demokratischen und christlichen über sozialistische und antifaschistische bis hin zu autonomen Positionen reicht – in Frage zu stellen.

Als Schluss bleibt, was Bertolt Brecht 1952 geschrieben hat:

»Und doch wird nichts mich davon überzeugen, dass es aussichtslos ist, der Vernunft gegen ihre Feinde beizustehen. Lasst uns das tausendmal Gesagte immer wieder sagen, damit es nicht einmal zu wenig gesagt wurde! Lasst uns die Warnungen erneuern, und wenn sie schon wie Asche in unserem Mund sind! Denn der Menschheit drohen Kriege, gegen welche die vergangenen wie armselige Versuche sind, und sie werden kommen ohne jeden Zweifel, wenn denen, die sie in aller Öffentlichkeit vorbereiten, nicht die Hände abgeschlagen werden.« (Brecht 1967: 323)

Literatur

Bontrup, Heinz-J./Zdrowomyslaw, Norbert (1988): Die Rüstungsindustrie – Vom Kaiserreich bis zur Bundesrepublik Deutschland, Ein Handbuch, Heilbronn.

Brecht, Bertolt (1967): Zum Völkerkongress für den Frieden. In: Bertolt Brecht Gesammelte Werke Bd. 20, Frankfurt/Main

Grässlin, Jürgen (1995): Daimler-Benz. Der Konzern und seine Republik, München.

Luttwak, Edward N. (1999): Give War A Chance, in: Foreign Affairs, July/August.

Luxemburg, Rosa (1913): Die Akkumulation des Kapitals, Berlin.

Mandel, Ernest (1972): Der Spätkapitalismus, Frankfurt/M.

OMGUS-Report zur Deutschen Bank (1986): Nördlingen.

Trotzki, Leo (1996): Die Balkan-Kriege 1912/13, Essen.

Wolf, Winfried (1999): Bombengeschäfte: Zur politischen Ökonomie des Kosovo-Krieges, Hamburg.

Wolf, Winfried (2000): Fusionsfieber – Das große Fressen, Köln.

Wolf, Winfried (2002): Afghanistan, der Krieg und die neue Weltordnung, Hamburg.

Amy Holmes

Gender Djihad: Fundamentalismen im Zeichen von Sternenbanner und Halbmond

Möglicherweise ist das Neue an Afghanistan, dass in den Medien und in politischen Erklärungen die sogenannte Frauenfrage besonders hervorgehoben wird. Obwohl der »Kampf um die Frauen« schon immer mehr war als ein bloßer Nebenaspekt in den machtpolitischen Auseinandersetzungen sowohl in Afghanistan als auch in den anderen Staaten Zentralasiens, wurde dies von Außenstehenden nicht immer entsprechend wahrgenommen. Bei den zwei afghanischen Modernisierungsprojekten im 20. Jahrhundert (1919-29 und ab 1978) war die Geschlechterfrage sowohl das Herzstück dieser Politik als auch der Stein des Anstoßes, der die teilweise noch in Clans organisierte ländliche Bevölkerung in Aufruhr versetzte (Jayawardena 1986; Kreile 2001). In ihrer Untersuchung über die Entstehung und Transformation des Patriarchats im Vorderen Orient stellt Renate Kreile überzeugend dar, dass die klassisch-marxistische Vorstellung von der Arbeiterklasse als gesellschaftsveränderndem Subjekt vielleicht einer eher genderzentrierten Perspektive weichen müsste. Gerade weil die Staaten in dieser Region keine starke Arbeiterklasse hervorgebracht hatten, wurden die Frauen bereits in den 20er Jahren – und zwar nicht nur auf symbolischer Ebene – zu einer Art »Surrogat-Proletariat« und also einem Motor des sozialen Wandels auserkoren (Massell 1974).

Cynthia Enloe argumentiert, dass es generell notwendig wäre, das Geschlechterverhältnis mehr ins Zentrum der politikwissenschaftlichen Analyse zu rükken, da Frauen unabhängig von der Klassenstruktur einer Gesellschaft sowohl in nationalen Transformationsprozessen als auch in den internationalen Konflikten schon immer eine zentrale Rolle gespielt haben. Dies hat mehrere Gründe: Frauen werden 1) als wertvollste Besitztümer des Landes, 2) als Vehikel, die die kulturelle Werte von einer Generation zur nächsten vermitteln, 3) als Mütter der kommenden Generation, 4) als schwächste und deswegen schutzbedürftigste Mitglieder der Gemeinschaft und schließlich 5) als am meisten anfällig für die Vereinnahmung durch Fremde angesehen (Enloe 2000: 54). Auf Afghanistan bezogen bedeutete dies, dass die Kämpfe zwischen dem um Modernisierung in Form von Entwicklung und *nation-building* bemühten Staat und den unterentwickelteren Regionen häufig auf dem Rücken der Frauen ausgetragen wurden. Nun sollen hiermit nicht alle anderen gesellschaftlichen Widersprüche übergangen oder Genderfragen verabsolutiert werden; »playing the women's card« – ein bereits während des *Great Game* zwischen Großbritannien und dem zaristischen Rußland eingesetzter Zug – deutet schon darauf hin, dass auch andere Karten im Spiel waren und sind. Dennoch kann festgehalten werden, dass die Kontrolle des Frauenverhaltens als Maßstab für die Erlangung der Hegemonie in den ländlichen Regionen des Landes gelten kann (Kreile 2001: 40ff).

Krieg gegen Frauen

Die Erkenntnis, dass jeder Krieg immer auch ein Krieg gegen Frauen ist, bekam mit der Machtübernahme der Taleban am 27. September 1996 eine vollkommen neue Bedeutung. Hiermit verwandelte sich der seit mehr als 15 Jahren andauernde Bürgerkrieg in einen Krieg zur Vertreibung der Frauen aus der Öffentlichkeit (Baraki 1999: 19). Somit rückte unter der Herrschaft der Taleban die Geschlechterpolitik – zum dritten Mal in der afghanischen Geschichte – ins Zentrum der politischen Kämpfe, diesmal mit einer Grausamkeit über die es schwer fällt zu schreiben, ohne dabei den Eindruck zu erwecken, man würde Sensationsjournalismus betreiben (Moghadam 2002: 20). Dieses Genderregime als eine Form von geschlechtsspezifischer Segregation oder gar Gender-Apartheid zu beschreiben, ist wohl keine Übertreibung. Frauen hatten als Individuen in der Öffentlichkeit kein Existenzrecht: Sie durften keine Schule besuchen und nicht erwerbstätig sein. Um sich in die Öffentlichkeit zu begeben, mussten sie eine *Burqa* tragen, damit sie nicht zu erkennen waren – was im Prinzip einer Mumifizierung gleich kam. Als Einzelpersonen konnten sie nicht in der Öffentlichkeit auftreten, sondern mussten in Begleitung eines nahen männlichen Verwandten sein. Zur Unterbindung überflüssiger Geräusche durften sie keine Schuhe mit Absätzen tragen und obendrein auch nicht mit fremden Personen kommunizieren. Im März 1997 mussten die Fenster in von Frauen bewohnten Häusern schwarz angestrichen werden, damit man die Frauen von außen nicht sehen konnte (Ayaß 2001: 4; Moghadam 2002: 26). Den Taleban ging es also offensichtlich nicht nur darum, eine Art geschlechtsspezifische Segregation einzuführen, sie unternahmen auch den vermutlich bisher konsequentesten Versuch, die Existenz von Frauen in der Öffentlichkeit möglichst auszulöschen und sie selbst im Privaten

---

[1] Es gibt eine lange Debatte darüber, wie die Dichotomie von öffentlich und privat historisch entstanden ist und theoretisch zu verstehen sei. Bei dieser Debatte wird u.a. auch die Meinung vertreten, dass Frauen innerhalb ihrer zugewiesene Räume nicht nur Schutz erfahren, sondern sogar Macht ausüben können. Ohne diese Auseinandersetzungen an dieser Stelle zu rekapitulieren, möchte ich hier nur anmerken, dass ich in dieser Hinsicht die Einschätzung von Valentine Moghadam teile:»In my view, we should con

unsichtbar zu machen.[1] Das Leben der Frauen wurde allerdings nicht nur durch die Segregation erschwert – die afghanische Frauen selber teilweise als *qeit* oder »Gefangenschaft« bezeichneten –, sondern auch durch die durch das Arbeitsverbot erzeugte Verelendung und vor allem durch zahllose Gewalterfahrungen.

Vergewaltigungen – die sowohl von der Taleban als auch von Anhängern der Nordallianz begangen wurden – kommen für Frauen einem Todesurteil gleich, da sie dann ›entehrt‹ sind und nach der Logik der *Scharia* keinen Wert mehr besitzen (Baraki 1999: 19). All diese Bedingungen führten dazu, dass das Leben der Frauen unerträglich wird und sich ihre allgemeine Lebenserwartung auf nur mehr noch 42 Jahre verringert (zum Vergleich: in der EU liegt sie mittlerweile bei 80 Jahren). Nach dem geschlechtsspezifischen Entwicklungsindex der Vereinten Nationen nimmt Afghanistan den allerletzten Platz ein (Ayaß 2001: 6).

Die Brutalität dieser frauenfeindlichen Politik ist vermutlich beispiellos in der neueren Geschichte, jedoch war dies – bis auf einige wenige NGOs und feministische Gruppierungen – noch immer kein Anlass für Aufregung in der Weltöffentlichkeit.[2] Erst nach dem 11. September 2001 interessierte sich die US-Regierung für diese Menschenrechts-Katastrophe, und sei es nur auf der Suche nach einem demagogischen Vorwand für die Ausweitung ihres Einflussgebietes in Zentralasien. So konnte die Bush-Regierung sich als Befreier der afghanischen Frauen inszenieren – zweifellos eine grandiose Dreistigkeit, die allerdings zur Folge hatte, dass die Lage der Frauen in Afghanistan zu einem vergleichsweise breit diskutierten Thema der internationalen Beziehungen wurde.

Die USA gefielen sich natürlich in der Rolle des Befreiers. Selbst die *First Lady*, Laura Bush, die sich während der Präsidentschaftskampagne ihres Mannes gerne als politisch unbedarfte Hausfrau mit einem Hang zum übereifrigen Putzen darstellte, um sich von ihrer nicht nur politisch interessierten, sondern sogar politisch handelnden Vorgängerin Hillary Clinton abzugrenzen, entdeckte plötzlich ihr Interesse für die Lage der afghanischen Frauen und machte das Thema – mit sicherem politischen Instinkt – Mitte November 2001 zum Gegenstand einer im Radio übertragenen Rede an die Nation (Scheub 2001: 27). Die Heuchelei ist offenkundig, denn die USA sind am Aufstieg der Taleban nicht gerade unbeteiligt gewesen. Dies wird inzwischen sogar in Teilen der Mainstream-Presse anerkannt. Dass es gar strukturelle Ähnlichkeiten zwischen der Politik der islamischen Fundamentalisten und Teilen des US-Establishments gibt,

tinue to view gender-segregated social worlds (like racially segregated social worlds) as a severe limitation, an expression of unequal power, an indication of exclusion, and a form of social control by men over women« (Moghadam 2002: 28).

[2] Selbst im »Jahrbuch Menschenrechte 1999« befand sich kein einziger Beitrag zu der Situation in Afghanistan (Baraki 1999: 18).

wurde schon Mitte der 90er Jahre von einigen Beobachtern in den USA festgestellt, die nicht in Verdacht des Linksradikalismus stehen. Benjamin Barber lieferte in seinem Buch *Jihad vs. McWorld* die vielleicht bekannteste Version dieser These:

»Finally, al-Banna is not so far from Pat Robertson and Pat Buchanan and the Christian Right's campaign for a return to nineteenth-century family values – family values understood as direct emanations of church going, school prayer, and a Protestant Christian America.[…]To Americans, Jihad is often taken to be a foreign phenomenon […] But we can today also speak of an American Jihad. […] Mainstream Christian Coalition leaders today offer what is relatively speaking a moderate version of Jihad.« (Barber 1996: 211-212)

Seit dem 11. September gehört es allerdings nicht mehr zum guten Ton, solche Parallelen zu ziehen. Statt uns aber im Einklang mit dem politischen Mainstream Selbstzensur aufzuerlegen, wird im folgenden von der Freiheit Gebrauch gemacht, einen Blick auf die vergleichende Fundamentalismus-Forschung zu werfen.[3]

Versuch einer Begriffsentwirrung

Der Fundamentalismus ist vermutlich eine der wichtigsten sozialen Bewegungen unserer Zeit (Yuval-Davis 2001: 104). Allerdings gehört die Fundamentalismus-Forschung – dem Gegenstand entsprechend – noch zu den jüngeren akademischen Disziplinen, was sich unter anderem daran erkennen lässt, dass noch gar keine Einigkeit darüber besteht, wie dieses Phänomen zu definieren oder politisch einzuordnen sei. Es gibt eine Vielzahl von Deutungsmustern und Erklärungsansätzen, von denen hier nur die gängigsten kurz zusammengefasst werden können.

Der einfachste und vermutlich am weitesten verbreitete Erklärungsversuch geht davon aus, dass der Fundamentalismus eine anti-westliche Erscheinung sei. Dabei wird der Fundamentalismus in der Regel mit dem islamischen Fundamentalismus gleichgesetzt und zum neuen Feindbild des Westens hochstilisiert. Edward Said beschreibt solche Haltungen als symptomatisch für den orientalistischen Blick des Westens, der sowohl im Wissenschaftsbetrieb als auch in der Publizistik sehr verbreitet ist (Said 1979). Auch wenn beispielsweise Alice Schwarzer in ihrem kürzlich erschienen Buch *Die Gotteskrieger und die falsche*

[3] Seit dem 11. September sehen sich WissenschaftlerInnen nicht nur thematisch eingeschränkt, sondern müssen auch auf den Stil achten. Mike Davis schreibt über das veränderte geistigen Klima der USA: »Irony is now an illegal alien in the land of liberty« (Davis 2001: 42).

Toleranz erwähnt, dass es christliche Fundamentalisten gibt, lokalisiert sie die Hauptgefahr eindeutig in der islamischen Welt und suggeriert Schreckensszenarien wie das folgende: »Sind die Kreuzzügler auf dem Weg zur islamistischen Weltherrschaft noch zu stoppen – und ist die aufgeklärte Welt überhaupt noch zu retten?« (Schwarzer 2002: 10)[4]

Bemerkenswerterweise kommt der Fundamentalismus ursprünglich ausgerechnet aus jenem Erdteil, der sich selbst gerne als zivilisiert bezeichnet. So tauchte der Begriff »Fundamentalismus« zum ersten Mal 1920 im Zusammenhang mit einer konservativen und gottesfürchtigen Sammelbewegung US-amerikanischer Christen auf. Curtis Lee Laws, der Herausgeber einer baptistischen Zeitschrift, verwendete den Begriff Fundamentalismus, weil die besagte Sammelbewegung zwischen 1910 und 1915 eine Serie von Broschüren mit dem Titel *The Fundamentals: A Testimony to the Truth* veröffentlichte, die die buchstabengetreue Wahrheit der Bibel postulierte (Riesebrodt 1990: 12). Diese erste fundamentalistische Bewegung beschränkte sich allerdings nicht auf Bibelexegese, sondern mischte sich sehr wohl auch in das politische Geschehen der Zeit ein. Dabei ging es den protestantischen Fundamentalisten darum, den angeblichen moralischen Verfall zu bekämpfen. Sie setzten sich für Prohibitionsgesetze (Alkoholverbot), für das Verbot der Darwinschen Lehre in den öffentlichen Schulen ein und versuchten darüber hinaus auch, der Suffragetten-Bewegung entgegenzutreten.[5] Erst mehr als ein halbes Jahrhundert später wurde der Begriff auf den Islam übertragen, und zwar als die Revolution im Iran 1979 zur Errichtung einer Islamischen Republik führte. Dass ein Begriff, der ursprünglich in den USA als positive Selbstbezeichnung entstanden ist, zu einem Schimpfwort für die »Barbaren« der Peripherie mutieren konnte, gehört wohl zu den ironischen Wendungen im Geschichtsverlauf.

Ein zweiter Erklärungsansatz geht von ökonomischen Ursachen für das Heraufkommen und die Ausbreitung fundamentalistischer Bewegungen aus; also von sozialen Problemen wie hoher Arbeitslosigkeit und allgemeiner Verunsicherung im Modernisierungsprozess. In ihrem Buch *Empire* vertreten Michael Hardt und Antonio Negri u.a. die These, dass postmoderne Diskurse von den Gewinnern und fundamentalistische Diskurse eher von Verlierern der Globali-

---

[4] Dass Alice Schwarzer den Fundamentalismus im Westen übersieht oder verharmlost ist die eine Sache. Dass sie »die aufgeklärte Welt« und vor allem die Deutschen dafür kritisiert, zu tolerant gegenüber Fremden gewesen zu sein, ist rassistisch, grotesk und gefährlich und jedenfalls alles andere als feministisch (Schwarzer 2002: 15ff.).

[5] 1919 hieß es in der führende prämillenarischen Zeitschrift *King's Business*: »There is a full-fledged rebellion under way, not only against the headship of man in government and church but in the home … The cultivation of the modern woman's idea of ›my individuality‹ is bound to be a destroyer of the home life and a breeder of divorces.« (zit. nach Riesebrodt 1990: 71)

sierung aufgegriffen würden (Hardt/Negri 2000: 150). Aber auch Islam-WissenschaftlerInnen argumentieren ähnlich: »The *hijab* is manna from heaven for politicians facing crises. It is not just a scrap of cloth; it is a division of labor. It sends women back to the kitchen. Any Muslim state can reduce its level of unemployment by half just by appealing to the shari'a, in its meaning as despotic caliphal traditions.« (Mernisse zit. nach Afary 1997: 97). Dieser Ansatz ist allerdings aus zwei Gründen problematisch: erstens ist die Arbeitslosenquote in den Ländern, die fundamentalistische Bewegungen hervorgebracht haben, sehr unterschiedlich – Algerien: 25%, USA: 5% (UN 2000: 140) – und zweitens kann mit einer rein ökonomischen Herangehensweise nicht erklärt werden, warum gerade Frauen aus dem öffentlichen Leben verbannt werden sollen.

Ein dritter Erklärungsversuch geht davon aus, dass der Fundamentalismus am ehesten aus dem Zusammenprall von verschiedenen Kulturen oder Zivilisationen entsteht, wobei es sich hierbei auch um das Aufeinandertreffen von zwei »westlichen« Kulturen handeln kann. Arnold Toynbee unterscheidet in *A Study of History* zwischen zwei Haltungen im Umgang mit anderen Kulturen. Die eine – eher zur Integration und Assimilierung anderer religiös-kultureller Gemeinschaften tendierende Haltung – nennt er Herodianismus, während die andere Haltung anderen Kulturen abweisend gegenübersteht und als Zelotismus bezeichnet wird (Toynbee 1954: 580ff). Der Fundamentalismus wäre dementsprechend eine Art Auswuchs des Zelotismus. »Der (Fundamentalismus) ist nicht die Seinsweise einer bestimmten Kultur, sondern eine spezifische Reaktionsweise auf den Zusammenstoß zwischen verschiedenen Kulturen, die sich durch die Konstruktion einer eifersüchtig gehüteten und exklusiven Identität auszeichnet.« (Losurdo 2001: 1103). Obwohl Domenico Losurdo einräumt, dass das amerikanische Beispiel deutlich macht, dass dieser Zusammenprall verschiedener »Kulturen« selbst innerhalb eines Landes möglich ist, bleibt zu fragen, ob ein solch kulturalistisches Konzept den politischen Charakter des Fundamentalismus ganz erfassen kann. Außerdem stellt Martin Riesebrodt in einer vergleichenden Studie über die USA (1910-1928) und den Iran (1961-1979) fest, dass beide fundamentalistischen Bewegungen – obwohl sie in sehr unterschiedlichen Kulturen entstanden sind – Parallelen in der Ideologie, Trägerschaft, den Mobilisierungsursachen und auch im politischen und ökonomischen System der jeweiligen Gesellschaften aufweisen. Und auch ihr Bezug zur »Moderne« ist in seiner Widersprüchlichkeit ähnlich: weder der protestantisch-amerikanische noch der islamische Fundamentalismus können wirklich als anti-modern bezeichnet werden. Die Trägerschichten dieser Ideologie gehören nicht selten zur technischen Intelligenz ihres jeweiligen Landes, oft mit einer (teilweise im Ausland erworbenen) Universitätsausbildung in den Naturwissenschaften. Und sie wollen auch keineswegs Erdölindustrie, Massenkommunikationsmedien oder die modernen Waffensysteme abschaffen, um die Urgemeinde in technologischer oder ökonomischer Hinsicht zu restaurieren. Es geht vielmehr um die Herstellung eines angeblich traditionellen Genderregimes, in dem Frauen und Männer zu ihren »althergebrachten, festgeschriebenen Rollen zurückkehren« sollen. Hierbei handelt es sich allerdings häufig eher um die mythische Heraufbeschwörung einer heilen Welt oder gar um Neuerfindungen als um tatsächlich in der Vergangenheit existierende Familienformen oder Verhaltensregeln. So wurde beispielweise die *Burqa* in Afghanistan 1992 von den Mudjaheddin zwangsweise verordnet, obwohl dieses Kleidungsstück keine eindeutige Tradition hatte. Zudem wurde in Saudi-Arabien das traditionelle Fahrverbot für Frauen verschärft und als offizielle *Fatwa* erlassen, nachdem Auto fahrende Frauen gegen diese eher aus Gewohnheit bestehende Regel protestiert hatten (Kreile 1997). Auch in den USA wird in der »family values« Rhetorik der *Christian Coalition* von der angeblich guten alten Zeit geschwärmt, in der die Familie noch heil war, obwohl Stefanie Coontz in ihrem Buch *The Way We Never Were: American Families and the Nostalgia Trap* nachweist, dass diese Schwärmereien mit den historischen Tatsachen wenig gemein haben (Coontz 2000).

Aus diesem Grund ist es irreführend, den Fundamentalismus als Rückkehr zur Tradition anzusehen. Es handelt sich im Gegenteil um Neuauslegungen der heiligen Schriften oder gar um Bestrebungen, eine neue gesellschaftliche Ordnung zu schaffen.

Viele Fundamentalismen – eine Zielscheibe: die Frauenemanzipation

Die Versuche, patriarchale Privilegien abzubauen bzw. die Fortschritte, die für Frauen in den Bereichen Ausbildung, Erwerbstätigkeit und politische Partizipation tatsächlich erkämpft wurden, scheinen – ebenso wie die gestiegenen Scheidungsraten – die Fundamentalisten in den verschiedensten Glaubensgemeinschaften zu verunsichern.[6] Natürlich können hier die diversen Kämpfe der Frauenbewegung sowie ihre Erfolge, Teilerfolge oder Niederlagen nicht aufgelistet werden. Ohne den Entstehungszusammenhang der neuen fundamentalistischen Bewegung in den USA vereinfachen zu wollen, kann eine Entscheidung des

[6] Dies wäre eine weitere eher psychologische Erklärung für den Fundamentalismus. Beispielsweise geht Benjamin Barber davon aus, dass Angst die Hauptursache für den Fundamentalismus sei. Vor dem Hintergrund der allgemeinen Furcht vor Computerabstürzen in Zusammenhang mit dem Milleniumswechsel hat sich mit den *Fear Studies* eine neue soziologische Disziplin herausgebildet, die sich mit Neurosen und Aberglauben in der Gegenwart beschäftigt. Mike Davis schreibt, dass Barry Glassner etwas herausgefunden habe, was vermutlich für Fundamentalisten überall gelte: »Americans […] ›were are afraid of the wrong things‹ « (zit. nach Davis 2001: 37ff)

Supreme Court hierfür als Auslöser betrachtet werden: die Legalisierung der Abtreibung im Zuge des Verfahrens *Roe vs. Wade* am 22. Januar 1973. Nach eigenen Angaben wurde Jerry Falwell, der führende Kopf der rechtsradikalen, den Republikanern nahestehenden »Moral Majority«-Bewegung, erst durch diese Entscheidung des Supreme Courts politisiert (Balmer 1994: 56)

Zwei Dinge müssen in diesem Zusammenhang von vornherein klargestellt werden. Erstens geht es der Moral Majority selbstverständlich nicht um die buchstabengetreue Auslegung der Bibel, weil sich zu Abtreibung eben keine entsprechenden Stellen finden lassen. Ebensowenig geht es zweitens um Leben und Tod, weil viele Gegner der Abtreibung gleichzeitig vehemente Befürworter der Todesstrafe sind (beispielsweise für Angestellte von Abtreibungskliniken). In Wirklichkeit geht es um weibliche Selbstbestimmung über den eigenen Körper. Interessant dabei ist, dass die selbsternannten Moralisten über den weiblichen Körper reden, als handele es sich um ein Schlachtfeld. Ein Abtreibungsgegner sagte 1988 während des Wahlkampfs in Iowa: »The most dangerous place to be these days is inside a mother's womb« (zit. nach Balmer 1994: 58).

In Afghanistan erhielten Frauen 1959 das Recht, sich unverschleiert in der Öffentlichkeit zu zeigen und ab 1964 durften sie wählen (Kreile 2001: 43). Nach der Aprilrevolution 1978 erließ die Linksregierung drei Dekrete (Nr. 6,7, und 8), die die Situation der Frauen verbessern sollten. Das Dekret Nr. 7 regelte die Ehe- und Scheidungsangelegenheiten: Das Brautgeld wurde abgeschafft (§1 und 3), die freie Partnerwahl (§4) und das Heiratsverbot für Minderjährige (§5) wurden festgeschrieben (Baraki 1999: 18). Vor allem die Abschaffung des Brautgeldes rief den Widerstand der Väter hervor; schließlich wurden dadurch die Eigentumsverhältnisse in Frage gestellt wurden. Auch die von der Linksregierung eingeleiteten Alphabetisierungskampagnen konnten nicht problemlos durchgeführt werden. Hier wurde weniger die finanzielle Lage der Familie, dafür aber die »Ehre« der Männer angetastet.[7] Der Erfolg der Alphabetisierung war deshalb regional sehr unterschiedlich. Während die Analphabetenrate auf dem Land extrem hoch war, sah die Situation in den Städten ganz anders aus. Bevor die Taleban 1996 die Macht übernahmen, stellten Frauen 70% der LehrerInnen, 50% der öffentlichen Bediensteten im zivilen Bereich und 40% der ÄrztInnen in Kabul (Peters 2001: 40). Schon 1985 waren 65% aller Studierende an der Kabuler Universität Frauen (Moghadam 2002: 23).

Der Fundamentalismus formierte sich in den 70er Jahren, um diese Errungenschaften zu bekämpfen und zurückzudrehen. Deswegen ist Riesebrodt der

[7] In Kandahar wurden 1978 drei Sozialarbeiterinnen als Symbole der »ungewollten Revolution« umgebracht, da sie Alphabetisierungskampagnen durchgeführt hatten. In einen anderen Fall haben zwei Männer alle Frauen ihrer Familie umgebracht, um sie vor dieser »Schande« zu bewahren (Moghadam 2002: 23).

Überzeugung, dass fundamentalistische Bewegungen am ehesten als patriarchalische Protestbewegungen bezeichnet werden können.[8]

Der martialische Kern dieses Kulturkampfes macht es meines Erachtens sogar möglich von einem *Gender Djihad* zu sprechen: Er ist eine Art *Backlash* globalen Ausmaßes, wobei fundamentalistische Bewegungen sich vor allem in Zentralasien, Nordafrika, dem Nahen Osten, und in den Vereinigten Staaten etablieren konnten. Die Entstehung von Fundamentalismen korreliert also nicht unbedingt mit einem bestimmten Entwicklungsniveau, sondern ist in allen Teilen des Weltsystems zu beobachten, wobei die Vereinigten Staaten das einzige Land des Zentrums mit einer starken fundamentalischen Bewegung sind (Keddie 1998: 700ff).

Das Jahr 1979 war für die globalen Kräfte der Reaktion eine Art Wasserscheide. Während im Iran die erste Islamische Republik ausgerufen wurde, rekrutierte die CIA zusammen mit dem *Pakistans Inter Services* afghanische Islamisten, um gegen die Sowjetunion zu kämpfen.[9] In den USA mobilisierte Jerry Fallwell vor allem im »Bibelgürtel«, um die Moral Majority zu formieren. Diese Lobby bildete dann die Basis, von der aus Ronald Reagan seine Wahlkampfkampagne startete und schließlich zum Präsidenten gewählt wurde. Während dieser Phase änderte sich die Strategie der amerikanischen Fundamentalisten gegenüber den 20er Jahren. Die theologischen Differenzen zwischen den Glaubensgemeinschaften wurden jetzt eher beiseite gelassen, um ihre politischen Ziele besser verfolgen zu können:

»Die katholischen und jüdischen Immigranten wie die sektiererischen Mormonen waren für den protestantischen Fundamentalismus der 20er Jahre noch Agenten Satans, weil sie mit Alkoholkonsum und Prostitution bzw. Polygamie die religiös legitimierte patriarchalische Ordnung untergrüben oder gar als Agenten einer römischen bzw. jüdischen Weltverschwörung angesehen wurden. Diese nativistische Betrachtung hat im Fundamentalismus der 80er Jahre an Boden verloren zugunsten einer konservativen Allianz, wie sie beispielsweise die Moral Majority repräsentiert. Diese stellt im Wesentlichen ein neopatriarchalisches Bündnis von konservativen Protestanten mit Katholiken, Juden und Mormonen

---

[8] Natürlich sind auch Frauen Teil fundamentalistischer Bewegungen. Der paradoxe Umstand, dass Frauen teilweise an ihrer eigenen Unterdrückung mitwirken – oder die Politik der Fundamentalisten gar als Schutz empfinden –, kann im Rahmen dieses Beitrags allerdings nicht untersucht werden.

[9] Hier soll natürlich nicht unerwähnt bleiben, dass die CIA die Mudjaheddin nicht nur personell, sondern auch finanziell unterstützte; genau genommen war dies die größte *covert operation* in der Geschichte der CIA. Nach Einschätzung von Rubin sind Gelder aus den USA (und Saudi Arabien) in Höhe von 5 Milliarden Dollar geflossen (Moghadam 2002: 23).

dar, das unbeschadet verschiedener Ausformungen die Erosion patriarchalischer Familienstrukturen bekämpft. So kooperieren sie im Kampf gegen das Equal Rights Amendment, die Frauenbewegung, die Freigabe der Abtreibung, die Homosexuellenbewegung.« (Riesebrodt 1990: 249).

Selbst zwischen dem Vatikan und dem islamistischen Iran werden seit längerem auf den Weltfrauenkonferenzen der Vereinten Nationen Bündnisse geschlossen, um zu verhindern, dass das Recht auf Abtreibung Eingang in Abkommen findet. Trotz aller religiösen Unterschiede erachten beide die Fähigkeit der Frauen, über ihren eigenen Körper verfügen zu können, als direkte Bedrohung ihrer Autorität (Afary 1997:92; Yuval-Davis 2001: 198ff).

Es wäre sicherlich falsch, die Ähnlichkeiten der patriarchalischen Protestbewegungen überzubewerten, weil schließlich nicht nur die patriarchalen, sondern auch die ökonomischen Strukturen in den jeweiligen Ländern sehr unterschiedlich sind. Jedoch lassen sich gleichwohl verblüffende Parallelen feststellen – und zwar nicht nur in ihrer Ablehnung von reproduktiven und Gleichstellungsrechten, sondern auch in Bezug auf die männliche Dominanz in der Familie. Ein Sprecher der FIS (Islamische Heilsfront) in Algerien sagte beispielsweise 1992 in einem Interview:

»Ihre Natur erlaubt es der Frau nicht, draußen zu arbeiten [...]. Denn die wirkliche Bestimmung der Frau ist die Familie. Meine Frau ist Ingenieur wie ich. Jetzt bleibt sie zu Hause, kümmert sich um unsere vier Kinder und ist dabei sehr, sehr glücklich [...]. Ich bedaure, dass es bei uns Frauen gibt, die den Minirock tragen statt den hijab. Diese Frauen sind Opfer des alten Regimes in Algerien, das sich zu wenig um sie gekümmert hat. Es ist wie bei Ihnen, die Sie eine Europäerin sind: Sie besitzen keine Schuld daran, dass Sie keine Moral besitzen; ihre Gesellschaft hat Sie so gemacht [...]. Wir werden sie (die Frauen) dahin bringen, sich moralisch zu verhalten und den hijab zu tragen.« (zit. nach Kreile 1992: 19).

In den USA hat sich Mitte der 90er Jahre eine regelrechte Männerbewegung im Rahmen der *Christian Coalition* formiert, die sich *Promise Keepers* nennt. Am 9. Juni 1998 beschlossen 8200 Delegierte beim jährlichen Treffen der Southern Baptist Convention, dass die »Headship« oder Führerschaft des Mannes in der Ehe in ihrem Grundlagentext *Baptist Faith and Marriage* festgeschrieben wird. Wie nun die Ehemänner ihre traditionelle Rolle in der Ehe zurückerobern sollten, beschreibt Tony Evans, ein Sprecher der sogenannten *Promise Keepers*:

»The first thing you do [...] is sit down with your wife and say something like this, ›Honey, I've made a terrible mistake. I've given you my role. I gave up leading my family, and I forced you to take my place. Now I must reclaim that role.‹ [...] Don't misunderstand what I'm saying here, [...] I'm not suggesting that you *ask* for your role back, I'm urging you to *take it back*.« (zit. nach Bendroth 2001: 46).

Hierbei muss hervorgehoben werden, dass es sich nicht um bloße Ideologie oder diskursive Praktiken handelt. Vielmehr unterstützt der US-amerikanische Staat die Rhetorik der »family values« mit repressiven Maßnahmen. Dem »Verfall der Familie« (inzwischen wird jede zweite Ehe in den USA geschieden) soll damit begegnet werden, dass es verunmöglicht wird, sich scheiden lassen zu können. In drei Bundesstaaten (Louisiana, Arizona und Arkansas) ist es bereits möglich, einen sogenannten *covenant marriage* (Ehebund) einzugehen, mit dem die normale bürgerliche Gesetzgebung außer Kraft gesetzt und dadurch die Möglichkeit einer Scheidung faktisch ausgeschlossen wird. In zwanzig weiteren Bundesstaaten liegen ähnliche Gesetzentwürfe den Parlamenten zur Abstimmung vor (Stacey 2001: 27).

Die Ehe soll aber nicht nur den Verfall der Familie verhindern, sondern auch als Mittel zur Armutsbekämpfung eingesetzt werden: Alleinerziehende Mütter, die Sozialhilfe empfangen, werden dazu gezwungen, sich an Partner bzw. Ehevermittlungen zu beteiligen und müssen auch Kurse belegen, in denen sie über die Vorteile der Ehe unterrichtet werden.[10] Und damit diese Zwangsehen auch kinderreiche Ehen werden, hat Präsident Bush als einer seiner ersten Amtshandlungen die finanziellen Mittel für NGOs gestrichen, die Familienplanung machen oder über Verhütung und Abtreibung informieren. Nicht zuletzt hat Bush auch gleich am Anfang seiner Amtsperiode das *White House Office on Women's Issues* geschlossen (Mink 2001).

Sternenbanner-Fundamentalismus

Angesichts dieser Politik kann es wohl nur als grotesk bezeichnet werden, dass gerade George W. Bush den »Jahrhundert-Krieg gegen den Terrorismus« gleichzeitig zum Krieg für die Rechte der Frauen erklärte. Was hat sich seit dem Sturz der Taleban durch die imperialistischen Aggressoren für die afghanischen und was für die US-amerikanischen Frauen verändert?

Nachdem die Bush-Regierung begann, feministische Parolen im Munde zu führen, hatten vielleicht einige Beobachterinnen gehofft, dass die Instrumentalisierung des Feminismus wenigstens einige konkrete Verbesserungen mit sich bringen, oder gar, dass die Administration ihre eigene Frauenpolitik überdenken würde. Nun scheint es aber so zu sein, dass der »Kreuzzug für die Zivilisation« eher anti-zivilisatorische Auswirkungen auf die Frauenemanzipation in den USA selbst hatte.

---

[10] Die Logik dieser Reform wurde von Dorian Solot und Marshall Miller von den »Alternatives to Marriage Project in Boston« folgendermaßen zusammengefasst: »Let the poor eat rings« (Street 2002).

Am 24. Oktober schrieb beispielsweise Kathleen Parker in der *Chicago Tribune*: »Hardly anyone is confused about gender anymore. It's men we're sending into the alien landscapes of Afghanistan, and we're praying they're tough and strong and mean. There's no confusion about leadership either. It's George W. Bush and his battle-savvy Cabinet we're grateful for, and we pray they're tough, strong and mean enough, too« (zit. nach Evans 2002).

Es ist sicher noch zu früh, um endgültige Aussagen treffen zu können, allerdings macht sich tatsächlich momentan eher die Tendenz bemerkbar, dass »traditionelle« Geschlechterrollen verfestigt werden, wie Cynthia Peters treffend bemerkte. »Die weiblichen und mütterliche Rolle in einer Zeit der Krise besteht darin, unsere Männer zu bewundern, ihre verständlichen Sorgen tapfer zu erleiden, den Kindern Sicherheit zu geben und erleichtert aufzuseufzen, wenn wir zur Tagesroutine zurückkehren können.« (Peters 2001: 39). Dies bedeutet, dass die reproduktive Arbeit – und damit auch die Konsumarbeit – zur Kriegsanstrengung gehört. Der ehemalige Bürgermeister von New York, Rudolph Giuliani, der immerhin von *Time Magazine* zum Mann des Jahres 2001 ernannt wurde, empfahl seinen traumatisierten Bürgern und Bürgerinnen: »Geht Einkaufen«. Die *New York Times* half mit, indem sie eine ganze Seite Luxusaccessoires in rot, weiß und blau mit dem Hinweis widmete, dass »die Rückkehr zur Normalität nicht ohne Shopping möglich ist« (Peters 2001: 39). Schließlich sollte nicht unerwähnt bleiben, dass women of color und Frauen aus der Arbeiterklasse schon immer und auch im gegenwärtigen Krieg einen überproportional hohen Anteil ihrer Familienmitglieder ans Militär verlieren.

In Afghanistan war die Befreiung von den Taleban sicherlich für die Mehrheit der Frauen ein unvergessliches Erlebnis, wie der folgende Zeitungsbericht nahe legt:

»Erstmals seit fünf Jahren war es zudem eine weibliche Stimme, die über den Äther zu ihnen drang. Am Dienstagmorgen brach die Deklamation von Koran-Suren, die im Taleban-Radio Bakhtar jeweils mit Nachrichten über den Krieg abwechselt, jäh ab. Es war unerhört. Ein bekannter afghanischer Sänger sang ein früher populäres Lied, und dann meldete eine Frauenstimme, dass Kabul befreit sei.« (zit. nach Kreile 2001: 40).

Auch für die Situation der afghanischen Frauen ist es allerdings noch zu früh, um Aussagen darüber zu treffen, inwiefern sich ihre Lage längerfristig verbessern wird. Die Mahnungen der *Revolutionary Associaton of the Women of Afghanistan* (RAWA) aber, dass die Nordallianz in ihrer Grausamkeit den Taleban nicht nachstehe, geben allerdings wenig Anlass zur Hoffnung. Und in dem Bericht von *Human Rights Watch* »Taking Cover: Women in Post-Taliban Afghanistan« vom Mai 2002 werden Fälle von Vergewaltigungen und öffentliche Misshandlungen dokumentiert. Frauen sind dem Bericht zufolge auch weiterhin in ihre Bewegungsfreiheit eingeschränkt (HRW: 2002). Vielleicht wird sich allerdings doch einiges zum Positiven wenden; immerhin befinden sich momentan zwei Frauen in der Regierung, die Mädchenschulen wurden wieder eröffnet und die *Burqa* muss nicht mehr getragen werden. Allerdings gibt es genügend historische Beispiele, die uns skeptisch werden lassen. Cynthia Enloe beschrieb die Ambivalenz der Frauenpolitik während der britische Kolonialzeit in Indien folgendermaßen.

»British officials passed legislation in India improving women's inheritance rights (1874, 1929, 1937), prohibiting widow-burning (1829) and allowing widow remarriage (1856), all in the name of advancing civilisation. At the same time, Victorian values allowed these British officials to enact laws which imposed prison sentences on wives who refused to fulfill their sexual obligations to their husbands and imposed a system of prostitution that provided Indian women to sexually service British soldiers stationed in India. The riddle of two such contradictory sets of colonial policies comes unravelled if one sees British masculinized imperialism not as a crusade to abolish male domination of women but as a crusade to establish European male rule over men in the Asian and African societies.« (Enloe 1989: 49)

Wie können in den Ambivalenzen und Widersprüche der gegenwärtigen Weltlage Anknüpfungspunkte für eine Verbesserung der Situation von Frauen gefunden werden? Darauf hat Janet Afary eine einfache, aber einleuchtende Antwort: »Feminism is the response to fundamentalism, which is why fundamentalists have waged a war against feminism« (Afary 1997: 109). Die Verwandlung des Kampfes *um* Frauen in einen Kampf *der* Frauen bleibt die wichtigste Vorraussetzung für eine Änderung des Geschlechterverhältnisses. Das gilt im Übrigen für alle Regionen des Weltsystems.

Literatur

Afary, Janet (1997): The War Against Feminism in the Name of the Almighty: Making Sense of Gender and Muslim Fundamentalism, in: New Left Review, 1/224, Juli/August

Ayaß, Verena (2001): Keine Besserung in Afghanistan, in: Terre des Femmes, Heft 1

Balmer, Randall (1994): American Fundamentalism – The Ideal of Femininity, in: J.S. Hawley (Hrsg.), Fundamentalism and Gender

Baraki, Matin (1999): Die Anti-Frauenpolitik der Islamisten in Afghanistan, in: Menschrechte für die Frau: Terre des Femmes, Heft 3

Baraki, Matin (2000): Frauen in Afghanistan, in: Marxistische Blätter, Heft 4, Jahrgang 38

Baraki, Matin (2001/02): Frauenunterdrückung als Staatsdoktrin, in: Uni-Frauen, Jg. 4, Heft 12

Barber, Benjamin R. (1995): Jihad vs. McWorld – How Globalism and Tribalism are Reshaping the World, New York

Bendroth, M (2001): Last Gasp Patriarchy – Women and Men in Conservative American Protestantism, in: The Muslim World, Jahrgang 91, Frühling 2001
Beyer, Peter (1994): Religion and Globalization, London
Coontz, Stephanie (2000): The Way We Never Were – American Families and the Nostalgia Trap
Davis, Mike (2001): The Flames of New York, in: New Left Review 12, Nov/Dez
Enloe, Cynthia (2000): Bananas, Beaches and Bases – Making Feminist Sense of International Politics, 2. Auflage Berkeley
Evans, Benjamin (2002): Deconstructing the War on Terror: Race, Gender and History, in: www.Zmag.org
Hardt, Michael und Antonio Negri (2000): Empire, London
Jayawardena, Kumari (1986): Feminism and Nationalism in the Third World, Guildford
Keddie, Nikki R. (1998): The New Religious Politics: Where, When, and Why Do ›Fundamentalisms‹ Appear, in: Comparative Studies in Society and History, Jahrgang 40, Heft 4
Kreile, Renate (1992): Islamische Fundamentalistinnen – Macht durch Unterwerfung? in: beiträge zur feministischen theorie und praxis, 15. Jg., Heft 32
Kreile, Renate (1997): Politische Herrschaft, Geschlechterpolitik und Frauenmacht im Vorderen Orient, Pfaffenweiler
Kreile, Renate (2001): Die Taliban und die Frauenfrage – eine historisch strukturelle Perspektive, in: Aus Politik und Zeitgeschichte, B 3-4
Losurdo, Domenico (1999): Fundamentalismus, in: Historisch-Kritisches Wörterbuch des Marxismus, Band 4, Hamburg
Mink, Gwendolyn (2001): Feminism Today – An Interview with Gwendolyn Mink, in: New Politics, Jahrgang 8, Heft 3
Massell, Gregory J. (1974): The Surrogate Proletariat – Moslem Women and Revolutionary Strategies in Soviet Central Asia, 1919-1929, Princeton
Moghadam, Valentine (2002): Patriarchy, the Taleban, and Politics of Public Space in Afghanistan, in: Women's Studies International Forum, Jahrgang 25, Heft 1
Peters, Cynthia (2001): Wo sind the afghanischen Frauen?, in: Marxistische Blätter, Heft 6
Peters, Cynthia (2001): USA: Die patriotische Rolle der Frauen, in: Marxistische Blätter, Heft 6
Physicians for Human Rights (1998): The Taliban's War on Women – A Health and Human Rights Crisis in Afghanistan, Boston
Riesebrodt, Martin (1990): Fundamentalismus als patriarchalische Protestbewegung – Amerikanische Protestanten (1910-28) und iranische Schiiten (1961-79) im Vergleich, Tübingen
Riesebrodt, Martin (2001): Die Rückkehr der Religionen. Fundamentalismus und der ›Kampf der Kulturen‹, 2. Auflage, München
Said, Edward W. (1979): Orientalism, New York
Scheub, Ute (2001): Ohne Frauen keinen Frieden. »Die Resolution 1325 des Weltsicherheitsrates«, in: FrauenRat, 11.12.2001
Schwarzer, Alice, Hrsg. (2002): Die Gotteskrieger und die falsche Toleranz, Köln

Stacey, Judith (2001): Family Values Forever – In the Marriage Movement Conservatives and Centrists find a Home Together, in: The Nation, 9. Juli 2001
Street, Paul (2002): Bush's proposal for welfare moms and the real White House agenda, In: www.Zmag.org
Toynbee, Arnold (1954): A Study of History, Band 8, London
Yuval-Davis (2001): Geschlecht und Nation, Emmendingen

Gert Meyer

Geostrategische Konfliktlinien im mittelasiatischen Raum

Mittelasien ist in jüngster Zeit – in Zusammenhang mit dem Afghanistankrieg – zu einem Knotenpunkt der Weltpolitik geworden; auch die Bundeswehr stationiert hier, in Usbekistan und Kirgistan, militärische Einheiten. In der Öffentlichkeit werden die Militäreinsätze unter den Stichwörtern Terrorismusbekämpfung, neue US-Strategie, Konkurrenz der Großmächte und Ölinteressen diskutiert. Im folgenden Beitrag geht es nach einem Rückblick auf die Geschichte des mittelasiatischen Raums um die Frage, ob es bei dem Afghanistankrieg der USA und ihrer Verbündeten neben dem Öl und den Pipelines um ein breiteres Interessenspektrum geht.

Die Geographie Mittelasiens

Mittelasien umfasst das große Territorium zwischen Sibirien im Norden, dem Kaspischen Meer und dem Südural im Westen, den hohen Gebirgen Irans und Afghanistans im Süden sowie Chinas im Osten, mit einer Ost-West-Ausdehnung von etwa 3000 km und einer Nord-Süd-Distanz von teilweise mehr als 1500 km. Im Norden dominieren Steppenzonen, im Süden schließen sich Halbwüsten und die Wüsten Karakum und Kyzylkum an, durchbrochen von den beiden Flüssen Amudarja und Syrdarja. Das Gebiet ist durch ein extremes Kontinentalklima sowie durch weiträumige, von den Weltmeeren isolierte Beckenlandschaften um das Kaspische Meer, den Aralsee, Balchaschsee, Issyk-Kul, Alakolsee charakterisiert. So spielen in seiner Geschichte die westeuropäischen See- und Kolonialmächte keine Rolle, wohl aber seit dem 18./19. Jahrhundert die Landmacht Russland. Die großen Entfernungen zu den Weltmeeren werfen, wie die Diskussionen um die Öl- und Gaspipelines zeigen, bis heute immense Transportprobleme auf.

Unter Mittelasien werden im Folgenden die fünf GUS-Republiken Kasachstan, Kirgistan, Usbekistan, Turkmenistan, Tadschikistan verstanden, die sich jedoch hinsichtlich ihrer Fläche und Bevölkerungszahl, ihrer naturräumlichen Ausstattung, ihrer Ressourcen, ihres Bruttoinlandsprodukts, ihres Wirtschaftspotentials erheblich voneinander unterscheiden (vgl. United Nations 2001). Der Begriff Zentralasien wird meist weiter gefasst und umschließt auch Afghanistan, die Mongolei und die chinesische autonome Region Sinkiang/Xinjiang (vgl. Kappeler 1992: 160). Die Bezeichnung Turkestan umfasst auf älteren Landkarten die in der zweiten Hälfte des 19. Jahrhunderts geschaffene russische Verwaltungseinheit; Ost- (Chinesisch-) Turkestan den südwestlichen Teil der Region Xingjiang (Tarimbecken).

Traditionale Gesellschaften

Die weiten Steppenzonen zwischen Südural und Altaigebirge waren das traditionelle Siedlungsgebiet der turksprachigen Kasachen und Kirgisen (ebd.: 155-168). Sie betrieben eine extensive Weidewirtschaft (Schafe, Ziegen, Pferde, im Süden Kamele) mit großen Wanderungen nach Norden in den glühend heißen Sommermonaten und nach Süden in den oft bitterkalten Wintern. Der soziale Zusammenhalt basierte auf Sippen- und Clanstrukturen, patriarchalischem Gewohnheitsrecht, animistischen Weltbildern und einer nicht sehr tiefgreifenden islamischen Religiosität. Die Nomadenstämme waren in drei lockeren Großverbänden zusammengeschlossen – die Kleine Horde im Westen, die Mittlere Horde im Norden zwischen Orenburg und Semipalatinsk sowie die Große Horde um den Balchaschsee und im Siebenstromland. Immer wieder fanden Raub-, Beute- und Kriegszüge gegen andere Nomaden oder gegen die Oasen- und Handelszentren der südlich angrenzenden Gebiete statt. Ihrerseits wurden die Kasachen und Kirgisen von den Westmongolen (Oiraten) militärisch bedrängt. Nachdem diese Mitte des 18. Jahrhunderts von China unterworfen worden waren, unterstanden Teile der Mittleren und Großen Horde der Oberhoheit der Mandschu-Kaiser.

Die Steppennomaden standen in Konflikt und Symbiose mit der sesshaften bäuerlichen Bevölkerung in den Tälern und Oasen der Halbwüsten- und Wüstenzonen. Für den ökonomischen und kulturellen Austausch zwischen Nomaden und Sesshaften waren die alten Handelszentren längs der Karawanenwege (»Seidenstraßen«) von zentraler Bedeutung, deren Namen durch orientalische Märchen auch in Europa bekannt wurden: Chiva, Merv, Buchara, Samarkand, Taschkent, Kokand, Fergana, Andischan, Osch, Kaschgar. Wichtige kulturelle Einflussfaktoren waren hier die persische Kultur und seit den arabischen Eroberungen des 8. Jahrhunderts die islamische Religion. Buchara war über Jahrhunderte ein berühmtes Zentrum islamischer Gelehrsamkeit.

Diese zentralasiatischen Räume waren in der Geschichte wiederholt Kernzonen oder Ausgangsregionen großer Reichsbildungen – im 13. Jahrhundert des mongolischen Weltreichs; Ende des 14. und Anfang des 15. Jahrhunderts war Samarkand die glanzvolle Hauptstadt des Reichs von Timur Leng; der erste Großmogul von Indien, Babur, ein Urenkel Timurs, der 1526 Delhi eroberte, stammte aus dem Ferganatal. Die fortwährenden Kriegsverwüstungen, unter denen besonders die Handelszentren zu leiden hatten, behinderten die Ausbildung von städtischen Gewerben, Wissenschaften, Autonomiebestrebungen und Freiheiten, die zur gleichen Zeit in Teilen Westeuropas zum Durchbruch gelangten. Auch mögliche Ansätze einer »Außenpolitik von unten« (Ekkehart Krippendorff) zwischen den Städten konnten nicht weiterentwickelt werden und hatten sich den Kriegsstrategien der Großreiche unterzuordnen.

Vor der russischen Eroberung im 19. Jahrhundert existierten in Mittelasien drei Reiche unter usbekischen Dynastien und Oberschichten, die sich seit dem 16. und 17. Jahrhundert etabliert hatten: das Chanat von Chiva, das Emirat von Buchara und das Chanat von Kokand. Die Bevölkerung in den turkmenischen Wüsten im Westen sowie der Hochgebirge des Tienschan und des Pamir im Osten blieben jedoch faktisch außerhalb der Kontrolle dieser Staaten, die im 19. Jahrhundert als »orientalische Despotien« galten. Man sah sie durch wirtschaftliche und kulturelle Stagnation, häufige Kriege und Konflikte, eine durch hohe Steuern und Abgaben bedrückte Bevölkerung unter der Kontrolle einer konservativen sunnitischen Geistlichkeit charakterisiert. Westeuropäische und russische Reisende und Kaufleute mieden über lange Zeit diese Länder, weil sie fürchteten, überfallen und auf den Basaren als Sklaven verkauft zu werden. So gelangten nur selten Nachrichten über diese altertümlichen Staatsgebilde nach Europa.

Obwohl bereits in der Antike durch die Kriegszüge Alexanders des Großen (der bis zum Jaxartes/Syrdarja vorgestoßen war und dort Alexandria/Chodschent hatte gründen lassen) und im Mittelalter durch die Reiseberichte Marco Polos einige Informationen nach Westen gelangt waren, blieben weite Gebiete Mittelasiens »weiße Flecken« auf den europäischen Landkarten.

Russische Eroberung

Frühe russische Eroberungszüge (vgl. Hoetzsch 1913: 903-951; 1427-1473) vom Kaspischen Meer aus gegen Chiva scheiterten unter Peter I. 1717 und Nikolaj I. 1839. Mit den kasachischen Nomaden hatte Russland seit dem 18. Jahrhundert wirtschaftliche und politische Kontakte. Konflikte entstanden durch die Gründung der fortifizierten Städte Omsk (1716) und Semipalatinsk (1718) am Irtysch und die befestigten Linien zwischen ihnen, welche die traditionellen Sommerweidegebiete zerschnitten.

Hinter der im 19. Jahrhundert forcierten russischen Expansion in den zentralasiatischen Raum stand ein Bündel von wirtschaftlichen und politischen Motiven. Einmal ging es um die Inkorporierung von Land (später auch für russische Siedler) und Steuerzahlern, von Arbeitskräften und Arbeitsprodukten, von Bodenschätzen[1] und von Baumwollregionen, um von den Importen aus den USA unabhängiger zu werden; um die Öffnung der zentralasiatischen Märkte für russische Industrieprodukte, die in Westeuropa nur schwer abgesetzt werden konnten; um die Ausweitung des russischen Handels mit Persien, Indien, China. Die Expansionsbestrebungen fanden die Unterstützung der Moskauer Kaufleute.

Aber noch wichtiger waren vielfach politisch-strategische Motive: die Sicherung der Grenzlinien gegen Einfälle der Steppennomaden; das Vorrücken der Grenzen gegen den imperialistischen Konkurrenten Großbritannien und seine Ambitionen in Indien und Afghanistan (»Great Game« zwischen dem »Russischen Bären« und dem »englischen Walfisch« in den 1870er und 1880er Jahren); die Demonstration der Ebenbürtigkeit mit den westlichen Kolonialmächten nach dem verlorenen Krimkrieg (1853-1856); das Zeigen imperialer Präsenz in Asien. Eine erfolgreiche Expansion nach außen konnte zudem im Innern das Ansehen der zaristischen Autokratie und ihres Militärapparats verbessern; »kleine, siegreiche Kriege« haben stets eine Stabilisierung der Binnenherrschaft zur Folge gehabt. Von nicht wenigen Angehörigen der russischen Intelligenzija, etwa von F. Dostojewski, wurde die asiatische Expansion begeistert begrüßt. Und nicht zuletzt erhielt die russische Rüstungsindustrie neue Aufträge.

Nach der Befestigung der Grenzlinie zwischen Südural (Orenburg) und dem oberen Irtysch, der Ansiedlung von Grenzsoldaten (Kosaken) in der ersten Hälfte des 19. Jahrhunderts, der stärkeren Kontrolle der Steppennomaden und der Niederwerfung ihrer wiederholten Aufstände (1825-1846, 1850er Jahre, 1869 und 1916) wurden Fortifikationen nördlich des Aralsees und am Syrdarja angelegt. Die Festung Vernyj/Almaty am Fuße des Tienschan wurde 1854 gegen die Kirgisen gegründet. Das wichtige Handelszentrum Taschkent wurde 1865 erobert und zwei Jahre später die Hauptstadt des Generalgouvernements Turkestan. Es folgte die Einnahme von Samarkand (1868), Chiva (1873), Kokand (1876), Gök-Tepe in Turkmenistan (1881), der Oase Merw (1884), des Gebiets von Kuschka unmittelbar an der Grenze zu Afghanistan (1885) und großer Teile des Pamirs (1891). Die modern bewaffneten russischen Armeen hatten nur sehr geringe Verluste zu beklagen – um so größer waren jene der mittelasiatischen Staaten und Stämme.

Die neuen Grenzen wurden – in Beendigung des »Great Game« – durch Absprache mit Großbritannien festgelegt, zuletzt im Pamirabkommen 1895 und im

---

[1] »Man findet im Lande vornehmlich Steinsalz, Naphta, Steinkohle, Anthrazit, Graphit, Gold (vom Goldreichtum des Landes wurden schon Peter dem Großen märchenhafte Vorstellungen erweckt; die Ausbeute ist heute jedoch sehr gering, nur Waschgold – aber das Hochgebirge muss sehr reich an noch unerschlossenen Goldadern sein), Silber, Blei, Kupfer, Zink, Eisenerz, Quecksilber, Mangan, Türkissteine (in großem Reichtum) usw.« (Hoeltzsch: 1431-1432).

Abkommen über Persien, Afghanistan und Tibet 1907. Die einheimische Bevölkerung wurde hierbei nicht befragt, so dass – bis heute – die Siedlungsgebiete der Turkmenen, Tadschiken, Usbeken, Kirgisen und Paschtunen zerschnitten wurden. Nicht das gesamte Territorium wurde angegliedert; zwei kleine Vasallenstaaten – das Emirat von Buchara mit etwa 1,5 Mio. Einwohnern und das Chanat von Chiva mit etwa 0,8 Mio. – existierten bis Anfang der 1920er Jahre. Sie waren in das russische Zollgebiet eingegliedert und in wesentlichen politischen Fragen von der zaristischen Regierung abhängig.

Insgesamt erfolgten nur geringe Eingriffe in die traditionale Alltagsstruktur, Kultur, Religion und Rechtsprechung. Aber es wuchs die soziale Differenzierung durch die Verbreitung der Geld- und Kreditwirtschaft. Im nördlichen Steppengebiet wurden russische und ukrainische Bauern angesiedelt. Der Anschluss der neuen Territorien an das russische Eisenbahnnetz und die Einbeziehung in den russischen Binnenmarkt erfolgte seit den 1880er Jahren durch die transkaspische Linie Baku – Krasnowodsk – Aschchabad – Buchara – Samarkand – Taschkent und später durch die 1905 fertiggestellte transturanische Verbindung Orenburg – Taschkent. Längs dieser Linien entwickelten sich, separat von den orientalischen Städten, einige russische Siedlungen, bevölkert von Beamten, Militärangehörigen, Kaufleuten, Eisenbahnern. Vor dem Ersten Weltkrieg stellten Russen weniger als 10 Prozent der Gesamtbevölkerung. Der Baumwollanbau wurde insbesondere im Ferganatal forciert; hier entfielen 1885 unter 15 Prozent und 1915 40 Prozent der Saatflächen auf Baumwolle. Weil gleichzeitig der Anbau der traditionellen Nahrungsmittel (Weizen, Reis, Gerste, Mais, Hirse) reduziert wurde, gerieten die Kleinbauern auch der entlegensten Gebiete des Ferganatals in immer größere Abhängigkeit von den starken Preisschwankungen für Baumwolle auf den internationalen Märkten. »Die ganze sehr einseitige Wirtschaft des kleinen sartischen Baumwollbauern ist nach der Natur ihres Produkts sehr bald und stark von der weltwirtschaftlichen Baumwollkonjunktur, d.h. in der Hauptsache von den Preisen an der New Yorker Börse abhängig geworden. Die damit zusammenhängenden Schwankungen und Krisen haben den Gutfundierten reicher und den Schwächeren ärmer und zum Proletarier gemacht.« (ebd.: 1438) Verarbeitet wurde die Baumwolle nicht vor Ort, sondern in der zentralrussischen oder polnischen Textilindustrie. Der mittelasiatischen Region kam somit die Funktion eines Rohstofflieferanten und einer Binnenkolonie zu. Für Russland begannen sich die turkestanischen Eroberungen erst kurz vor dem Ersten Weltkrieg tatsächlich zu »rentieren«, nachdem während des Zeitraums von 1869 bis 1911 die Aufwendungen erheblich größer gewesen waren als die direkten Erträge.

Bilanz der Sowjetzeit

Eine wissenschaftlich erarbeitete, wirklichkeitsnahe Bilanz der sozialökonomischen Entwicklung Mittelasiens (der Gesamtraum wurde bis 1936 in die heute bestehenden fünf Republiken unterteilt) in der Sowjetzeit steht noch aus; Gesamtdarstellungen dieser Periode beschränken sich häufig auf die russische Entwicklung.

Produktive Impulse setzte die russische Revolution, die in den nichtrussischen Gebieten viel schwächere Wurzeln hatte als in den Industriezentren der europäischen Landesteile, durch die Nationalisierung des Bodens, der Naturreichtümer, der Produktions- und Verkehrsmittel sowie des Außenhandels. Materielle Ressourcen und Arbeitskräfte sollten nicht mehr dem Zugriff des privaten Kapitals unterliegen und keine Ware mehr sein, sondern Teil einer sozialistischen Planökonomie werden. Mit dem ersten Fünfjahrplan wurde auch in Mittelasien ein weitreichendes Industrialisierungsprogramm gestartet. Ende der 20er Jahre wurde in Taschkent von der Hauptverwaltung für Baumwolle (Glawchlopok) der erste Maschinenbaubetrieb Mittelasiens in Betrieb genommen, der Ausrüstungen für Baumwollreinigung, für Ölmühlen und für die Landwirtschaft produzierte. Zahlreiche neue Großbetriebe entstanden in den Bereichen Chemieindustrie, Erzgewinnung, Düngemittelfabrikation, Kohlebergbau, Erdölförderung (Emba-Revier), Elektrizitätswirtschaft, Lebensmittelindustrie, Textilfabrikation.

Diese neuen Anlagen spielten während des Zweiten Weltkrieges eine wichtige Rolle für die Versorgung der Front. Geologische Expeditionen erkundeten die reichen Bodenschätze der Region. 1930 wurde die – bereits in zaristischer Zeit geplante – Turkestanisch-Sibirische Eisenbahn eröffnet; nach dem Zweiten Weltkrieg begannen die Arbeiten am Karakum-Kanal. Die bewässerte Anbaufläche für Baumwolle wurde immer weiter vergrößert, so dass in den 30er Jahren der sowjetische Eigenbedarf annähernd gedeckt werden konnte. Von Kasachstan aus startete am 4. Oktober 1957 der erste Sputnik. Das Analphabetentum wurde seit Ende der 20er Jahre reduziert. 1926 konnten in Tadschikistan 3,7 Prozent der Gesamtbevölkerung lesen und schreiben, im Jahre 1939 waren es 71,7 Prozent. Durch das Netz der Kindergärten, Schulen, Hochschulen, Weiterbildungseinrichtungen, Verlage und Zeitschriften entwickelte sich das kulturelle Niveau, besonders auch der Frauen, bedeutend dynamischer als in den Nachbarländern Iran, Afghanistan, Pakistan oder Indien. Ähnliches galt für die Gesundheitseinrichtungen: in Usbekistan kamen 1988 auf 10.000 Einwohner 34 Ärzte – im Iran waren es 4 und in der Türkei 8 (vgl. Grobe-Hagel 1992: 197).

Im Rahmen des Gesamthaushalts der UdSSR erhielten die mittelasiatischen Republiken mehr Finanzmittel als sie zurückgaben, so dass ihre politischen Repräsentanten in der Endphase der UdSSR, anders als etwa die Vertreter der baltischen Republiken oder der Ukraine, eher für den Erhalt des Gesamtstaats als für seine Auflösung eintraten.

Diesen Habenseiten stand jedoch eine lange Liste von negativen und katastrophischen Entwicklungen gegenüber, die in der traditionellen sowjetischen Geschichtswissenschaft keine Erwähnung fanden (vgl. Berchin 1971).

Die industrielle Produktivität, der Lebensstandard, die Wohnraumausstattung, die mittlere Lebenserwartung lagen meist deutlich unter dem sowjetischen Durchschnitt. Die gravierenden ökologischen Folgen der Baumwollmonokultur, der exzessiven Entnahme des Wassers der wenigen Flüsse, der Austrocknung des Aralsees und der Salzauswehung seiner Uferzonen, des hohen Einsatzes von Düngemitteln und Pestiziden, des Umpflügens der nordkasachischen Steppenböden im Rahmen der Neulandkampagne der 50er Jahre, der Atomtests im Gebiet Semipalatinsk, der Tests chemischer und biologischer Waffen im Gebiet des Aralsees, der Ölförderung und des Pipelinebaus, der industriellen Emissionen sind nicht bedacht und nicht öffentlich diskutiert worden – mit der Folge einer tiefgreifenden Schädigung der Lebensgrundlagen der ganzen Gesellschaft.

In den 30er Jahren hat die Kollektivierung der Landwirtschaft und insbesondere die gewaltsame Sesshaftmachung der kasachischen und kirgisischen Nomaden zu großen Menschenverlusten geführt (ein Teil der Nomaden flüchtete nach Ost-Turkestan). Zuvor hatte die langjährige Verfolgung der antisowjetischen Aufständischen (»basmatschi«) viele Opfer gefordert. Der Stalinsche Terror der 30er Jahre traf auch - wahrscheinlich nicht überproportional – weite Bevölkerungsschichten Mittelasiens. Zwangsarbeit war ein wesentliches Fundament zahlreicher Großprojekte. Nach Mittelasien wurden während des Zweiten Weltkriegs verschiedene Völker deportiert (u.a. Wolgadeutsche, Tschetschenen, Inguschen, Mescheten).

Die militanten antireligiösen Kampagnen seit Ende der 20er Jahre haben zur Vernichtung zahlreicher Kulturdenkmäler geführt und die historische Chance einer produktiven Diskussion zwischen Marxismus und Islam vertan. An den langen Grenzen zur Volksrepublik China existierte weder ein wirtschaftlicher und kultureller Austausch noch ein »intelligenter Frieden«, sondern ein angespanntes Misstrauen, das sich im Fernen Osten, während des Ussuri-Konflikts 1969, bis zu Kampfhandlungen steigerte. Nach 1979 wurde Mittelasien zum Aufmarschgebiet der sowjetischen Truppen in dem langjährigen Afghanistan-Krieg, der eine immense Zahl von Opfern produzierte und die wirtschaftlichen, politischen und moralischen Grundlagen der UdSSR auszehrte.

Entwicklungen nach 1991

Nach dem Zerfall der UdSSR haben auch in Mittelasien die zentrifugalen Tendenzen gegenüber den kooperativen die Oberhand gewonnen. Die politische, wirtschaftliche und kulturelle Zusammenarbeit im Rahmen der GUS ist nur wenig entwickelt. Die Wirtschaftskraft Russlands ist derzeit zu gering, um größeren Einfluss auf die Entwicklungen jener Region ausüben zu können. Allerdings gelang es dem »Shanghai-Forum« (Russland, Kasachstan, Kirgistan, Tadschikistan, China), offene Probleme an den chinesischen Grenzen zu regeln. Hinsichtlich der Bekämpfung der organisierten Kriminalität, des Dogenhandels, des Waffenschmuggels und der »illegalen Einwanderung« existieren verschiedene Kooperationsabkommen.

Das politische System der fünf neuen mittelasiatischen Republiken ist, bei gewissen Unterschieden, durch Präsidialautokratien gekennzeichnet, an deren Spitze in der Regel Angehörige der früheren Nomenklatura stehen, die ihre Wiederwahl vor allem durch Einflussnahme über Fernsehen, Presse und Geldmittel sichergestellt haben. Gegenüber der dominierenden Stellung der Exekutive spielen Gewaltenteilung, Parlamente, Gerichte, Parteien, Verbände, Gewerkschaften, oppositionelle Gruppierungen, demokratische Einrichtungen einer »Zivilgesellschaft« oder kritischen Öffentlichkeit nur eine untergeordnete Rolle. Menschenrechtsverletzungen werden vor allem aus Usbekistan, Kirgistan und Tadschikistan gemeldet (vgl. Warning 2001: 14-15). Oft werden sie von den Herrschenden mit dem »Kampf gegen den Terrorismus« begründet. Patriotismus, Wiederbelebung der islamischen Religion (z.T. mithilfe von Geldern aus Saudi-Arabien) und Neukonstruktion einer »nationalen Vergangenheit« sind stabilisierende ideologische Elemente dieses Systems.

Die ökonomische Entwicklung war auch nach zehn Jahren marktwirtschaftlicher Transformation noch überwiegend negativ; derzeit liegen wesentliche Kennziffern weit unter jenen der Ausgangsniveaus. Die Gründe hierfür waren die Zerschlagung des einheitlichen sowjetischen Wirtschaftsraums, die Einführung unterschiedlicher Währungen, die Verwüstungen durch Bürgerkriege und bewaffnete Konflikte (Tadschikistan, Transkaukasus), die veralteten Produktionsanlagen, die oft von Korruption und Protektion begleitete Privatisierung, mangelnde ausländische Investitionen, die Abwanderung qualifizierter Arbeitskräfte (Russen, Sowjetdeutsche, bucharische Juden), der Rückzug der ärmeren Bevölkerungsgruppen in eine Subsistenzökonomie.

Der vom Entwicklungsprogramm der Vereinten Nationen (UNDP) berechnete Human Development Index HDI (ein synthetischer Index mit den drei Variablen Lebenserwartung bei der Geburt, Bildungsstand und Pro-Kopf-BIP) zeigt die rückläufige Entwicklung. In der internationalen HDI-Rangskala sind alle GUS-Staaten zurückgefallen (siehe Tabelle)

Tabelle: HDI-Rang der GUS-Staaten 1992-1998 (Rang in einer Liste von 174 Ländern) und Entwicklung des BIP 1990-2000 (1990=100)

	HDI-Rang (1992)	HDI-Rang (1998)	BIP (2000)
Litauen	28	52	67
Estland	29	46	85
Lettland	30	63	61
Russland	34	62	64
Belarus	40	57	88
Ukraine	45	78	43
Armenien	53	93	67
Kasachstan	61	73	90
Georgien	66	70	29
Aserbaidschan	71	90	55
Moldova	75	102	35
Turkmenistan	80	100	76
Kirgistan	82	98	66
Usbekistan	91	106	95
Tadschikistan	97	110	48

Quellen: UNDP/DGVN 1994: 157-159; UNDP/DGVN 2000: 194-197; World Bank 2002: 5

In der HDI-Rangfolge des Jahres 1998 lag Russland hinter Mexiko, Kuba, Belize, Panama, Bulgarien und Malaysia; Kirgistan hinter dem Iran; Turkmenistan hinter China; Usbekistan hinter Südafrika und El Salvador; Tadschikistan, schon zu Sowjetzeiten die ärmste Teilrepublik, hinter Algerien, Vietnam und Indonesien (aber vor Indien und Pakistan). Der HDI-Rang der mittelasiatischen Republiken lag aber immer noch deutlich über ihrem jeweiligen Rang nach dem Pro-Kopf-BIP (Tadschikistan um 43, Usbekistan um 17, Turkmenistan um 14, Kirgistan um 19, Kasachstan um 11 Rangpunke). Dies deutet darauf hin, dass die vergleichsweise positiven Wertungen des Bildungs- und Gesundheitssystems, eine Folge der Sowjetentwicklung, immer noch zu Buche schlagen. (In zahlreichen arabischen Öllländern ist das Gegenteil zu beobachten: der jeweilige HDI-Rang liegt weit unter dem Pro-Kopf-BIP-Rang, in Saudi-Arabien beispielsweise um 32 Rangstellen). Auch der Geschlechtsbezogene Entwicklungsindex (GDI), der die geschlechtspezifischen Differenzen des HDI und somit das Maß der sozialen Ungleichheit der Geschlechter zum Ausdruck bringt, lag 1998 in den GUS-Staaten über ihrem HDI (Tadschikistan: HDI-Rang 110; GDI-Rang 92; Usbekistan: HDI-Rang 106, GDI-Rang 87; Russland: HDI-Rang 62, GDI-Rang 54).

Mit dem Übergang zu Marktwirtschaft und Privateigentum hat die soziale Ungleichheit in allen GUS-Ländern deutlich zugenommen. Einer Analyse der Weltbank zufolge »haben die Länder Osteuropas und Zentralasiens die Transition mit Niveaus der Ungleichheit begonnen, die zu den geringsten der Welt zählten. Seither ist jedoch die Ungleichheit in allen Transitionsökonomien ständig gestiegen – in einigen dramatisch.

Länder wie Armenien, Kirgistan, Moldova und Russland zählen heute zu den am stärksten ungleichen in der Welt, mit Gini-Koeffizienten (dem Standardmaß der Ungleichheit), die beinahe doppelt so hoch sind wie die Niveaus vor ihrer Transition.« (World Bank 2002) Zwischen 1987/90 und 1996/98 stieg der Gini-Koeffizient das Prokopfeinkommen in Turkmenistan von 0,28 auf 0,45, in Tadschikistan von 0,26 auf 0,47, in Kirgistan von 0,31 auf 0,47, in Kasachstan von 0,30 auf 0,35 und in Russland von 0,26 auf 0,47 (ebd.: 9). Vor dem Hintergrund einer schrumpfenden Ökonomie trat die neue Kluft zwischen Arm und Reich um so krasser hervor.

Sie bedeutet freilich nicht per se eine größere Protestbereitschaft der zahlreichen Transformationsverlierer. Die neuen Integrationsmechanismen des Marktes und des Geldes, kombiniert mit dem autoritären politischen Überbau, sind erheblich wirksamer als jene der alten sozialistischen Staatsökonomie. Inwieweit regional – etwa im Ferganatal – radikalere islamistische Strömungen auf dem Humus der sozialen Ungleichheit, teilweise unterstützt von militanten Gruppen aus Afghanistan, Saudi-Arabien oder anderen Ländern, weiter an Boden gewinnen, bleibt zu untersuchen.

Die rohstoff- und energiereichen Länder Mittelasiens und der Kaspiregion versuchen, ihre Wirtschaft durch stärkere Einbindung in den Weltmarkt und größere Exporte zu dynamisieren. Umgekehrt haben die ölhungrigen westlichen Industriestaaten und ihre transnationalen Energiekonzerne ein vitales Interesse an den Ressourcen jener Region.

Kampf um Öl

Dass der »Krieg hinter dem Krieg« in Afghanistan vor allem durch Ölinteressen definiert wird, ist in kritischen Analysen immer wieder hervorgehoben worden (vgl. Schmid/Schuhler 2001; Massarrat 2002; Müller 2001). Sie argumentieren, dass der Kampf gegen die Taleban, gegen den internationalen Terrorismus, für Menschenrechte, für die Befreiung der afghanischen Frauen im wesentlichen nur vorgeschobene Motive seien: Die Taleban waren nach ihrem Sieg in Kabul 1996 immer wieder Verhandlungspartner von amerikanischen Ölkonzernen und Regierungsstellen in bezug auf Pipeline-Projekte; Terrorismus kann durch Krieg nicht eingedämmt werden, weil er viel komplexere Ursachen hat, als es das militärische Denken wahrhaben will; durch die Bombardements afghanischer Städte und Dörfer, ihrerseits Menschen- und Völkerrechtsverletzungen, sind erheblich mehr Zivilisten umgebracht worden als durch die Anschläge vom 11.

September; (vgl. Todenhöfer: 2002)[2] die »Befreiung der Frauen« ist nach dem 11. September nie als Kriegsziel anvisiert worden und hat offenbar auch bei der massiven Unterstützung der frauenunterdrückenden afghanischen Modjahedin durch westliche Regierungen nach 1978/79 keine Rolle gespielt. Erst als klar war, dass die Taleban keine effektive Kontrolle über das afghanische Gesamtterritorium ausüben und die Sicherheit der anvisierten Pipelines nicht garantieren konnten, sank ihr Kurswert, und es wurde intensiver nach politischen Alternativen Ausschau gehalten.

Die mittelasiatische und kaspische Region ist bereits seit längerem von den USA (in deren gegenwärtiger Regierung maßgebliche Vertreter von Ölinteressen präsent sind) zur geostrategischen Interessenzone deklariert worden (vgl. Barth 1998: 5).[3] Hintergrund sind vor allem die dort lagernden Energieressourcen, denen angesichts der absehbaren Erschöpfung der Vorräte in Nordamerika und in der Nordsee eine um so größere Bedeutung zukommt. Die zeitlichen Reichweiten der Ölreserven werden auf der Basis der gegenwärtigen Jahresproduktion weltweit auf etwa 40 Jahre geschätzt – in der Nordsee aber nur auf etwa 6-8 Jahre, in den USA auf 10-11 Jahre, in Kanada auf 6 Jahre. Es ist unwahrscheinlich, dass in diesen Regionen noch größere neue Vorräte entdeckt werden. Aber die USA, Japan und Westeuropa sind die größten Ölverbraucher. Auf die USA entfallen mehr als ein Viertel des Weltverbrauchs an Öl, aber nur knapp 5 Prozent der Weltbevölkerung. Die Deckung des Ölverbrauchs durch eigene Förderung bezifferte sich 2000 in den USA auf 39,4 Prozent, in den G 7-Staaten auf 37,2 Prozent, wohingegen es 1990 noch 53,4 bzw. 40,0 Prozent und 1985 noch 67,9 bzw. 47,7 Prozent waren. Aktuell benötigen die OECD-Länder etwa 62 Prozent des globalen Ölbedarfs, sie fördern aber nur 28 Prozent und verfügen über 8 Prozent der gesicherten Reserven. Die Kluft zwischen Eigenverbrauch und Eigenförderung wird größer (vgl. Schmid/Schuhler 2001: 4).

Von den Importen aus den arabischen Ländern wollen die Ölkonzerne und die OECD-Staaten unabhängiger werden – auch dies wird als eine wichtige Antriebskraft für die Suche nach Alternativen im mittelasiatischen und kaspischen Raum angesehen, wo freilich auch China (seit Mitte der 90er Jahre Nettoimporteur von Öl und derzeit drittgrößter Ölverbraucher der Welt nach den USA und Japan) und die privatisierten russischen Ölkonzerne als Konkurrenten auftreten.

Probleme bereitet der Abtransport. Da die Regierung der USA die ausgebauten Pipelinenetze Russlands und des »Schurkenstaats« Iran zu meiden trachtet, favorisiert sie Leitungsnetze von Baku über Georgien und die Türkei oder aber

---

[2] Viele wurden Opfer der von Kriegsbeginn an eingesetzten Streubomben (cluster bombs).

[3] Vgl. auch Öl, Gas und immer wieder Krieg, in: *FAZ* vom 27. Mai 1998.

von Zentralasien über Afghanistan nach Pakistan und zum Arabischen Meer, die freilich noch mit hohen Kosten zu bauen und durch politische Krisengebiete zu führen wären.

Aber die Zeit drängt. Für die USA und die anderen OECD-Länder nimmt die Importabhängigkeit zu. Die Konkurrenz um die neuen Reserven ist groß. Der Wille, den Problemdruck durch eigene Energieeinsparungen und eine deutlich gesteigerte Energieeffizienz, durch veränderte Produktionsverfahren und alternative Lebensstile zu mindern, ist nur gering. Öl bleibt auf absehbare Zeit ein zentrales Schmiermittel und Treibmaterial der industriellen Zivilisation, die es schafft, diesen Rohstoff, der in Jahrmillionen entstanden ist, innerhalb weniger Generationen aufzubrauchen. Allein schon die großen und weltweit operierenden Militärapparate sind relevante Öl-verschwender. Sogar für Kriege um Öl braucht man Öl.

Erweiterte Motive

Aber es geht aktuell in Zentralasien nicht nur – und womöglich nicht einmal in erster Linie – um Öl, so wie es in der zweiten Hälfte des 19. Jahrhunderts für Russland nicht nur um Baumwolle, das »weiße Gold«, gegangen ist.

Nach dem 11. September 2001 ist es auf dem Weltmarkt zu keinem Engpass bei der Ölversorgung gekommen. Die Preise für Rohöl bewegen sich in einem moderaten Rahmen. Wie groß die Reserven und Lieferpotentiale Mittelasiens und der Kaspiregion tatsächlich sind, ist nicht bekannt; aller Wahrscheinlichkeit nach liegen sie weit unter jenen der Golfregion. Die weitaus größten gesicherten Reserven – etwa 63 Prozent der Weltvorräte – konzentrieren sich auf die fünf Staaten Saudi-Arabien, Irak, Kuwait, Vereinigte Arabische Emirate und Iran. Die Reichweite ihrer Ölreserven wird auf 83 Jahre geschätzt. Diese Region spielt aktuell wie perspektivisch die wichtigste Rolle für die Öllieferungen an die reichen Länder, zumal der Abtransport viel geringere technische Probleme und Sicherheitsfragen aufwirft und erheblich billiger ist als in Zentralasien.

Die demonstrative Unterstützung des amerikanischen »Kriegs gegen den Terrorismus« durch Russland, seine erweiterte politische, militärische und wirtschaftliche Kooperation mit den USA, seine gestärkte Position in dem neuen Nato-Russland-Rat und bei dem G8-Treffen, seine kaum mehr wahrnehmbare Opposition gegenüber der Nato-Osterweiterung und den Raketenabwehrplänen der USA, seine Akzeptanz der militärischen Präsenz der USA in Mittelasien und im Transkaukausus haben auch Folgen für die internationalen Ölmärkte. Der wiederholten Erklärung der russischen Regierung, sie werde Öl nicht als politische Waffe einsetzen, folgten verstärkte, teilweise gegen die OPEC gerichtete Ölexporte dieses nach Saudi-Arabien zweitwichtigsten Förderlands für Öl (mit größeren Ölreserven als die Kaspiregion) und, vor den USA und Kanada, wichtigsten Förderlands für Erdgas (mit den weltweit größten Gasreserven).

Die in den vergangenen Jahren immer deutlich formulierte Abneigung der US-Regierung gegen die Benutzung der russischen Pipelines ist geschwunden, zumal derzeit keine realistischen und kostengünstigen Transportalternativen für das kaspische Öl existieren. Große US-Ölkonzerne haben sich bei der Exploration und Förderung russischer Ölvorkommen, etwa in Sibirien und auf Sachalin, engagiert. Die im Mai 2002 intensivierte Kooperation zwischen USA und Russland, von der sich die russische Regierung außenpolitische Stabilitäten, vermehrte westliche Investitionen, einen Wiederaufstieg der Ökonomie und eine Unterstützung des eigenen »Kampfes gegen den Terrorismus« in Tschetschenien erhofft, relativiert die Bedeutung der mittelasiatischen Region für das ökonomische und strategische Kalkül der USA.

Für Deutschland bleibt Russland der weitaus wichtigste Erdöllieferant; im Jahr 2000 bezog es aus Russland 28,7 Prozent, aus Kasachstan nur 3,3 Prozent und aus Aserbaidschan 1 Prozent des importierten Rohöls.

Gleichwohl ist Mittelasien auch als Lieferant von Metallen und Rohstoffen sowie als Absatzmarkt für westliche Produkte von Interesse. Hier richtet sich der Blick der Unternehmer besonders auf das bevölkerungsstarke Usbekistan (25 Mio. Einwohner mit einem hohen Bevölkerungswachstum) und das flächenmäßig große und außerordentlich rohstoffreiche Kasachstan (der neuntgrößte Staat der Erde mit etwa 27 Prozent der Fläche der USA).

Vor allem ist für die USA die politische, militärische und wirtschaftliche Präsenz in Mittelasien und der Kasipregion aus geographisch-strategischen Gründen von Bedeutung. Diese kontinentale Region, in der die USA bis in die jüngste Zeit hinein nie präsent waren, hat die Lage und Funktion einer Drehtür zwischen vier wichtigen Weltregionen: China, Russland, Südasien und Mittlerem Osten. Reale räumliche Präsenz erscheint der US-Regierung auch im Zeitalter weltumspannender elektronischer Kommunikationsmittel und virtueller Räume von strategischer Bedeutung. Die Regierungen Mittelasiens erhoffen sich durch die Kooperation politische und wirtschaftliche Konsolidierungen. Ob auch Demokratisierungsfortschritte eintreten – oder vielmehr die autoritären politischen Machtstrukturen verfestigt werden, ist ungewiss.

Die gegenwärtigen militärischen Einsätze der USA und ihrer Verbündeten verfolgen offenbar nicht nur unmittelbare Ressourcenzugriffe, sondern haben komplexere Ursachen und Wirkungen. »Kleine, siegreiche Kriege«, das wussten bereits die zaristischen Staatsmänner im 19. Jahrhundert, können eine breitere Unterstützung der Regierenden durch die Bevölkerung des eigenen Landes zur Folge haben. George W. Bush, der nach einer dubiosen Stimmenauszählung zum Präsidenten ernannt worden war, das Regierungspersonal anderer Nato-Staaten, Präsident Putin im Gefolge des zweiten Tschetschenienkriegs konnten sich jeweils über deutliche Popularitätszuwächse freuen, zumal sie in Kriegszeiten von den Massenmedien und ehemals kritischen oder halbkritischen Publizisten unterstützt und von einer patriotischen Welle getragen werden.

Die immensen Rüstungsausgaben in den westlichen Staaten, nach dem Ende des Kalten Kriegs nicht substantiell reduziert, müssen in der Öffentlichkeit immer wieder legitimiert werden. Alte Waffen sind auf den Kriegsschauplätzen zu entsorgen. Neue müssen entwickelt und getestet werden – eine große Herausforderung und Beschäftigungschance für Heerscharen von Wissenschaftlern, Ingenieuren, Facharbeitern und Soldaten. Die Weltmacht USA will weltweit in praxi demonstrieren, dass ihre militärischen »Fähigkeiten« jenen aller anderen Staaten weit überlegen sind. Die Bundeswehr kann in den Einsätzen zeigen, welche »Fähigkeiten« ihr für die zahlreichen Auslandseinsätze noch fehlen; die sozialdemokratisch-grüne Bundesregierung zögert nicht, auch in Zeiten von Sparhaushalten neue Mittel zu bewilligen. Die Parlamente der kriegführenden Staaten akklamieren der Einschränkung von Freiheitsrechten; die Zahl der Menschenrechtsverletzungen nimmt zu.[4]

Die weltweiten Rüstungsausgaben werden in letzter Zeit deutlich gesteigert und erreichen 2002 wieder das Niveau von 1992. Im Jahr 2002 beziffern sich die globalen Rüstungsausgaben auf etwa 960 Milliarden Euro. Der Verteidigungshaushalt der USA wird von 310 Milliarden Dollar (2001) auf 353 Milliarden (2002) und 396 (2003) hochgeschraubt und umfasst somit mehr als ein Drittel der Weltrüstungsausgaben.[5]

Die Rüstungsaufträge in den Industrieländern, von ihrem Volumen und ihrer Profitträchtigkeit her viel größer als die Einnahmen aus den mittelasiatischen Ölquellen und auch größer als das Bruttoinlandsprodukt mancher Staaten dieser Region, sind von großer wirtschaftlicher Bedeutung gerade in Zeiten einer schwachen Konjunktur und hohen Arbeitslosigkeit. Aktionäre und Investoren, angesichts der Krise des Neuen Marktes und der sinkenden Börsenkurse nach dem 11. September tief enttäuscht, können sich über die steigenden Notierungen der Aktien internationaler Waffenkonzerne freuen.[6] Die großen Staaten, die den Af-

---

[4] »Der 11. September 2001 hat das Gewicht der Menschenrechte in der internationalen Politik besorgniserregend verringert. Immer öfter betrachten Regierungen die Menschenrechte als Hindernis auf dem Weg zu Sicherheit. Etliche Länder benutzen die Anti-Terror-Maßnahmen, um innerstaatliche Gegner zum Schweigen zu bringen. Dieses Fazit zieht die Menschenrechtsorganisation *Amnesty International* in ihrem ersten Jahresbericht seit den Anschlägen.« *Frankfurter Rundschau* vom 29./30. Mai 2002.

[5] »Die Welt rüstet massiv auf«, *Süddeutsche Zeitung* vom 28. Mai 2002.

[6] »US-Rüstungsindustrie boomt wie seit Reagan nicht mehr. Die Zeiten sind rosig für die Rüstungsindustrie in den USA. Der Krieg in Afghanistan zieht sich in die Länge, Präsident George W. Bush stockt den Verteidigungsetat kräftig auf – seit Beginn des Krieges gegen den Terrorismus erlebt die Branche einen Boom wie seit 20 Jahren nicht

ghanistankrieg führen oder unterstützen, bleiben die bedeutendsten Waffenexporteure. Ihre Entwicklungshilfe ist um ein Vielfaches geringer als ihre Militärbudgets. So fehlen die Mittel für eine Entschärfung der weltweiten Probleme von Hunger, Armut, sozialer Polarisierung und Unterentwicklung.[7]

Der Jugoslawienkrieg 1999 und der Afghanistankrieg 2001 haben die Weltpolitik verändert. Militärische Gewaltanwendung gilt wieder, anders als in der UN-Charta festgeschrieben, als ein legitimes politisches Mittel. Große und gutgerüstete Staaten reklamieren für sich, direkt oder vermittelt und unter Berufung auf Menschenrechte, Sicherheitsbedrohungen oder Selbstverteidigungsrech-

---

mehr, seit den Zeiten von Ronald Reagan. Und sollten die Pläne für eine Militäroffensive gegen Irak wahr werden, kann die Branche mit weiteren Wachstumsimpulsen rechnen. US-Rüstungsaktien sind nach Einschätzung von Experten noch auf längere Sicht eine sichere Anlage. Allein bei den vier Branchenführern Lockheed Martin, Northrop Grumman, Raytheon und General Dynamics stiegen die Aktienwerte seit den Anschlägen vom 11. September um durchschnittlich 44 Prozent. Nicht nur, dass der Krieg die Produktion ankurbelt, indem Nachschub an Bomben, Ersatzteilen und sonstigen Rüstungsgütern geliefert werden muss. Vor allem ist es die Hoffnung auf eine längerfristige Serie lukrativer Aufträge, die die Aktienkurse so ›dramatisch‹ haben steigen lassen, sagt Paul Nisbet von JSA Research, einem Forschungsinstitut der Luftfahrtindustrie. Der Afghanistan-Krieg hat die Waffenarsenale an mancher Stelle weitgehend geleert, so dass jetzt erst einmal nachgefüllt werden muss. Lockheed Martin, weltweit die Nummer eins im Rüstungsgeschäft, steht glänzend da. Das Unternehmen konnte seinen Gewinn 2001 um rund 37 Prozent gegenüber 2000 steigern. Der Aktienkurs ist seit dem 11. September um etwa 58 Prozent hochgeschnellt [...] Auch Nisbet geht davon aus, dass der Boom nicht kurzfristig ist. Der Krieg gegen den Terror könne noch zehn Jahre dauern. Es sei zu erwarten, dass die Regierung ›viel mehr Schiffe und Flugzeuge‹ sowie weitere Ausrüstung für die Spezialtruppen anschaffe.« *Süddeutsche Zeitung* vom 20./21. April 2002.

[7] »Regierungskonferenz der Welternährungsorganisation. Nach der neuesten Untersuchung der Welternährungsorganisation der Vereinten Nationen (FAO) sterben gegenwärtig jeden Tag 24.000 Menschen an den Folgen chronischer Unterernährung, davon drei Viertel Kinder. Insgesamt leiden noch immer 800 Millionen Menschen an Unterernährung [...] In der Praxis aber werden die Mittel gekürzt. So stagniert der FAO-Haushalt trotz steigender Weltbevölkerung seit sechs Jahren bei gut 700 Millionen Euro. Und wenngleich sich die Industrieländer darauf geeinigt haben, den Anteil ihrer Entwicklungshilfe am Bruttosozialprodukt auf 0,7 Prozent zu erhöhen, dümpelt er in Wirklichkeit bei 0,22 Prozent weiter dahin. In Deutschland ist er sogar von 0,5 Prozent in den achtziger Jahren auf derzeit 0,27 Prozent gesunken. Schuld an der Misere aber hat nicht allein der reiche Norden. Auch die Entwicklungsländer vernachlässigen ihre Ärmsten beständig.« *Süddeutsche Zeitung* vom 8./9. Juni 2002. »Um die Zahl der Hungernden binnen 13 Jahren zu halbieren, müssten laut der FAO jährlich 22 Millionen Menschen vom Hunger befreit werden. Derzeit sinke die Zahl aber nur um 6 Millionen Hungernde pro Jahr. Laut FAO kann das Ziel erreicht werden, wenn die am Gipfel teilnehmenden Staaten 25,5 Milliarden Euro aufbringen.« *Süddeutsche Zeitung* vom 11. Juni 2002.

te, ein ius ad bellum, das nach dem Zweiten Weltkrieg durch die internationalen Organisationen aus dem Arsenal der Staaten entfernt werden sollte. Ein Blick auf den Kaschmirkonflikt, auf die Autonomieprobleme in China (Xinjiang), in Russland (Tschetschenien) oder in der Türkei (Kurden), auf den Nahen Osten, auf die nuklear untermauerten Drohungen der USA gegenüber »Schurkenstaaten« und der »Achse des Bösen« kann die Gefahren aufzeigen, die mit einer Renaissance des »Rechts auf Krieg« einhergehen.

Literatur

Barth, P. (1998): Der Kaspische Raum zwischen Machtpolitik und Ölinteressen, München.
Berchin, I.B. (1971): Geschichte der UdSSR 1917-1970, Berlin.
Grobe-Hagel, K. (1992): Russlands »Dritte Welt«, Frankfurt am Main.
Hoetzsch, O. (1913): Russisch-Turkestan und die Tendenzen der heutigen russischen Kolonialpolitik, in: Schmollers Jahrbuch, Jg. 1913.
Kappeler, A. (1992): Russland als Vielvölkerreich, München.
Massarrat, M. (2002): Die USA und der Afghanistan-Konflikt, in: Forum Wissenschaft, Januar.
Müller, F. (2001): Großes Spiel? Amerika, Afghanistan und das Öl, in: FAZ vom 30. November 2001.
Schmid, F./Schuhler C. (2001): Krieg ums Erdöl, isw-spezial Nr. 15, München.
Todenhöfer, J. (2002), in: Die Welt vom 17. Mai 2002.
UNDP/DGVN (Hrsg.) (1994): Bericht über die menschliche Entwicklung, Bonn.
UNDP/DGVN (Hrsg.) (2000): Bericht über die menschliche Entwicklung, Bonn.
United Nations (2001): Economic and Social Survey of Asia and the Pacific, New York.
Warning, G. (2001): Dubiose Verbündete, in: ai-journal, Jg. 2001, Nr. 11.
World Bank (ed.) (2002): Transition. The first Ten Years, Washington.

Matin Baraki

Militärische »Konfliktlösung« statt intelligenter Friedenspolitik: das Beispiel Afghanistan

Mit den Terroranschlägen auf die politischen und ökonomischen Symbole der seit dem Ende der Sowjetunion einzigen Weltmacht in Washington und New York vom 11. September 2001 rückte Afghanistan wieder ins Blickfeld der internationalen Politik. Nach der Beendigung des sowjetischen Militärengagements 1989 und vor allem seit der Machtübertragung an die Modjahedin-Banden 1992 war Afghanistan jahrelang aus dem Fokus der internationalen Medien verschwunden, weil das Land seine frühere geostrategische Schlüsselrolle in Süd- und Mittelasien und vor allem in unmittelbarer Nachbarschaft zur Sowjetunion verloren hatte. Afghanistan war schon seit Beginn des 18. Jahrhunderts Opfer seiner geostrategischen Lage, als die damals rivalisierenden Mächte Großbritannien und Russland um die Vorherrschaft in dieser Region kämpften.

Für die USA gewann Afghanistan erst im Rahmen ihrer globalen Strategie seit dem Beginn des Kalten Krieges an Bedeutung. Seit damals entwickelte man kontinuierlich politische, wirtschaftliche und kulturelle Beziehungen zu Afghanistan. Dazu gehörten immer auch geheimdienstliche Aktivitäten. Dieses amerikanische Engagement verstärkte sich von 1978 an, als man sich an der Entstehung, Ausbildung und Bewaffnung von afghanischen Islamisten jeglicher Couleur (von den Modjahedin bis zu den Taleban) massiv beteiligte.

Nach dem Zusammenbruch der UdSSR gerieten die zuvor unerreichbaren Rohstoffe Mittelasiens ins Blickfeld der internationalen Ölkonzerne. Eile war geboten, um sich von dem zu verteilenden Kuchen das größte Stück zu sichern. Damit den US-Amerikanern keiner zuvorkommen konnte, erklärte die damalige Außenministerin Madeleine Albright schon 1997 während einer Mittelasienreise öffentlich die gesamte Region Kaukasus/Mittelasien, wozu natürlich auch Afghanistan gehört, zur geostrategischen Interessensphäre der Vereinigten Staaten.

Die Quintessenz eines Buches des ehemaligen Sicherheitsberaters von US-Präsident Carter, Zbigniew Brzezinski, mit dem bezeichnenden Titel *Die einzige Weltmacht* lautet: Das Schicksal der Welt wird in Asien entschieden. Wer Asien beherrscht, wird die Welt beherrschen. Nach diesem Drehbuch gehen die USA heute in dieser Region vor. Die USA sind entschlossen ihre Rolle als »einzige Weltmacht« zu sichern und weiter auszubauen. Schon vor den Ereignissen des 11. Septembers war Afghanistan ein untrennbarer Bestandteil dieser Strategie, wie die Analyse der US-Politik im Kontext des Afghanistan-Konfliktes zeigt.

Afghanistan vor 1978, ein typisches, in Unterentwicklung gehaltenes Land

Nach der UNO-Definition von 1971 gehörte Afghanistan zu den 25 am wenigsten entwickelten Ländern (least developed countries). Auf einer Fläche von 652.660 qkm (das zweieinhalbfache der ehemaligen BRD) lebten ca. 17 Mio. Menschen unter feudalen bzw. vorfeudalen Verhältnissen. Die Besitzverhältnisse an Grund und Boden verteilten sich so, dass ca. 5% Großgrundbesitzer über ca. 50% des Bodens, im Norden des Landes sogar 2% über 70% des Bodens verfügten. Annähernd 85% der Menschen lebten auf dem Land als Bauern, Landarbeiter, Tagelöhner, Viehzüchter usw.; teilweise gab es Leibeigenschaft. Die Großgrundbesitzer besaßen eigene Gefängnisse.

Eines der größten Probleme des Landes war der Analphabetismus. Etwa 97% der Menschen – bei Frauen lag die Quote noch darüber – konnten weder lesen noch schreiben. Frauen spielten daher im öffentlichen Leben Afghanistans – wie in allen traditionellen islamischen Gesellschaften – überhaupt keine Rolle. Erst mit der April-Revolution 1978 änderte sich die Stellung der Frauen spürbar.

Von einer Arbeiterklasse im eigentlichen Sinne konnte in Afghanisatan nicht gesprochen werden. Im Jahre 1966/67 gab es landesweit lediglich 88 Industriebetriebe mit 23.436 Beschäftigten. Die Gesamtzahl aller arbeitenden Menschen betrug demgegenüber ca. 3,8 Mio. Nur 0,6% der Erwerbstätigen waren in der industriellen Produktion beschäftigt. Ihre Zahl wuchs bis 1978 auf 40.000 an (vgl. Baraki 1996: 444). Präsident Hafisullah Amin sprach nach der Revolution von 5% Werktätigen in der afghanischen Industrie. Wegen der großen Analphabetenrate und der Herkunft der Werktätigen, die der eng mit dörflichen Traditionen und der Religion verbundenen Schicht der von Landflucht betroffenen Handwerker und Bauern entstammten, kann von einem Klassenbewusstsein der Arbeiterschaft nicht ausgegangen werden.

Die Hauptursachen für die Stagnation der Produktivkräfte waren die ökonomische und politische Herrschaft der Feudalherren, die Raffgier der Großschieber, der Kompradorenbourgeoisie, die durchweg korrupte Bürokratie und die Aktivitäten der internationalen Monopole, deren Interessen im Widerspruch zu denen der Volksmassen Afghanistans standen, wie im Grundsatzprogramm der Demokratischen Volkspartei Afghanistan (DVPA) konstatiert wurde (vgl. das Programm der DVPA, Brönner 1980: 173). Keine Regierung Afghanistans bis zum April 1978 konnte auch nur annähernd die elementaren Bedürfnisse der Bevölkerung befriedigen. »Aufeinander folgende Regierungen waren daran gescheitert, die Völker Afghanistan zu alphabetisieren, hatten nicht vermocht, Respekt und eine bessere Lage für Frauen durchzusetzen, oder versäumt, dem Land irgend eine substanzielle Regierungs- oder industrielle Infrastruktur zu geben.« (Hippler 1988: 18). Die Lage im Lande wurde zusätzlich verschlimmert durch eine Dürreperiode, die 1971/72 zum Tod von Millionen Menschen führte, und durch den politischen Terror der Islamisten bzw. des Geheimdienstes, dem namhafte Politiker und Repräsentanten der DVPA zum Opfer fielen. Dies waren die Voraussetzungen der Aprilrevolution von 1978 unter der Führung von Teilen der DVPA.

Versuch einer Umgestaltung der afghanischen Gesellschaft

Die aus der volksdemokratischen Bewegung hervorgegangene DVPA wurde am 1.1.1965 in der Illegalität gegründet und hatte vor der Revolution ca. 18.000 Mitglieder. Diese rekrutierten sich hauptsächlich aus städtischen, kleinbürgerlichen Intellektuellen mit vagen Vorstellungen von marxistischer Theorie. Die Partei spaltete sich schon im Mai 1967 wegen Streitigkeiten in der Führung. Die Meinungsverschiedenheiten gingen um Positionen über den Charakter einer künftigen Revolution, über die Bündnisfrage in der Etappe der nationaldemokratischen Revolution und über die nationale Frage – alles »Kinderkrankheiten«, um mit Lenin zu sprechen. Sie konnten erst im Juli 1977 durch eine Vereinbarung formal beendet werden.

Im Jahre 1973 hatten die der DVPA angehörigen Militäroffiziere gegen die Monarchie geputscht und Mohammad Daud, Schwager und Cousin des Königs, zur Macht verholfen. Nachdem dieser die linken Kräfte schrittweise von allen wichtigen Positionen ausgeschlossen hatte, ging er im Frühjahr 1978 zur offenen Repression gegen die Parteiführung der DVPA über.

Mir Akbar Chaibar, Gründungsmitglied der Partei und Mitglied des Politbüros wurde auf offener Straße erschossen. Bei seiner Beerdigung gab es eine große Demonstration, an der ca. 60 000 Menschen teilnahmen. Der Generalsekretär der Partei, Taraki sowie der zweite Sekretär Karmal griffen in ihren Reden die Regierungspolitik scharf an. Noch am selben Tag wurde die gesamte Parteiführung mit Ausnahme Amins verhaftet. Als bekannt wurde, dass sie deswegen zur Rechenschaft gezogen und liquidiert werden sollte, kam es am 27. April 1978 zum militärischen Aufstand gegen das Daud-Regime. Die Militärs befreiten die Parteiführung und übertrugen ihr die Leitung des Staates. Der Generalsekretär Nur Mohammad Taraki wurde Vorsitzender des Revolutionsrates und Ministerpräsident, Babrak Karmal sein Stellvertreter und Hafisullah Amin Außenminister. Die Revolutionsregierung begann 1978 mit der Realisierung von Reformmaßnahmen wie der Bodenreform, der Regelung von Ehe- und Scheidungsangelegenheiten und der Alphabetisierung, um die feudalen und halbfeudalen Strukturen aufzubrechen (vgl. Taraki 1980: 203). Sie wurden jedoch durchgeführt ohne die sozialen und gesellschaftlichen Verhältnisse in Afghanistan zu berücksichtigen. Es kam zur Zwangsalphabetisierung. Außerdem wurden Mädchen und Frauen gezwungen, gemeinsam mit Männern an den Kursen teilzunehmen, was besonders auf dem Land zu Widerstand in der Bevölkerung führte. Bei der Umsetzung der Bodenreform wurden gleichfalls gravierende Fehler gemacht. Insbesondere wurden die Bauern weder politisch noch materiell darauf vorbereitet. Zudem blieben die Stammesstrukturen unberücksichtigt. Oft sind Großgrundbesitzer zugleich auch Stammesführer, teilweise auch geistliche Führer. Von daher ist es wesentlich problematischer, ihr Land an Stammes- bzw. Gemeindemitglieder zu verteilen. Sämtliche Regierungsfunktionen wurden an Parteimitglieder vergeben, ohne Rücksicht auf deren Qualifikation. Viele Fachkräfte, die nicht der Partei angehörten, wurden ihrer Funktion enthoben und in die Emigration getrieben. Entgegen den im Parteiprogramm formulierten Grundsätzen wurde kein breites Bündnis der nationaldemokratischen Kräfte angestrebt. Alle genannten Punkte zusammengenommen und die de facto weiter bestehende Spaltung der Partei führten zur Stärkung der Konterrevolution und Ende 1979 war die Lage der Regierung so hoffnungslos, dass sowjetische Militärhilfe unumgänglich wurde, um aus Afghanistan nicht ein zweites Chile werden zu lassen.

Obwohl das Ersuchen der afghanischen Führung, zunächst unter Taraki später auch unter seinem Nachfolger H. Amin, um Militärhilfe der Sowjetunion in den bürgerlichen Medien als Propaganda der afghanischen und vor allem der sowjetischen Regierung abgetan wurde, wissen wir nun seit Ende des Kalten Krieges, dass die Sowjetunion insgesamt 21 Mal (vgl. Sapper 1994: 68) von afghanischer Seite – u.a. in einem Telefongespräch am 18. März 1979 zwischen N. M. Taraki und dem Vorsitzenden des Ministerrates der UdSSR, Alexej N. Kossygin – um Hilfe gebeten worden ist.[1]

Mit dem sowjetischen Militärengagement seit dem Dezember 1979, das auf Art. 4 des afghanisch-sowjetischen Freundschaftsvertrages vom 5.12.1978 (abgedruckt in Brönner 1980: 222-226) und Art. 51 der UN-Charta basiert, gewann der innerafghanische Konflikt eine neue Qualität. Er wurde internationalisiert und zunächst verdeckt, später ganz offen von den meisten westlichen Ländern einschließlich der BRD und ihrer regionalen Verbündeten vor Ort geschürt. In seinen Memoiren gab der ehemalige CIA-Direktor Robert Gates zu, dass amerikanische Geheimdienste schon sechs Monate vor der sowjetischen Intervention mit der Unterstützung der afghanischen Modjahedin begonnen hatten (vgl. Ga-

[1] Vgl. Protokoll der Sitzung des Politbüros des ZK der KPdSU, 18. März 1979, nach Sapper 1994: 385ff.

tes 1996: 146). Vom ehemaligen Sicherheitsberater des US-Präsidenten Jimmy Carter, Zbigniew Brzezinski, wurde das auf die Nachfrage eines Journalisten von *Le Nouvel Observateur* wie folgt bestätigt: »Ja. Nach der offiziellen Version der Geschichte hat die Hilfe der CIA an die Modjahedin angefangen im Laufe des Jahres 1980, d.h. nachdem die sowjetische Armee am 24. [sic!] Dezember 1979 in Afghanistan einmarschiert war. Aber die Realität, bis jetzt geheimgehalten, ist eine ganz andere. Es war tatsächlich der 3. Juli 1979, an dem Präsident Carter die erste Direktive über die geheime Unterstützung für die Opponenten des prosowjetischen Regimes in Kabul unterzeichnet hat. Und an diesem Tag habe ich dem Präsidenten eine Notiz geschrieben, in der ich ihm erklärte, dass meiner Ansicht nach diese Hilfe eine militärische Intervention der Sowjets zur Folge haben würde.« Weiter: »Wir haben die Russen nicht gedrängt zu intervenieren, aber wir haben die Möglichkeit, dass sie es tun, wissentlich erhöht.«[2] Seit dieser Zeit wurden die Islamisten unter der direkten Regie des US-Geheimdienstes CIA und dessen pakistanischer Bruderorganisation Inter Service Intelligence (ISI) zu schlagkräftigen, bewaffneten Organisationen umstrukturiert (Baraki 1993: 17f.). Der Führer der Islamischen Partei, Gulbudin Hekmatjar, »der Mann, der für alle wichtigen Geheimdienste dieser Welt arbeitete, der Tausende von Menschenleben auf dem Gewissen hat« (Othmerding 1995), war der Favorit von CIA/ISI unter allen sieben aus Pakistan operierenden islamischen Gruppen. Dem *Spiegel* zu Folge sind die Islamisten in den ersten zehn Jahren des Bürgerkrieges in Afghanistan offiziell mit »mehr als zwei Milliarden US-Dollar hochgerüstet worden« (*Spiegel 38*/1989: 194). Der Löwenanteil dieser für das afghanische Volk todbringenden Hilfe, nämlich »60 Prozent der jährlich bis zu 700 Millionen Dollar US-Hilfe für den afghanischen Widerstand« (*Spiegel* 38/1992: 204), ging bis Ende 1991 über ISI an Gulbudin Hekmatjar (vgl. ebd.).

Afghanistan in Chaos und Anarchie gestoßen – Taleban als Retter

Von der Umorientierung der sowjetischen Außenpolitik unter Gorbatschow blieb auch der Afghanistan-Konflikt nicht unberührt. Babrak Karmal, der mit dem Eintreffen des sowjetischen Militärkontingentes und mit der Beseitigung des Terrorregimes von H. Amin an die Spitze von Partei und Staat getreten war und als Garant der Einheit der Partei und für die Versöhnung mit dem von Amin verfolgten Teil des Volkes galt, wurde nunmehr als Hemmnis für die Lösung des

---

[2] Les Révélations d'un Ancien Conseiller de Carter, »Oui, la CIA est entrée en Afghanistan avant les Russes...« (*Le Nouvel Observateur* 15-21 janvier 1998: 76 – eigene Übers.).

Konfliktes in und um Afghanistan angesehen. Am 5. Mai 1986 wurde er als Generalsekretär der DVPA entlassen und am 21. November desselben Jahres von allen anderen Funktionen entbunden. An seiner Stelle wurde Dr. Nadjibullah, zuvor Präsident des Staatlichen Nachrichtendienstes ChAD, zum Vorsitzenden des Revolutionsrates und Generalsekretär der DVPA gewählt. In einem zweiten Schritt wurde der Abzug der sowjetischen Armee aus Afghanistan angeordnet, der am 15.2.1989 abgeschlossen war. Aufgrund dieser neu entstandenen Situation glaubten die Modjahedin und ihre internationalen Auftraggeber, die Stunde sei gekommen, die nun allein stehende afghanische Armee zu besiegen und die Regierung in Kabul hinwegzufegen. »Nadjibullah würde sich ohne sowjetische Armee keine vier Wochen an der Macht halten können«, so lauteten die Prognosen der internationalen Presseagenturen. »Die Mudschahedin ›kontrollieren‹ große Teile des Landes, waren aber bisher nicht in der Lage, auch nur eine einzige bedeutende Stadt in Afghanistan zu erobern. Die im pakistanischen Exil von Peshawar gebildete ›Afghanische Interims-Regierung‹ der sieben wichtigsten Mudschahedin-Parteien konnte daher nicht ihren Sitz in Afghanistan nehmen. Die Autorität dieser ›Regierung‹ schwindet von Monat zu Monat. [...] Von den Machenschaften der Politiker in der Etappe zunehmend angewidert, haben viele Mudschahedin-Kommandeure in Afghanistan damit begonnen, in den von ihnen beherrschten Gebieten eigene Verwaltungen aufzubauen und sich um die Exil-Politiker in Peshawar nicht mehr zu scheren.« (Natorp 1990: 12)

Hätten die Modjahedin ihren »Regierungssitz« nach Afghanistan verlegen können, wären sie zumindest von den westlichen Staaten und ihren regionalen Verbündeten international anerkannt worden – mit allen völkerrechtlichen Konsequenzen. Dazu waren sie zunächst offensichtlich nicht in der Lage. Sie wurden vielmehr bei einer groß angelegten Offensive zur Eroberung der ostafghanischen Stadt Djalal Abad im März 1989, an der mindestens 20.000 Mann teilnahmen, – obwohl »mit Panzern, schwerer Artillerie und Raketenwerfern« ausgerüstet und »unterstützt von arabischen Freiwilligen, angeleitet vom pakistanischen Geheimdienst« (Denecke 1989) –, vernichtend geschlagen. Die Geduld ihrer Mentoren schien am Ende. Nun »müssten möglichst bald alle antikommunistischen afghanischen Gruppen zusammengerufen werden, damit sie sich endlich einigen, was sie eigentlich wollen«(Natorp 1990: 1), lautete die Forderung eines FAZ-Leitartiklers. Solche Aufforderungen blieben nicht ohne Resonanz. Anfang Oktober 1990 starteten die Modjahedin einen Großangriff gegen Kabul, im März 1991 eine Offensive gegen die Stadt Chost in der Provinz Paktia und Ende Juli 1991 eine neue Offensive gegen die ostafghanische Provinzhauptstadt Djalal Abad.[3] Doch das gewünschte Ergebnis blieb aus.

---

[3] Vgl. Koydl 1991, »Mudjaheddin nehmen Kabul ins Visier« (*SZ* 6./7.10.1990), »Neue Offensive gegen Jalalabad« (*Neues Deutschland* 1.8.1991)

Um dem UN-Plan zur politischen Lösung des Konfliktes zum Erfolg zu verhelfen, stellte Präsident Nadjibullah sein Amt zur Disposition und erklärte seine Bereitschaft, das Land zu verlassen. Als Teile der Partei-, der Staats- und der Armeefunktionäre seine Weisungen nicht mehr befolgten – z.B. die Parteigruppe um Außenminister Abdul Wakil, Mahmud Barialei (Bruder von B. Karmal) und der Milizenführer Abdul Raschid Dostum – und ihn an der Ausreise hinderten, flüchtete er in die Kabuler UN-Vertretung, wo er bis zu seiner Ermordung durch die Taleban im September 1996 lebte.

Die innerafghanische Ursache des Scheiterns der Politik von Nadjibullah bestand in seinem Unvermögen, die verschiedenen Fraktionen der Partei zu einen; fast jedes Politbüro-Mitglied der Partei bildete seine eigene Clique bzw. Fraktion. Dieser Zustand untergrub die Autorität des Präsidenten bei Armee und Volksmiliz. Der bewaffnete Aufstand des Verteidigungsministers Schah Nawas Tani gegen Nadjibullah am 6. März 1990, der niedergeschlagen wurde, macht die Qualität der Krise und die Tragik der Politik der DVPA-Führung deutlich.

Die neue Führung um Außenminister A. Wakil und Nadjibullahs Nachfolger Abdul Rahim Hatef beschloss, die Macht an die Modjahedin zu übertragen,[4] was dann auch am 27. April 1992 geschah. Sebghatullah Modjadedi, der Exil-Präsident der Modjahedin, wurde erster Präsident des Islamischen Staates Afghanistan. Der vom Volk heiß ersehnte Frieden kehrte aber mit dieser Machtübertragung nicht zurück. Es gelang den Islamisten wegen der rücksichtslosen Durchsetzung ihrer partikularen politischen und ökonomischen Interessen nämlich nicht, das Land gemeinsam zu regieren. Im Gegenteil, der Krieg wurde im wahrsten Sinne des Wortes gegen das afghanische Volk und unter den Islamisten selbst mit einer nie da gewesenen Brutalität fortgesetzt. Die Weltöffentlichkeit hat dies kaum wahrgenommen, aber »die letzten Nachrichten aus der afghanischen Hauptstadt Kabul lassen selbst den Bürgerkrieg in Bosnien-Herzegowina beinahe als harmlosen Konflikt erscheinen: 3000 bis 4000 Tote, 200.000 Flüchtlinge, eine Stadt ohne Wasser, Strom und Lebensmittel.« (Sichrovsky 1992: 4) Die großen Städte, darunter Kabul, wurden in Schutt und Asche gelegt. Beobachter sprachen gar von der Einäscherung Kabuls.[5] Was von ihr noch übrig geblieben war, wurde in sechs Einflussbereiche der verschiedenen Islamisten aufgeteilt, die Grenzen der Einflussbereiche vermint und die Stadt bombardiert, bis nur noch Ruinen übrig waren.[6] Die Bevölkerung stand diesen Geschehnissen

---

[4] Auf Basis neuer Informationen korrigiere ich mich hier insofern, als ich 1993 von der »Machtergreifung« gesprochen hatte, vgl. Baraki 1993: 14.

[5] Vgl. Gatter 1995: 7. Zuvor war Kabul durch drei Sicherheitsringe der afghanischen bzw. sowjetischen Armee abgesichert.

[6] Das Inventar der Ministerien, der Universitäten, der Schulen und alles Wertvolle, das sich im Kabuler Museum befand, wurde geplündert und nach Pakistan verfrachtet; viele Bücher der großen Bibliotheken fielen »Bücherverbrennungen« zum Opfer.

macht- und fassungslos gegenüber und konnte einfach nicht verstehen, warum ausgerechnet die glühenden Verfechter des angeblich zuvor so gefährdeten Islam nun gegeneinander Krieg führten, mit allen Folgen für die Zivilbevölkerung.

Die »islamische Karte« stach nicht mehr, was die Modjahedin bewog, jetzt, zum ersten Mal, auf die »Nationalitäten-Karte« zu setzen. Der Krieg ging unvermindert weiter, nun unter der Flagge des Stammes bzw. der Volksgruppe, jedoch ohne Perspektive und ohne der Erfüllung des Auftrages ihrer internationalen Mentoren näher zu kommen, der darin bestand, das Land vollständig zu kontrollieren und für Sicherheit und Stabilität zu sorgen, um eine Öffnung der Handelswege von Pakistan nach Mittelasien zu ermöglichen. Das historische Versagen der Islamisten stand im Widerspruch zu den politisch-ökonomischen Interessen ihrer Auftraggeber: Ein mit den USA und Pakistan eng kooperierendes Regime in Afghanistan sollte stabile politische Verhältnisse schaffen, um die Konzeption des US- und des pakistanischen Kapitals in der Region des Mittleren Ostens – insbesondere in den mittelasiatischen Republiken – zu realisieren. Die Modjahedin aber scheiterten.

Die Talebanisierung Afghanistans als Widerspruch zu einer intelligenten Friedenspolitik

Wenn die Modjahedin ihren oben genannten Auftrag hätten erfüllen können, wären die Taleban nie zustande gekommen. Die Taleban sind nichts anderes als das Produkt der ökonomischen Interessen der USA und ihrer Verbündeten. Das Scheitern der Modjahedin war die Geburtsstunde der Taleban als eigenständiger organisierten Kampfeinheit auf dem Kriegsschauplatz Afghanistan.[7] Obwohl die Taleban erst im September 1994 öffentlich auftauchten, wurden sie nach Angaben von General Aslam Beg, dem ehemaligen Generalstabschef Pakistans, schon 1985/86 im Nordosten Afghanistans als Kampftruppe aufgestellt. Sie wurden dort zunächst an den »Madrasah« (religiösen Schulen) religiös-fundamentalistisch und militärisch ausgebildet. Der französische Afghanistanexperte Olivier Roy beobachtete schon im Sommer 1984 die Aktivitäten an den Fronten der Taleban in den südlichen Regionen Afghanistans, Orusgan, Sabul und Qandahar. Dort »handelte [es] sich im Prinzip um die Umwandlung einer ländlichen Madrasah in eine militärische Front« (Roy 1995: 8). Rekrutiert wurden sie u.a. aus den Reihen afghanischer Waisenkinder in den Flüchtlingslagern in Pakistan. Sie wurden unter dem direkten Kommando der pakistanischen Armee und des

[7] Vgl. Rashid 2000: 170-182, bes. 172-173; Rubin 1997: 288; Simonitsch 1996; Peter 1997; Venzky 1998.

Geheimdienstes ISI je nach Bedarf bei den verschiedenen Modjahedin-Gruppen eingesetzt. General Beg zu Folge sind die Madrasahs »großzügig von den Regierungen Pakistans und Saudi-Arabiens und vielleicht der USA finanziert worden« (*The News* 3.3.1995.).

Für die Entscheidung, die Taleban als selbständige militärische Formation im afghanischen Bürgerkrieg einzusetzen, waren folgende Aspekte ausschlaggebend:

1. Im Frühjahr 1994 wurden die Führer der in Afghanistan rivalisierenden Modjahedin vom Auswärtigen Ausschuss des US-Kongresses zu einem Gespräch nach Washington zitiert. Die Modjahedin schickten entweder ihre zweitrangigen Führungsmitglieder oder folgten dieser »Einladung« erst gar nicht. Den anwesenden Modjahedinführern wurde zum ersten Mal ein Plan für den Bau einer Pipeline von den Öl- und Gasfeldern in Mittelasien – weltweit die drittgrößte Reserve – durch Afghanistan zum Indischen Ozean vorgelegt, ein Plan, um den seit 1990 die größten westlichen Ölkonzerne einen »gnadenlosen Kampf«[8] führen. Sie wurden aufgefordert, sich so bald wie möglich zu verständigen, um die Verwirklichung des Projektes nicht zu verzögern. Die Vertreter der Modjahedin versprachen der US-Seite, den Afghanistan-Konflikt bald zu lösen – ein Versprechen, das nie eingelöst wurde. Nachdem die anderen Modjahedin-Gruppen, die geforderte Sicherheit und Stabilität im Lande nicht herstellen konnten, überfielen – scheinbar aus dem Nichts entstandene – gut organisierte militärische Einheiten, nun als Taleban bekannt, von Pakistan aus im September 1994 die afghanische Stadt Qandahar. Dies war ein weiterer Versuch einer militärischen Lösung des Afghanistan-Konfliktes, die von den USA und ihren regionalen Verbündeten stets bevorzugt wurde. Die historische Mission der Taleban wurde darin gesehen, ganz Afghanistan zu besetzen, um die Bedingungen für die Realisierung der ökonomischen, politischen und ideologischen Projekte der USA, Pakistans und Saudi-Arabiens zu schaffen. Hinzu kam noch das spezifische geostrategische Interesse Pakistans am Nachbarland. »Am liebsten wäre uns eine Marionettenregierung in Kabul, die das ganze Land kontrolliert und die gegenüber Pakistan freundlich eingestellt ist« (Haubold 1996: 1), stellte ein pakistanischer Stratege fest. Der mittelasiatische Markt wurde als wichtiger Markt für pakistanische Produkte eingeschätzt; der einzige Transitweg dahin führt über afghanisches Territorium. Nach einem Treffen mit Vertretern saudiarabischer und US-amerikanischer Ölgesellschaften, forderte der damalige pakistanische Ministerpräsident Nawaz Sharif die Taleban ultimativ auf, die Besetzung ganz Afghani-

---

[8] *Newsweek*, 17.4.1995; Artico 1995: 15. Hier ging es auch noch um das nördlich von Afghanistan liegende Usbekistan, um die reichsten Goldminen der Welt mit einer Jahreskapazität von ca. 50 Tonnen und um das größte Silbervorkommen der Erde sowie um Uran in Kirgistan.

stans bis Ende des Sommers 1997 abzuschließen (vgl. *Spiegel* 22/1997). Es ist kein Geheimnis mehr, dass die Kampfeinsätze der Taleban von pakistanischen Piloten geflogen wurden (vgl. Lüders 1996: 11), denn »auf sich gestellt, könnten die Taliban nicht einmal ein Dorf erobern« (Haubold 1996: 2).

2. Der Führer der Hesbe Islami, Gulbudin Hekmatjar, *der* Super-Modjahed der USA und ihrer Verbündeten im Afghanistan-Konflikt, dessen Gruppe heute als »die korrupteste aller afghanischen Parteien« (Bergen 2001: 91) eingestuft wird, löste zunächst Irritationen wegen seiner allgemein antiwestlichen Äußerungen und seiner verbalen Unterstützung des irakischen Diktators Sadam Hussein während des Golfkrieges von 1991 aus. Wegen seiner kategorischen Weigerung, die noch in seinem Besitz befindlichen Stinger-Raketen, die er in großer Zahl von den USA während des Kampfes gegen afghanische und sowjetische Verbände erhalten hatte, an die USA, gegen Bezahlung zurückzu*geben* – statt dessen verkaufte er sie sogar teilweise an den Iran – fiel er bei den Vereinigten Staaten endgültig in Ungnade.

3. Sowohl die USA als auch Saudi-Arabien wollten auf jeden Fall den ideologischen Einfluss ihres Rivalen Iran in Afghanistan eindämmen. Da die Modjahedin-Gruppen sich dazu nicht in der Lage zeigten, traten die Taleban an ihre Stelle.

Obwohl die USA jeglichen Kontakt zu den Taleban geleugnet haben,[9] sind viele Afghanistan-Experten der Meinung, dass die Vereinigten Staaten engste politische Verbindungen zu den Taleban unterhielten. Nach einer Meldung des *Guardian* gab es regelmäßig gegenseitige Besuche auf hoher Ebene. Mitte 1996 nahmen hochrangige Talebanführer an einer Konferenz in Washington teil. Kurz bevor die Taleban die ostafghanische Stadt Djalal Abad besetzten, haben hohe Beamte des US-Außenministeriums Gespräche mit ihren Führern in Qandahar geführt, wo sich das Hauptquartier der Taleban befand.[10]

Kaum hatten die Taleban im Rahmen ihres Eroberungsfeldzuges im September 1996 die Hauptstadt Kabul eingenommen, sicherte ihnen die US-Administration Unterstützung zu. Die für Südasien zuständige Staatssekretärin im US-Außenministerium, Robin L. Raphel, kündigte die Anerkennung des Talebanregimes und die Wiedereröffnung der – in der ansonsten zerstörten Stadt – völlig intakten US-Botschaft an (vgl. Mackenzie 1998: 91). Der Vizepräsident der amerikanischen Ölgesellschaft Unocal Corporation, Chris Taggert, bezeichnete die Eroberung Kabuls durch die Taleban als »positive Entwicklung« (Lüders 1996: 11) und forderte die US-Regierung auf, das Talebanregime anzuerkennen. Das forderte auch der später von Präsident George W. Bush ernannte Sonder-

[9] Vgl. *International Herald Tribune* 5.11.1996: »Afghanistan, schwere Übergriffe im Namen der Religion«.

[10] Vgl. Ebenda.

gesandte der USA für Afghanistan, Zalmay Khalilzad, im Oktober 1996 in einem Artikel der *Washington Post* (vgl. Khalilzad 1996). (Khalilzad war zunächst im Pentagon tätig, dann Berater amerikanischer Ölfirmen und Mitarbeiter der Rand Corporation und wurde schließlich Mitglied im Nationalen Sicherheitsrat der USA.)

Politische Beobachter gingen deshalb davon aus, dass sich die Taleban in Afghanistan etablieren werden. Aber die Taleban haben trotz der territorialen Ausdehnung ihrer Herrschaft nicht die Bedingungen schaffen können, um die Realisierung der ökonomischen Vorhaben ihrer ausländischen Mentoren zu gewährleisten. Die Absicherung des Weges für den Bau einer Gas- und Ölpipeline mit einem Investitionsvolumen von 1,9 Mrd. $ vom turkmenischen Daulat Abad in Mittelasien durch Afghanistan nach Moltan in Pakistan bzw. zum Indischen Ozean – die »wichtigste Funktion der Taleban« (Mackenzie 1998: 96) – kam nie zustande. Nachdem sich in der ersten Hälfte des Jahres 1998 herausgestellt hatte, dass die Taleban nicht in der Lage waren, das ganze Land unter ihre Kontrolle zu bringen und die für eine Pipeline benötigte Sicherheit und Stabilität zu gewährleisten und nach den Anschlägen vom August 1998 auf die amerikanischen Botschaften in Nairobi und Daressalam, die die USA zur Bombadierung eines Hauptausbildungslagers des damit in Verbindung gebrachten Osama Ben Ladens bei Chost (Afghanistan) veranlassten, wurden von amerikanischer Seite alle »direkten« Beziehungen zu Kabul abgebrochen. Damit war auch das Pipelineprojekt zunächst fehlgeschlagen (vgl. Brisard/Dasquié 2002: 47).

Der mit der unmittelbaren Unterstützung der US-Regierung im Juli 1997 in Islamabad unterzeichnete Vertrag über das 1500 Kilometer lange Pipeline-Projekt von Daulatabad nach Quetta und Multan und weiter nach Neu-Delhi wurde auf Eis gelegt. Die mit 54% am amerikanisch-saudischen Konsortium Centgas beteiligte Unocal Corp., die seit 1996 »aggressiv für ihr Projekt geworben und u.a. Henry Kissinger als Berater eingestellt« (*Neue Zürcher Zeitung* 24.12.1998: 13) und »die Anerkennung einer ›etablierten Regierung‹ in Afghanistan durch die USA und die Uno« verlangt hatte, zog Anfang Oktober 1998 auf Empfehlung Kissingers wegen »Verschlechterung der politischen Bedingungen in Afghanistan« (NZZ 27.8.1998) ihre Pläne für eine Pipeline durch Afghanistan zurück und arbeitete transkaspische Umgehungspläne über die Türkei, sogar über das Territorium des von den USA zum Erzfeind hochstilisierten Iran nach Europa aus. Damit hatten die Taleban ihre zentrale strategische Funktion eingebüßt.

Dies – und nicht etwa die brutale Behandlung afghanischer Frauen – ist neben der Anwesenheit Osama Ben Ladens der *Hauptgrund* für die schließlich nicht erfolgte Anerkennung der Taleban als legitime Vertreter Afghanistans. Da diese die in sie gesetzten Hoffnungen offensichtlich nicht erfüllen konnten, hat das US-State-Department Afghanistan »als weltweit wichtigsten Terroristen-Sumpf« (Heller 2001: 6) eingestuft. Damit hatten die Taleban einen ihrer Hauptverbündeten, nämlich die USA verloren.

Ungeachtet der Tatsache, dass die Vereinigten Staaten öffentlich zu ihrem Regime auf Distanz gingen, wurden die Treffen mit Vertretern der Taleban seitens der US-Administration auf allen Ebenen nur kurzzeitig unterbrochen. Die *Washington Post* meldete, dass sich Vertreter der USA und des Talebanregimes seit 1998 mindestens zwanzigmal geheim getroffen haben. Das letzte Treffen fand nur wenige Tage vor dem 11. September 2001 statt (vgl. *taz* 30.10.2001: 6). In ihrem Buch *Die verbotene Wahrheit* haben die französischen Geheimdienstspezialisten, Brisard und Dasquié, diese geheimen Treffen der US-Amerikaner mit den Taleban minutiös aufgelistet (vgl. Brisard/Dasquié 2002: 23-67).

Die Bush-Administration intensivierte die Bemühungen sogar, um mit den Taleban doch noch eine Übereinkunft auszuhandeln. Zwischen Februar und August 2002 kam es zu mehreren geheimen, »verbotenen« Verhandlungen (ebd. 59-67), obwohl die UN seit Anfang des Jahres verschärfte Sanktionen gegen das Taleban-Regime verhängt hatten.

So sind die Taleban am 17. Juli 2001, also kurz vor den Terroranschlägen in Washington und New York, noch zu Geheimverhandlungen nach Berlin eingeladen gewesen. Dabei sollte ihnen die internationale Anerkennung in Aussicht gestellt werden, wenn sie bereit gewesen wären, Osama Ben Laden fallen zu lassen.[11] Noch Anfang August wurde darüber mit dem Talebanbotschafter in Islamabad weiter verhandelt.

Nach den Anschlägen von New York und Washington sind die Taleban zum Hauptfeind avanciert, und ihr Terrorregime wurde von den USA und Großbritannien mit militärischen Mitteln beseitigt. Aber, wie der ehemalige pakistanische Außenminister Naiz Naik ausplauderte, war auch ein Militärschlag gegen Afghanistan vom US-State-Department schon lange vor den Septemberanschlägen in Erwägung gezogen worden (vgl. Hahn 2001: 6).

Die Bush-Administration verfolgte ebenso wie die Clinton-Regierung eine zweigleisige Strategie. Auf der einen Seite verhandelte man mit dem Talebanregime, auf der anderen Seite wurde die pakistanische Führung bereits im Juli 2001 von der amerikanischen Regierung informiert, dass die USA einen Krieg gegen Afghanistan planen. Für den Fall, dass die Verhandlungen mit den Taleban endgültig scheitern sollten, bereitete die US-Administration die militärische Option vor. Und so kam es dann auch. Die Anschläge des 11. Septembers dienten zur Rechtfertigung eines Krieges, dessen Pläne man ohnehin schon in der Schublade gehabt hatte.

[11] Vgl. »Afghanistan-Konferenzen in Berlin«, *Weltspiegel aus Köln*, WDR, 28.10. 2001, 19.10 Uhr.

Intelligente Friedens- oder »gewöhnliche« Kriegspolitik?

Mit der Entscheidung für eine militärische Intervention haben sich die Vereinigten Staaten eindeutig gegen eine intelligente Friedenspolitik entschieden und einer militärischen statt einer politischen Konfliktlösung den Vorzug gegeben. Als die USA mit dem Krieg gegen Afghanistan begannen, reaktivierten sie ihre »alten Freunde« aus den Jahren des Bürgerkrieges, versorgten sie mit Satellitentelefon, mit Millionen Dollars und schickten sie nach Afghanistan, um dort Stammesführer sowie Kommandanten der Taleban einzukaufen und sie gegen die Talebanführung zu mobilisieren. Hätten die USA diese Politik des »Kaufens« schon früher angewandt, wäre der Krieg, der viele Milliarden Dollar kostet,[12] gegen ein bereits weitgehend zerstörtes Afghanistan überflüssig gewesen. Mit diesem Geld hätte man die gesamte zivile und militärische Führung Afghanistans kaufen können. Die Jahre des Bürgerkrieges sind dafür ein eindeutiger Beleg. Die Modjahedin, ob Führer oder einfacher Kämpfer, wechselten die Front jeweils dahin, wo es das meiste Geld gab. Der Ausspruch »Ein mit Dollars beladener Esel kommt weiter als jede Armee« hat sich in Afghanistan zu einem geflügelten Wort entwickelt.

Schon wenige Wochen nach Beginn des Krieges wurde im Dezember 2001 auf dem Petersberg bei Bonn unter der formalen Federführung der UN eine Regierung für Afghanistan gebildet. Vertreten waren Monarchisten und rivalisierende Modjahedinführer: die Rom-Gruppe mit den Anhängern von Ex-König Saher, darunter Schwiegersohn und Enkel, die Nordallianz mit den Modjahedin von der Djamiat-Islami des damaligen Präsidenten Burhanudin Rabani, die Zypern-Gruppe unter der Leitung vom Humayun Dscharir, einem Schwiegersohn des kaum von den Taleban zu unterscheidenden Fundamentalisten Gulbudin Hekmatjar, der Osama Ben Laden in einem *Spiegel*-Interview als guten Kumpel bezeichnet hatte (vgl. *Der Spiegel* 42/2001: 176) und die Peschawar-Gruppe unter der Leitung von Abdul Hamid Gailani, Sohn des Aristokraten und Modjahedinführers Sayed Ahmad Gailani, ebenfalls ein Verwandter von Saher Schah. Es waren hier also größtenteils die Kräfte versammelt, die 1992-96 an der Zerstörung Kabuls tatkräftig mitgewirkt haben, wobei ca. 50.000 Zivilisten den Tod fanden.

Unter den internationalen Beobachtern waren allein die Vereinigten Staaten mit 20 Personen vertreten, während zu den afghanischen Delegationen gerade mal 38 Teilnehmer gehörten. Die überdimensionale Präsenz der USA lässt auf eine nachdrückliche Beeinflussung von Verlauf und Ergebnis der Verhandlun-

---

[12] Jeder Kriegstag kostet annähernd 30 Mio. US Dollar. Vgl. USA sollen Kriegsopfer in Afghanistan entschädigen, in: Die Welt, 9.4.2002, S. 6. Die Bombardements von Oktober 2001 bis Januar 2002 kosteten 10 Milliarden Euro (vgl. Versteegh/ Rupp 2002).

gen schließen. Ein deutliches Signal dafür war die vorzeitige Abreise des Gouverneurs der Provinz Nangrahar, Hadji Abdul Qadir, der nach eigenen Angaben, den ausgeübten Druck nicht mehr aushalten konnte. Das deutschge Beobachterteam wurde von dem ehemaligen BRD-Botschafter in Islamabad, Hans-Joachim Daerr geleitet, der seinerzeit beste Kontakte zu den Modjahedin und anschließend zu den Taleban unterhalten hatte. Die USA haben sich mit der Ernennung des ehemaligen Modjahed und Feudalherrn Abdul Hamed Karsai zum Ministerpräsidenten eindeutig durchgesetzt, nachdem ihr ursprünglicher Wunschkandidat, der ehemalige Modjahedin-Kommandant Abdul Haq, bei der Durchführung eines Auftrages von den Taleban erwischt und hingerichtet worden war. Karsai, der aus der Gegend von Qandahar stammt, versuchte die Paschtunenführer für sich zu gewinnen. Dem Talebanführer Mohammad Omar stellte er eine Amnestie in Aussicht, wenn er dem Terrorismus abschwöre. Karsai sei Dank, konnte er zusammen mit seinem Schwiegervater Osama Ben Laden unversehrt aus seinem Hauptquartier in Qandahar fliehen. Karsai braucht die militärische Rükkendeckung der »Rest Taleban«, folglich begnadigte er 350 ehemalige Talebankämpfer (vgl. *SZ*, 11.2 2002: 7). Weiteren Rückhalt versucht sich Karsai zu verschaffen, indem er mit dem Fundamentalisten Abdul Rasul Sayaf, Führer einer der sieben Modjahedingruppen in Pakistan, der nicht nur für das Massaker an Hunderten von Afghanen aus dem Volk der Hasara verantwortlich gemacht wird, über eine Beteiligung an der Kommission für den Verfassungsentwurf, über die Besetzung von Ministerposten, über den säkularen bzw. religiösen Grad der Regierung und über die Zusammensetzung der Loja Djerga verhandelte. Sayaf sowie der ehemalige, auf dem Petersberg abgesetzte Präsident Rabani, wollen als eine Art von selbsternannten Religionswächtern fungieren.

Es muss deutlich zum Ausdruck gebracht werden, dass eine wirkliche Alternative genau das Gegenteil dessen gewesen wäre, was auf dem Petersberg beschlossen worden ist. Zunächst hätte die Loja Djerga, auf der sowohl die Kommission für die Ausarbeitung der Verfassung als auch die Mitglieder der Interimsregierung zu bestimmen gewesen wären, einberufen werden müssen. Nur dieses Verfahren hätte diesen Gremien bei den afghanischen Völkerschaften Legitimation und Akzeptanz verschafft. Sicherheit und Stabilität zu gewährleisten, die Aufgaben der internationalen »Schutztruppe«, hätten dann Truppen der »Blockfreien« oder der Konferenz der Islamischen Staaten, deren Mitglied Afghanistan ist, übernehmen können, was für die afghanische Bevölkerung eher akzeptabel gewesen wäre.

Krieg gegen die Zivilbevölkerung

Doch auch nach dem Sturz des Talebanregimes und der Flucht seiner Führung gingen die militärischen Angriffe gegen Afghanistan weiter, nun unter der Vorgabe, die »versprengten Reste« von Taleban und Al Qaida endgültig zu besiegen. Obwohl der Verteidigungsminister in Kabul und die Stammesführer aus dem Osten des Landes die USA aufforderten, die Bombenangriffe einzustellen, da nur noch wenige Taleban und Al-Qaida-Anhänger zu bekämpfen seien, lehnten die USA dies strikt ab. Inzwischen sind auch mehrfach Dörfer auf den bloßen Verdacht hin, es gäbe dort Taleban, zerstört worden. An einem einzigen Wochenende starben ca. 100 Zivilisten bei einem Bombenangriff. Ein Konvoi mit Stammesführern, der zur Amtseinführung von Karsai am 22.12.2001 in Richtung Kabul unterwegs war, wurde von den USA angegriffen. Dabei sind Dutzende Menschen ums Leben gekommen. Karsai hat den Stammesführern zwar zugesagt, sich bei den USA für eine Klärung des Zwischenfalls und die Beendigung der Luftangriffe einzusetzen. Doch in Washington ist man dazu wenig geneigt. »Wir werden weiter das tun, was wir tun müssen, um unser Ziel zu erreichen« (*SZ*, 29./30.12.2001: 1), so eine Sprecherin des US-Außenministeriums. Daraufhin erklärte Karsai: »Wir werden auf keinen Fall die Vereinigten Staaten um die Einstellung der Bombardements bitten« (Schmies 2001: 1). Unnötig zu sagen, dass eine solche »Klärung« der tödlichen Zwischenfälle auch nach sechs Monaten noch nicht erfolgt ist.

Im Mai 2002 bombardierten US-Helikopter eine Hochzeitsgesellschaft im Osten Afghanistans und töteten Dutzende Menschen. Am 1. Juli 2002 passierte das Gleiche im Süden des Landes, wobei diesmal nach Angaben der afghanischen Regierung mindestens 250 Tote zu beklagen waren, und mehrere hundert Menschen teils schwer verletzt wurden (vgl. *FR*, 3.7.2002: 3; *Oberhessische Presse*, 2.7.2002). In einer unvollständigen Zusammenstellung der Nachrichtenagentur AFP wurden mindestens neun solcher »Zwischenfälle« seit Beginn des Krieges aufgelistet (*FR*, 8.7.2002: 7).

Afghanistan, ein Land nach dem Krieg? Hätte man dem Zweckoptimismus geglaubt, den US-Armeesprecher General Bryan Hilferty am 11. März 2002 verbreitete, wäre die Schlacht vorbei und der Kampf gegen Taleban und Al Qaida erfolgreich abgeschlossen (vgl. *SZ*, 11.3.2002: 7). Vor Beginn der »Operation Anaconda« hieß es im Pentagon, es handele sich um eine Schlacht gegen die »letzte große Konzentration« von Ben Ladens Kämpfern. Nach zweiwöchigen Kämpfen um Schahikot in der Provinz Paktika Anfang März, an denen 2500 US-amerikanische und europäische – darunter auch deutsche – und afghanische Soldaten beteiligt waren, gab das Pentagon offiziell bekannt, dass von geschätzten über 1000 gegnerischen Kämpfern bis zu 800 getötet worden seien. US-Offiziere, die dabei waren, gaben demgegenüber zu, dass sie im Gelände nur dreißig und in den Höhlen weniger als zwanzig Leichen gefunden hätten (vgl. Busse 2002: 6). Bereits am 19. März räumte General Franklin Hagenbeck, der Kommandeur der US-Bodentruppen in Afghanistan ein, dass weitere Operationen unmittelbar bevorstünden (vgl. ebd.). Vier Wochen nach »Anaconda« wurde eine neue Großoffensive gestartet. Tatsächlich befinden sich Einheiten von Taleban und Al Qaida im Osten und Süden, unter anderem an der Grenze zu Pakistan. In den Provinzen Orusgan, Paktia, Paktika, Wardak und Ghasni sind ihre Kampfeinheiten voll einsatzbereit. Sie hatten sich schon längst reorganisiert und seit Frühlingsbeginn einen Partisanenkampf aufgenommen (vgl. ebd.). Ende März verlegten die USA zur Vorbereitung weiterer Angriffe sehr wendige und tieffliegende Erdkampfflugzeuge auf den Militärflughafen Bagram nördlich von Kabul, die die Bodentruppen unterstützen sollen. Auch wurden dort etwa 1700 britische Gebirgsjäger stationiert. Von einer Beendigung des Krieges konnten also nur unverbesserliche Optimisten ausgehen. Wesentlich realistischer ist da die Einschätzung von US-Verteidigungsminister Rumsfeld, der davon ausgeht, dass amerikanische Truppen längerfristig in Afghanistan stationiert bleiben (vgl. *NZZ*, 9.4.2002: 1). So begann denn auch am 2. Mai 2002 eine weitere Offensive amerikanischer, britischer und afghanischer Einheiten im Südosten Afghanistans, diesmal unter der Bezeichnung »Snipe«; Mitte Mai startete eine weitere Großoffensive unter dem Titel »Operation Condor« (vgl. *taz*, 18./19.5.2002: 10) und Ende Mai eine Militäraktion mit der Bezeichnung »Operation Bussard« (vgl. *SZ*, 31.5.2002: 11). Kurz vor Eröffnung der Loja Djerga kam es zu einer weiteren Offensive im Osten des Landes (vgl. *FAZ*, 3.6.2002: 6). Fazit: Der Krieg ist keineswegs beendet, es ändern sich nur die Namen der Militäroperationen.

Über die zivilen Opfer wird dabei nur selten gesprochen. Allein bei den Luftangriffen in den ersten acht Wochen (zwischen dem 7. Oktober und dem 10. Dezember 2001) sollen nach Berichten von Hilfsorganisationen und Journalisten mindestens 3.767 Zivilisten ums Leben gekommen sein (vgl. Gaus 2002: 12).

Neben den flächendeckenden Bombardements dicht bewohnter Städte und Ortschaften, bei denen auf Zivilisten keine Rücksicht genommen wurde, kam es immer wieder zu »irrtümlich« geflogenen Angriffen gegen friedliche Dörfer, in denen angeblich Taleban oder Al-Qaida-Anhänger vermutet wurden. Rechnet man die Opfer der einzelnen »Zwischenfälle« zusammen, ergibt sich, dass in den ersten sechs Monaten mindestens 50.000 Zivilisten getötet worden sind.

Von Anfang an setzten die USA in diesem Krieg permanent die seit 1997 international geächteten Splitterbomben und Anti-Personen-Minen ein.[13] Da diese

---

[13] Splitter- oder auch Streubomben werden, wenn sie nicht explodieren, zu Anti-Personen-Minen (vgl. Angerer 2001; Angerer/Werth/Jouvenal 2002). In Afghanistan setzte die US-Luftwaffe CBU-87-Bomben ein. Jede CBU-87 gibt 202 kleine Bomben frei, von denen mindestens 5% nicht explodieren. (Vgl. Harrison 2002)

wie Cola-Dosen aussehen, können sie von der Bevölkerung, vor allem von den Kindern gar nicht als Gefahr erkannt werden. Von diesen auch als Clusterbomben bezeichneten Bomben waren allein bis Ende Januar 2002 mehr als 600 über afghanischem Territorium abgeworfen worden. Dies bedeutet, »dass noch etwa 6.000 nicht explodierte Bomben in der Gegend herumliegen könnten, wo sie genauso gefährlich sind wie Landminen« (Harrison 2002).

Entgegen den Bestimmungen der Genfer Konvention über die Behandlung von Kriegsgefangenen sind bei einem Massaker unter gefangengenommenen Taleban in der Festung Qalaie Djangie bei Masare Scharif im Dezember 2001 unter der Regie von CIA-Sondereinheiten bis zu 800 Menschen umgebracht worden.[14]

Die Präsenz der US-Truppen in und um Afghanistan muss u.a. auch in folgendem Kontext gesehen werden: In Afghanistan geht es nicht nur um die von den CIA/ISI erfundenen und dahin abkommandierten Taleban, Ben Laden oder Al Qaida. Wie erwähnt, ist Zentralasien schon 1997 von der damaligen US-Außenministerin Madeleine Albright zur »geostrategischen Interessenzone der USA deklariert« (Barth 1998: 5) worden. Außer auf das aserbaidschanische Erdöl möchten die großen US-Ölkonzerne auch auf die zweitgrößte Erdgasreserve der Welt in Turkmenistan zugreifen. Es wurden bereits wieder Verhandlungen aufgenommen, und am 30. Mai 2002 diesbezüglich zwischen Turkmenistan, Afghanistan und Pakistan in Islamabad ein »Memorandum of understanding« unterzeichnet (vgl. *BBC News online*, 30.5.2002). Die Realisierung dieser Pipeline steht also wieder auf der Tagesordnung.

Afghanische oder amerikanische Loja Djerga?

Monatelang wurde die Loja Djerga vorbereitet. Kommissionsmitglieder, handverlesene, regierungsfreundliche Personen reisten durch das Land, um in den rund 350 Bezirken Wahlmänner wählen zu lassen oder, wenn dies nicht möglich war, zu ernennen. Die Kommission hatte diesbezüglich faktisch ein Vetorecht. Bei einer solchen Wahlprozedur kann es auf jeder Ebene zu Manipulationen kommen, was dann ja auch der Fall gewesen ist. Dass die Emissäre nicht von allen geliebt wurden, besonders nicht von den mächtigen Stammes- und Kriegsfürsten, zeigte die Ermordung von sieben Männern in der Provinz Kunar im Nordosten Afghanistans Ende Februar, nachdem sie sich mit Mitgliedern der Kommission getroffen hatten. Allein im Mai wurden acht Kandidaten für die

---

[14] Vgl. »Film über angebliches Massaker an Taliban« (*FAZ* 13.6.2002), Sgrena/Ladurner 2002, Pomrehn 2002,

Loja Djerga, vier in Qandahar, einer in Kabul und drei in der Provinz Ghor ermordet (vgl. Avenarius 2002: 8; TAZ, 29.5.2002: 10). Die mächtigsten Stammes- und Kriegsführer wollten um jeden Preis in die Loja Djerga. Wer es wagte, sie daran zu hindern, wurde eliminiert. Wäre die Kommission in der Lage gewesen, die aufgestellten Kriterien zur Wahl der Vertreter durchzusetzen, fast alle einflussreichen Männer Afghanistans hätten ausgeschlossen werden müssen. Dies gilt auch für die große Mehrheit der Mitglieder der Interimsregierung. Denn eigentlich hätten nur Männer gewählt werden dürfen, die keine Verbindung zu terroristischen Organisationen hatten, nicht am Rauschgifthandel, an der Ausplünderung Afghanistans, an Kriegsverbrechen oder an Korruption beteiligt waren. Außerdem durften sie im Wahlkampf weder Gewalt noch Bestechung eingesetzt haben. Obwohl dieser offiziell erst am 13. April beginnen sollte, wurde faktisch schon seit Monaten um Mandate gekämpft und nicht nur mit friedlichen Mitteln. »Alle Warlords, alle Parteien verteilen in den Provinzen eifrig Geld und Waffen, um ihre Leute in die Loya Jirga zu bringen« (Hasssel 2002: 7), verkündete offen die Stellvertreterin des Kommissionsleiters Frau Mahbuba Hoquqmal.

Die Loja Djerga sollte am 10. Juni eröffnet werden, was sich jedoch um einen Tag verzögerte, da es Gerangel um die Kandidatur zum Staatschef gab. Offiziell wurden »logistische Gründe« angegeben. Tatsächlich jedoch wollten sowohl Ex-Monarch Saher Schah, dem seitens der USA nur eine protokollarische Rolle zur Eröffnung der Loja Djerga zugedacht war, als auch der auf dem Petersberg einfach beiseite geschobene Ex-Präsident Rabani für das Amt des Präsidenten kandidieren. Der Sonderbotschafter des Präsidenten George W. Bush für Afghanistan, Zalmay Khalilzad, hat aber beide so gründlich bearbeitet, dass ihnen, wie ein afghanisches Sprichwort treffend ausdrückt, die Spucke im Mund trocknete. Er hat ihnen klargemacht, dass ohne eine Präsidentschaft Karsais kein einziger Dollar nach Afghanistan fließen würde. Beide mussten dann zugunsten von Karsai verzichten. Mister Khalilzad und nicht der Ex-Monarch gab dann in der US-amerikanischen Botschaft der Presse bekannt, dass Saher Schah als Kandidat für den Posten als Staatschef nicht zur Verfügung stehe und die Kandidatur von Herrn Karsai unterstütze.

Saher Schah und Rabani sind also massiv unter Druck gesetzt worden, damit Karsai der unangefochtene Präsident Afghanistans wird. Im Lande gilt Karsai allgemein als Bürgermeister von Kabul und wird als Marionette der USA beschimpft, während Khalilzad als heimlicher König Afghanistans bezeichnet wird. »Eine plumpe amerikanische Aktion« nannte die *New York Times* die Art und Weise, wie die Bestellung Karsais zum Präsidentschaftskandidaten zustande gekommen ist (vgl. Paasch 2002: 3). Neben diesem Machtkampf hinter den Kulissen erhielten zur Überraschung einiger Beteiligten statt der vorgeschriebenen 1.500 Delegierten, von denen sowieso 500 ernannt waren, 1.700 Zutritt zum

Versammlungszelt. Da trotz des massiven Drucks nicht ausgeschlossen werden konnte, dass Karsai durchfallen würde, wurden prophylaktisch 200 Personen mehr eingeladen. Die aus dem Ausland geschickten Teilnehmer waren ausschließlich bestellte Personen, wie z.B. die Tochter eines Modjahedinführers, Fatima Gailani aus London, der GTZ-Mitarbeiter Nadjib Yussufi aus Hessen oder Frau Fawzia Popal aus Hamburg.

Sofort nach der Eröffnungsrede durch den Ex-Monarchen Saher, der für die Wahl von Karsai plädieren musste, erklärte sich Karsai zum Präsidenten Afghanistans, was zu allgemeiner Verwirrung führte. Daraufhin korrigierte der königstreue Finanzminister Amin Arsala: »Das Volk hat noch nicht gewählt – klatschen heißt nicht wählen«(vgl. *FAZ*, 13.6.2002: 2), was ihm zum Verhängnis wurde, denn ins neue Kabinett kam er nicht mehr. Unter den Teilnehmern war es schon am zweiten Tag zu Streit und Handgreiflichkeiten, ja sogar Morddrohungen gekommen. Bis zu siebzig Delegierte verließen das Versammlungszelt aus Protest, weil sie auf die wichtigen Entscheidungen bezüglich der Kandidatenauswahl für die Präsidentschaft und für die Mitglieder der künftigen Regierung keinerlei Einfluss nehmen konnten. Diese Loja Djerga, die täglich 80 000 US-Dollar kostete, hatte nichts zu entscheiden. Entscheidungen wurden in einer anderen »Djerga« in Anwesenheit von Khalilzad getroffen, im Qasre Gulchana, dem Palast der Rosen, seiner Zeit Residenz von Saher Schah, in dem jetzt Karsai residiert (vgl. Taheri 2002: 6).

Während die Gegenkandidatin von Karsai, Frau Masuda Djalal von der internationalen Presse als »Sensation« bezeichnet wurde, nannte Verteidigungsminister Mohammad Qasim Fahim, nach einem WDR-Bericht aus Kabul, ihre Kandidatur als »ehrenrührig« für Afghanistan. Den Frauen waren ursprünglich 25% der Delegiertensitze zugesichert worden, aber nur ein Achtel der Teilnehmer waren Frauen. Als der Delegierte Abdul Nasim aus Kabul die Diskriminierung der Frauen als »unislamisch« bezeichnete, erhielt er Morddrohungen und floh in das nächste UN-Büro (vgl. Hansen 2002: 10).

Nach sieben Tagen hatte die Versammlung ihren Tiefpunkt erreicht. Schon am Vormittag hörten nicht einmal mehr zehn Prozent der Delegierten den Reden zu. Karsai hatte eigenmächtig ein 111-köpfiges Übergangsparlament nach seinem Geschmack vorgeschlagen, was auf dem Petersberg so nicht vereinbart gewesen war. Dies führte zu einem nervenzermürbenden Streit unter den Delegierten. Mit diesem Schachzug wollte Karsai möglicherweise die in 18 Monaten vorgesehenen »freien« Wahlen zur Bildung eines Parlamentes torpedieren und gleichzeitig seine Position gegenüber anderen Gruppen in der Regierung stärken.

Am 13. Juni wurde dann Hamed Karsai zum Gewinner der Wahl erklärt. Interessanterweise waren 24 Stimmen mehr abgegeben worden als Delegierte anwesend waren, damit hätte dieses Abstimmungsergebnis nach demokratischen

Regeln für ungültig erklärt werden müssen. Nach seiner Wahl erklärte Karsai ganz nach dem Geschmack der USA: »Das beste, was wir getan haben, ist der Kampf gegen den Terrorismus,« der auch weiterhin an der Spitze seiner Aufgaben stehe. Dennoch, »wir müssen zwischen Taliban und Terroristen unterscheiden,« (*FR*, 14.6.2002: 2) hob er hervor.

Der Ultra-Islamist Abdul Rasul Sayaf, der als Verbündeter von Ex-Präsident Burhanudin Rabani gilt und im Vorfeld der Loja Djerga mit Karsai Verhandlungen geführt hatte, forderte die Einführung des islamischen Rechts, der Scharia, dem Karsai zustimmte. Man muss deshalb leider feststellen, dass zwar das Talebanregime weg ist, seine Scharia aber weiter in Kraft bleibt. Auch bei der Namensgebung der Regierung und des Staates setzten sich die Fundamentalisten durch, indem beide Organe künftig als »islamisch« zu bezeichnen sind.

Entgegen den Petersberger Beschlüssen wollte Karsai die Mitglieder der neuen Regierung nicht der Loja Djerga vorstellen, was zu Unruhe unter den Delegierten führte. Daraufhin sprach sein »Führungsoffizier« Khalilzad ein Machtwort, infolgedessen Karsai wenigstens ein Mini-Kabinett mit den wichtigsten Posten vor der Versammlung bekanntgeben musste, das er per Handzeichen absegnen ließ. Die Frage nach etwaigen Gegenstimmen wurde gar nicht erst gestellt. Bei der erfolgten Neuverteilung wurden die Monarchisten weiter marginalisiert. Sie verloren den Posten des Finanzministers an den engsten Berater Karsais, Ghani Ahmadsai, ehemals Mitarbeiter der Weltbank. Neben dem Informationsminister Rahim Machdum, blieb nur Amin Farhang als Wiederaufbauminister übrig. Die Nordallianz behielt faktisch ihre wichtige Schlüsselstellung und musste nur das Innenressort an den aus den USA importierten Tadj Mohammad Wardak abgeben, der zuvor zwar von Karsai zum Gouverneur von Paktia ernannt, aber von dort durch einheimische Stammesführer vertrieben worden war. Während der Sohn des Warlords von Herat, Ismael Chan wieder einen Ministerposten erhielt, ist vom säkular orientierten General Dostum, der bis dato Stellvertreter des Verteidigungsministers gewesen war, nicht mehr die Rede. Man hat ihm nicht verziehen, dass er vor 1992 ein Milizionär der DVPA-Regierung gewesen war. Es ist davon auszugehen, dass die USA mittelfristig auf seine Ausschaltung hinarbeiten. Auch die Frauenministerin wurde ausgeschaltet. Sie war ein Dorn im Auge der um Karsai versammelten Fundamentalisten. Ihr Amt wurde mit der Karsai nahestehenden Frau Mahbuba Hoquqmal, die davor warnt an der Scharia zu zweifeln, besetzt (vgl. Rattenhuber 2002: 10).

Karsai hat schnell gelernt, dass die Macht nicht vom Volke kommt, sondern von den Warlords der wichtigen Provinzen, wie Ismael Chan von Herat, der unumstrittene Herrscher von ganzen fünf Provinzen im Westen Afghanistans, dem vielfachen Millionär und Ultra-Islamisten Abdul Rasul Sayaf, aus dem Paghmantal bei Kabul, dem allseits bekannten General Dostum aus Masare Scharif, der die nördlichen Provinzen kontrolliert sowie dem steinreichen Heroinbaron und Gouverneur der Ostprovinz Nangrahar, Hadji Abdul Qadir (vgl. Taheri 2002). Nach bewährter Manier hat Karsai und nicht die Loja Djerga einflussreiche Modjahedinfürsten, wie Verteidigungsminister Qasem Fahim, den schiitischen Milizenführer Karim Chalili und Abdul Qadir, in der ersten Interimsregierung vom 22. Dezember 2001 Minister für Städtische Entwicklung, seit dem 19. Juni 2002 Arbeitsminister, der am 6. Juli 2002 in Kabul auf offener Straße, vor den Augen zahlreicher Sicherheitskräfte, erschossen wurde, zu seinen Stellvertretern berufen. Zum Obersten Richter wurde Mullah Fasel Hadi Schinwari ernannt, ein Grauen für alle Menschenrechtler. Für ihn ist die von den Taleban eingeführte Scharia ein unverzichtbares Gesetz, das beibehalten werden muss.

Ein König musste zugunsten eines Bauern geopfert werden, um die im Hinterzimmer ausgehandelten Ergebnisse der Loja Djerga wunschgemäß ausfallen zu lassen. Jetzt scheint in Afghanistan alles unter Dach und Fach zu sein und auch die zweite Runde des Kampfes um die afghanische Beute ist zugunsten der USA entschieden.

Weitere Schritte sind schon eingeleitet: die Wiederaufnahme des auf Eis gelegten Pipelineprojektes und ein langfristiger Vertrag über die Nutzung der afghanischen Militärbasen durch die USA für einhundert Jahre! Damit ist Afghanistan zu einem Militärprotektorat der Vereinigten Staaten avanciert. Ein friedliches Leben für die afghanischen Völkerschaften bedeutet das weniger denn je. »Pentagon-Sprecher weisen in ihren fast täglichen Briefings ständig daraufhin, dass es in Afghanistan um einen Kampfeinsatz zur Durchsetzung von US-Interessen im Rahmen der weltweiten Terroristenjagd geht – und nicht darum, den Afghanen eine friedliche Zukunft zu schaffen« (Chauvistré 2002: 4).

Zu den eigentlichen Aufgaben der afghanischen Administration gehörte u.a. die Räumung der ca. 30 Mio. Landminen – Afghanistan galt schon 1991 als »das größte Minenfeld der Welt« (Kleine-Brockhoff 1991: 17). Das wäre u.a. die erste notwendige entwicklungspolitische Maßnahme, um Afghanistan wieder bewohnbar zu machen. Angesichts der Verantwortung der Vereinigten Staaten und der Bundesrepublik Deutschland für die indirekte Mitwirkung an der Zerstörung Afghanistans durch die jahrzehntelange Unterstützung der Modjahedin und der Taleban, bzw. für ihre direkte Mitwirkung an der Zerstörung des Landes durch den Krieg, sind beide Länder verpflichtet, an einem Wiederaufbau Afghanistans tatkräftig mitzuwirken. Das wäre ein Politikansatz im Sinne eines »Intelligenten Friedens«. Die USA haben allerdings nur 330 Mio. Euro an Hilfe zugesagt, eine geradezu lächerlich geringe Summe im Vergleich zu den Mitteln, die seit Kriegsbeginn für die Zerstörung des Landes ausgegeben wurden und noch werden (vgl. Versteegh/Rupp 2002). Aber »von nation building, wie die Amerikaner den Aufbau staatlicher Strukturen in von Kriegen erschütterten Ländern nennen, hält die Bush-Regierung nichts« (Chauvistré 2002: 4). Dieser Aussage ist nichts hinzuzufügen.

Literatur

Angerer, Jo (2001): US-Angriffe: Splitterbomben und Minen gegen die Zivilbevölkerung, Sendung Monitor, ARD vom 18.10.

Angerer, Jo/ Werth, Matthias/Jouvenal, Peter (2002): Afghanistan – Bilanz eines Krieges, Sendung Monitor, ARD vom 14.3.

Artico, A. (1995): Afghanistans ferngesteuerte Glaubenskrieger, in: Le Monde diplomatique, Beilage zur Tageszeitung, Berlin, November.

Avenarius, Tomas (2002): Qual der Wahl am Hindukusch, in: Süddeutsche Zeitung, 23./24.3.

Baraki, Matin (1993): Nacht über Afghanistan, in: Marxistische Blätter, Essen, Jg. 31, Heft 4, S. 14-23.

Baraki, Matin (1996): Die Beziehungen zwischen Afghanistan und der Bundesrepublik Deutschland 1945-1978, dargestellt anhand der wichtigsten entwicklungspolitischen Projekte der Bundesrepublik in Afghanistan, Frankfurt/M.

Barth, Peter (1998): Der kaspische Raum zwischen Machtpolitik und Ölinteressen, München.

Bergen, Peter L. (2001): Heiliger Krieg Inc., Berlin

Brisard, Jean-Charles/ Dasquié, Guillaume (2002): Die verbotene Wahrheit, Zürich.

Brönner, Wolfram (1980): Afghanistan, Frankfurt/M.

Busse, Nikolas (2002): Widerstandsnester in den Bergen, in: Frankfurter Allgemeine Zeitung, 19.3.

Chauvistré, Eric (2002): Angriff für die Heimatfront, in: Tageszeitung, 5.3.

Denecke, Hermann (1989): Ein Fass voll Leben, in: Deutsches Allgemeines Sonntagsblatt, Hamburg, 19.5.

Gates, Robert M. (1996): From the shadows, New York .

Gatter, Peer (1995): Hoffnung in Trümmern, in: Mahfel, Berlin, Nr. 5, S. 5-8.

Gaus, Bettina (2002): Größenwahn der Supermacht, in: Tageszeitung, 11.2.

Hahn, Dorothea (2001): Vergebliche Suche nach der »goldenen Brücke«, in: Tageszeitung, 3./4.11.

Hansen, Sven (2002): Große Ratlosigkeit im weißen Zelt, in: Tageszeitung, 18.6.

Harrison, Selig S. (2002): Nach dem Sieg droht das Chaos, in: Le Monde diplomatique, Beilage zur Tageszeitung, 17.5.

Hassel, Florian (2002): Ein guter Rat dank deutscher Hilfe?, in: Frankfurter Rundschau, 9.4.

Haubold, Erhard (1996): In Afghanistan spielen die UN noch eine untergeordnete Rolle, in: Frankfurter Allgemeine Zeitung, 26.10.

Heller, Jan (2001): Stiche gegen die Taliban, in: Tageszeitung, 19.1.

Hippler, Jochen (1988): Der Krieg geht weiter, in: Blätter des iz3w, Freiburg, Nr. 152, S. 17-23.

Khalilzad, Zalmay (1996): Afghanistan, time to reengage, in Washington Post, 7.10.

Kleine-Brockhoff, Thomas (1991): Im Land der Krüppel, Afghanistan, das größte Minenfeld der Welt, in: Die Zeit, Hamburg, Nr. 47, 15.11.

Koydl, Wolfgang (1991): Blutiges Patt am Hindukusch, in: Süddeutsche Zeitung, 27.3.

Lüders, Michael (1996): Wo Tugend zum Terror wird, in: Die Zeit, Hamburg, 6.12.

Mackenzie, Richard (1998): The United States and the Taliban, in: W. Maley (Ed.)

Fundamentalism reborn? Afghanistan and the Taliban, London. S. 90-103
Natorp, Klaus (1990): Unentschieden in Afghanistan, in: Frankfurter Allgemeine Zeitung, Nr. 30, 5.2.
Natorp, Klaus (1990): »Umgestaltung« auch in Afghanistan, in: Frankfurter Allgemeine Zeitung, 25.1.
Othmerding, Heinz-Rudolf (1995): Friedenshoffnung in Afghanistan: Taliban rükken nach Kabul vor, in: Deutsche Presse Agentur (DPA), 15.2.
Paasch, Rolf (2002): Stunde der Strippenzieher, in: Frankfurter Rundschau, 19.6.
Peter, Martin (1997): Grünes Licht für Pipeline-Milliardendeal mit Taliban, in: Die Presse (Wien), 8.11.
Pomrehn, Wolfgang (2002): Massaker unter US-Aufsicht, in: Junge Welt, Berlin, 13.6.
Rashid, Ahmed (2000): Taliban: Islam, oil and the new great game in Central Asia, London.
Rattenhuber, Edeltraud (2002): Bloß nicht an der Scharia zweifeln, in: Süddeutsche Zeitung, 27.6.
Roy, Olivier (1995): Die Taleban-Bewegung in Afghanistan, in: Afghanistan-Info, Neuchâtel, Nr. 36, Februar 1995.
Rubin, Barnett R. (1997): Women and pipelines: Afghanistan's proxy wars, in: International Affairs, London, Vol. 73, 2.
Sapper, Manfred (1994): Die Auswirkungen des Afghanistan-Krieges auf die Sowjetgesellschaft, Münster.
Schmiese, Wulf (2001): Kabul für die Fortsetzung der Luftangriffe, in: Frankfurter Allgemeine Zeitung, 9.1.
Sgrena, Giuliana/Ladurner, Ulrich (2002): Was man in Masar alles findet, in: Die Zeit, 27.6.
Sichrovsky, Peter (1992): Ein Land zerfleischt sich selbst, in: Süddeutsche Zeitung, 31.8.
Simonitsch, Pierre (1996): Taleban – Schlüssel zu Macht und Öl, in: Tages-Anzeiger (Zürich), 9.10.
Taheri, Ahmad (2002): Entschieden wird in Karsais »Rosengarten«, in: Frankfurter Allgemeine Zeitung, 19.6.
Taraki, Nur Mohammad (1980): Grundlinie der revolutionären Aufgaben der Regierung der Demokratischen Republik Afghanistan, 9. Mai 1978, in: Wolfram Brönner, Afghanistan, Frankfurt/M., S. 167-172.
Venzky, Gabriele (1998): Kampf ums Öl: Wirtschaftliche Interessen dominieren in Afghanistan, in: Die Zeit, Hamburg, 15.10.
Versteegh, Julien/Rupp, Rainer (2002): Bommengooiers trekken humanitair jasje aan, in: Solidair, Brüssel, 30.1.

Micha Brumlik

Ursachenforschung als Schuldzuweisung – Deutsche Öffentlichkeit und islamischer Terrorismus

1. Die Selbstvergewisserung der westlichen Zivilisation und ihrer Werte

Dass Religion und Religiösität ein bedeutsamer motivationaler Faktor für delinquentes, zumal gewalttätiges Verhalten sind, dies einzusehen, bedurfte es nicht der Anschläge in New York und Washington, eines Verbrechens, dem etwa 3000 Menschen einschließlich der Täter zum Opfer fielen. Diese wissenschaftlich gut begründete Ansicht ist indes, spätestens seit der Aufklärung, integraler Bestandteil des trivialen, des alltäglichen Bewusstseins geworden und hat spätestens seit den Anschlägen zu einer deutlich gestiegenen Unduldsamkeit westlicher Gesellschaften gegenüber ihren muslimischen Immigranten geführt – man denke nur an des deutschen Innenministers Otto Schily Ermahnung an die in Deutschland lebenden Muslime, sich in besonderer Weise bei der Verhinderung terroristischer Gewalttaten zu beteiligen. Vor einigen Jahren haben die empirisch gestützten Thesen des Bielefelder Soziologen Wilhelm Heitmeyer über eine deutlich gesteigerte Gewaltbereitschaft in Deutschland lebender männlicher Jugendlicher muslimischen Glaubens für Aufsehen gesorgt (W. Heitmeyer u.a. 1997).

Zunächst ist jedoch festzustellen, dass über diesen Auseinandersetzungen nicht nur in Deutschland die Integration in die Krise gerät. Zumal in den ansonsten als besonders liberal geltenden Niederlanden, deren multikulturelle Toleranz und deren zugleich zupackende und die einzelnen Immigranten verpflichtende Integrationspolitik gerade hierzulande Aufsehen erregt haben, nehmen die Dissoziationsphänomene zu. Als sich in Den Haag eine junge, emanzipierte marokkanische Immigrantin, inzwischen Mitglied der städtischen Polizei, weigerte, eine Woche nach den Anschlägen an drei Schweigeminuten zu Ehren der Opfer zu beteiligen, wurde ihr postwendend gekündigt. Dieses Ereignis war Anlass, Probleme niederländischer Integrationspolitik neu zu erörtern: Seit Jahren ist bekannt, dass die Delinquenzrate männlicher Jugendlicher Marokkaner deutlich über der Rate von ansonsten mit gleichen Sozialmerkmalen ausgestatteten männlichen Jugendlichen liegt. Zudem liegt die Delinquenzrate dieser Jugendlichen deutlich über der Rate ihrer Eltern. Die dafür bisher vorgebrachten Erklärungen

– sprachliche Defizite, Statusinkonsistenz, verminderte Chancen bei der Berufseinmündung – bisher akzeptiert, wurden nun folgenreich in Frage gestellt: »Nirgendwo in Europa«‹«, so der Korrespondent der *Frankfurter Rundschau*, Klaus Bachmann, »wurden in den letzten Wochen so viele Moscheen in Brand gesteckt wie in den Niederlanden. Moslemvertreter sprechen von einer antimoslemischen Welle, Politiker beschuldigen die Medien, Stimmung gegen die einheimischen Moslems zu machen und den Islam an den Pranger zu stellen.« In diesem Zusammenhang wurden Umfragen bekannt, wonach 10% der befragten Muslime sich positiv zu den Anschlägen äußerten und gar 21% der befragten Marokkaner den Djihad gegen den Westen befürworteten. Besonders Furore machte das Buch eines Redakteurs der Tageszeitung *Trouw,* Jaffe Vink, der in dem *Brief an meine Tochter* betitelten Text behauptet, dass in den Niederlanden ein molekularer Bürgerkrieg herrsche, dass Bürger aus den Antillen und Bürger marokkanischer Herkunft eine sechsmal höhere Delinquenzrate aufwiesen als der Durchschnitt der Niederländer (vgl. Bachmann 2001). Das sieht die kriminologische Forschung etwas differenzierter: Für die Niederlande gilt jedenfalls, dass in entsprechenden Dunkelfeldstudien holländische und türkische Jugendliche gleichauf liegen, während surinamesische Jugendliche überrepräsentiert sind; beträchtlich überrepräsentiert seien jedoch marokkanische und karibische Jugendliche (Albrecht 2001). Das spricht jedoch eher für eine Überrepräsentanz aus Gründen der Immigration, denn der Religion.

Gleichwohl: Die gegenwärtige Weltlage – nach dem menschenverachtenden Massenmord von New York – lässt eine unbefangene wissenschaftliche Auseinandersetzung mit der Frage nach den dem Islam innewohnenden gewaltsamen Tendenzen, wie sie – weniger forsch als oftmals behauptet – Samuel Huntington debattierte, kaum zu. Die Reaktionen zumal der Politik, die hier einen Kreuzzug ausrief und dort von Angriffen auf die Demokratie sprach, bzw. eine Attacke auf die ganze zivilisierte Welt beobachtet, zwingen uns, uns unserer eigenen zentralen Werte zu versichern. Während es über Jahre darum zu gehen schien, Toleranzspielräume des gesellschaftlichen Pluralismus auszuloten, scheinen westliche Gesellschaften jetzt gezwungen, ihre einigenden normativen Kernelemente zu benennen.

Dabei ist darauf hinzuweisen, dass es – mindestens aus soziologischer Sicht – alles andere als klar ist, ob es »Werte« – was immer das sein mag – sind, die die Gesellschaft zusammenhalten. Die Gesellschaft, so lehrt uns die systemtheoretische Soziologie, ist vor allem ein Kommunikationssystem, in dem unterschiedliche, nach eigenen Funktionsweisen prozessierende und operativ geschlossene autopoietische Systeme sich zueinander als Umwelten verhalten, die jeweils zu Irritationen, aber nicht mehr zu kausalen Beeinflussungen führen können. Die Gesellschaft als System aller Kommunikationssysteme besteht mithin aus den Subsystemen von Politik, Wirtschaft, Wissenschaft und Kunst, die wiederum mit den einfachen Sozialsystemen persönlicher Interaktionen durch strukturelle Koppelungen verbunden sind.

Die autopoietischen, ausdifferenzierten Subsysteme selbst operieren über Medien und Codes, also über Macht, Recht, Geld, Wissen und Kunstwerke und werden über die Codes von stark oder schwach, legal oder illegal, von Haben oder Nichthaben, wahr oder falsch, gelungen oder misslungen kommuniziert. Codes sind keine Werte und die Gesellschaft besteht – nach dieser Theorie – auch nicht aus Menschen, sondern wie bereits erwähnt, aus Kommunikationen. Auch ein Gefängnis, ein KZ, eine Hungerregion oder eine Gangsterbande sind noch Teil der Gesellschaft und auch ein verbrecherisches politisches System – sei es nun der Nationalsozialismus oder das Regime der Khmer Rouge in Kamputschea – prozessiert noch, ist Gesellschaft.

Wer also nach Werten fragt, fragt nicht nach der Gesellschaft, sondern nach einer bestimmten Form und Qualität des politischen Gemeinwesens, von dem angenommen wird, dass es den Kriterien dessen entspricht, was vor dem Hintergrund von etwa dreitausend Jahren abendländischer Entwicklungsgeschichte aus den Quellen der hebräischen Bibel, der griechischen Philosophie und des römischen Rechts als »Zivilisation« gilt.

Als zentrale Werte des durch den grausamen Massenmord vom 11. September 2001 beeinträchtigen Gemeinwesens wurden »Zivilisation« und »Demokratie« genannt. Diese Wertsetzungen sind das Ergebnis einer Interpretation, denn tatsächlich weiß man – da man der Täter und möglichen Anstifter nicht habhaft geworden ist – überhaupt nicht, wogegen sie sich richteten: gegen die Zivilisation, die Demokratie, die USA, den Westen, die Menschheit – Größen, die in keinem Fall miteinander identisch sind. Was aber aus ihrem Verhalten zweifelsfrei und ohne jede Interpretation hervorgeht, ist, dass ihnen weder das eigene Leben noch das Leben tausender anderer, ihnen unbekannter Menschen etwas wert war, ebenso wenig wie ein würdevolles, schmerz- und qualfreies Sterben. Indem wir uns darüber empören, bekräftigen wir zunächst, dass unser zentraler Wert ein Leben oder auch Sterben in Würde ist. Diese auf Wertmaßstäben beruhende öffentliche Selbstvergewisserung, die Verbrecher als Feinde ihres Lebensgefühls etikettierte, musste sich, wenn es um politische Konsequenzen ging, einer anderen Sprache und damit auch einer anderen Erklärung des Verbrechens bedienen.

Die politisch als relevant erachteten Ursachen des Verbrechens, also jene Ursachen, die dann als zureichend für die Erklärung des Bündnisfalls und den militärischen Einsatz von Bundeswehreinheiten im Krisengebiet angesehen wurden, sind nach Maßgabe der vom Deutschen Bundestag am 14. November beschlossenen Regierungsvorlage folgende:

1. »Die Bereitschaft des Talebanregimes, Führer und Ausbilder von Terroristen zu beherbergen«;

2. von Gruppen also, »die in ihrer menschenverachtenden Gesinnung eine... Bedrohung aller Völker darstellen.«

3. Gruppen, die »von außen« die USA angegriffen haben.

Diese, im Antrag der Bundesregierung enthaltenen Erklärungsmomente stellen die »menschenverachtende Gesinnung«, also noch einmal eine Werthaltung des Al-Quaida Netzwerkes in den Mittelpunkt. Die darauf folgende, am 16. November verabschiedete, staatsrechtlich nicht bindende Erklärung der Koalitionsfraktionen, betont zudem – ebenfalls noch in der Sprache grundsätzlicher Prinzipien – die »zynische Missachtung weltweit gültiger humanitärer Grundsätze und über Kulturgrenzen hinweg geteilter Wertauffassungen« sowie »lange schwelende Regionalkonflikte«, bei deren Lösung zumal »die mit den Verbündeten abgestimmten Vermittlungsbemühungen des Außenministers im Nahostkonflikt eine Schlüsselrolle« einnehmen.

Zugleich wird das weltweite Gefälle zwischen Arm und Reich als Nährboden des Terrorismus für wesentlich erachtet. Indem die Koalitionsfraktionen in ihrem Entschließungsantrag darüber hinaus die besondere Bedeutung muslimisch geprägter Staaten bei der Bekämpfung des Terrorismus herausstellen, und der Überzeugung Ausdruck verleihen, »dass die Ablehnung des Terrorismus von der überwältigenden Mehrheit der Muslime in der Welt geteilt« werde, gibt die Entschließung zugleich kund, dass eine Minderheit von Muslimen den Terrorismus akzeptiert. Neben dem Nahostkonflikt um Israel und Palästina, dem globalen Gefälle von Arm und Reich wird mithin als Drittes ein minderheitlicher Islam als Ursache für das Verbrechen benannt. Implizit wird damit – ob zu Recht oder zu Unrecht sei hier dahingestellt – neben dem gewalttätigen Islamismus auch die Politik des Staates Israel als indirekte Ursache des Terrors namhaft gemacht.

Von besonderem Interesse sind jedoch die Erklärungen, die führende Politiker der GRÜNEN, vor allem jener, die zunehmend militanter für die militärischen Aktionen der Bundeswehr eintraten – verlassen sie doch die vorsichtig formulierte Sprache von Diplomatie und Regierungsverlautbarungen und riskieren eine substantielle, eine politische Erklärung, die sich zwar noch der Rhetorik der Werte bedient, sie aber deutlich in Richtung auf eine im engeren Sinn politische Argumentation überbietet. So äußerte etwa Daniel Cohn-Bendit am 22. September in der *taz* die Überzeugung, dass weder Bush noch Fischer, noch Schröder einen Krieg oder einen Kreuzzug gegen das Böse führten. »Wir müssen«, so Cohn-Bendit voller Überzeugung, »zur Kenntnis nehmen, dass eine unsichtbare Armee, ausgebildet in Afghanistan und anderswo, bereit ist zu Aktionen, die in ihren barbarischen Dimensionen als Verbrechen gegen die Menschlichkeit zu werten sind. Diese unsichtbare Armee könnte morgen bereits Miniatombomben auf Städte abwerfen oder Flugzeuge auf Atomkraftwerke lenken. Sie hat klar definierte Ziele: Für sie sind wir in Europa Teil der zivilisatorischen

Ordnung, die sie zutiefst hassen. Mit ihren Aktionen gegen unsere Welt erobern sie die Köpfe und Herzen von Millionen von beleidigten und erniedrigten Menschen in der arabischen Welt, um mit ihnen zunächst die Macht in Afghanistan und Saudi-Arabien zu erobern. [...] Eine faschistoide, frauenfeindliche Ideologie wie die des Taliban-Regimes in Afghanistan ist nicht das Ergebnis des Unglücks in der Welt, einer ungerechten Weltordnung oder des tödlichen Handelns der Israelis in Palästina. Nein, der radikale Islamismus surft auf dem Unglück der arabischen Massen wie einst der Bolschewismus auf dem Unglück des Proletariats. Wir erleben einen Kampf der Kulturen, jedoch nicht den Kampf der christlich-jüdischen Zivilisation gegen die islamische. Es ist ein Kampf um den Anspruch eines religiösen Fundamentalismus in einer ganzen Region, die Macht zu übernehmen und jegliche laizistisch-republikanische Ordnung zu zerstören.« (Cohn-Bendit 2001)

Auch hier ist noch von Hass und faschistoiden Gesinnungen die Rede, auch noch von einer zu verteidigenden zivilisatorischen Ordnung, vor allem aber von einem politisch motivierten Willen zur Macht. Mehr als sechs Wochen später präzisierten Cohn-Bendit und Fücks – wiederum in der *taz* – die letzte Behauptung, wonach religiöser Fundamentalismus, Islamismus, die Macht in der ganzen Region übernehmen wolle: »Weder repräsentieren die ›Heiligen Krieger‹ des 11. Septembers die Verdammten dieser Erde noch kämpfen sie mit falschen Mitteln für eine gerechte Sache. Sie sind Feinde einer pluralistischen, kosmopolitischen, zivilen Gesellschaft. In diesem Sinn waren die Anschläge gegen die USA tatsächlich eine ›Kriegserklärung an die zivilisierte Welt‹. Die Frontlinie dieses Konflikts verläuft allerdings nicht zwischen dem ›freien Westen‹ und dem Rest der Welt. Der Kampf zwischen freiheitlichen und totalitären Bestrebungen findet ebenso in einer Vielzahl von islamisch geprägten Ländern statt, die sich zum Teil der ›Allianz gegen den Terror‹ angeschlossen haben. Allein in Algerien sind in den letzten Jahren 100.000 Menschen dem Terror der Islamisten und dem Gegenterror des Staates zum Opfer gefallen. Iran, Ägypten, der Sudan, Somalia, Nigeria, Kaschmir und Palästina sind weitere Schauplätze dieser Auseinandersetzung. Es wird Zeit, diese Zusammenhänge zur Kenntnis zu nehmen, statt sie zu verdrängen.

Das nächste Etappenziel al-Qaidas und der Taliban auf dem Weg zu einem neuen Kalifat ist die Machtübernahme der Islamisten in Saudi-Arabien und Pakistan. Saudi-Arabien ist hoch gerüstet und eine sprudelnde Geldquelle, Pakistan verfügt über die Atombombe. Es braucht nicht viel Fantasie, um sich auszumalen, was dieses Szenario bedeutet. Die demokratische Welt kann das Vorrükken des militanten Islamismus durch zwei Fehler beschleunigen: durch eine militärische Überreaktion auf den 11. September – aber auch durch mangelnde Entschlossenheit. Um in dieser Situation ausgleichend handeln zu können, muss die Bundesregierung auf eine reflexive, kritische Solidarität Europas mit den

Vereinigten Staaten setzen und nationale Sonderwege ablehnen.« (Cohn-Bendit/Fücks 2001)

2. Die politischen Ursachen des Anschlags

Nun ist dieser Analyse in Teilen durchaus zuzustimmen. Allerdings ist der Hinweis auf die Globalisierung ziemlich banal – was hätte heute nicht damit zu tun? Sie erklärt ungefähr soviel, wie der Hinweis auf den Kapitalismus unterschiedliche Eigentumsdelikte, vom kleptomanischen Ladendiebstahl über Bilanzfälschungen bis zum brutalen Raubmord erklärt.

Gegen die These von der ursächlichen Rolle der Armut als Hintergrund des Massenmords spricht zunächst, dass die Täter wohlhabende, gebildete Männer waren und auch der virtuelle Hauptverdächtige – Ben Laden – kein armer Mann ist. Wenn er bzw. sein Vater durch strukturelle Gewalt gedemütigt wurden, dann durch die der saudischen Gesellschaft, von der sie schließlich profitierten. Dennoch: Wurde Ben Laden – angenommen, er sei am New Yorker Anschlag schuld – nicht von der CIA unterstützt? Gleichwohl sollte man den damals noch existenten Kalten Krieg nicht vergessen. Immerhin hat niemand die Sowjetunion 1979 gezwungen, in Afghanistan einzumarschieren und damit den Widerstand der Modjahedin zu provozieren. Will man die USA dafür kritisieren, dass sie den antisowjetischen Widerstand unterstützten? Die USA – so haben anfangs Stimmen aus der Friedensbewegung behauptet – haben das Klimaabkommen boykottiert und den ABM-Vertrag aufgekündigt! Warum kam der Terror dann nicht aus Russland oder Brasilien? Sie haben die Lösung des Palästinakonflikts schleifen lassen? Unter den Attentätern findet sich kein Palästinenser und nicht einmal die israelische Regierung unterstellt ihnen eine Beteiligung.

Schließlich wurde das Attentat schon zu einer Zeit vorbereitet, als sich die USA im nahöstlichen Friedensprozess höchst konstruktiv betätigt haben! Gefragt wird auch, ob nicht Weltbank und Internationaler Währungsfonds unter Führung der USA die Länder des Südens immer tiefer ins Elend gestürzt haben. Soweit es sich bei dieser Vermutung nicht um eine verschwörungstheoretische Projektion handelt, gilt noch immer – auch und gerade in der Weltgesellschaft –, dass strukturelle Gewalt von universellen Strukturen ausgeht, in diesem Fall von der auch von uns gelebten und geliebten kapitalistischen Wirtschaftsordnung. »Der Arme«, so hat es Hegel in Bezug auf die Paupers seiner Zeit unüberbietbar deutlich gesagt, »Der Arme ist [...] mein Wille«. Wenn denn wirklich die strukturelle Gewalt der Weltgesellschaft die Ursache des Massenmords war, dann sind wir, jeder für sich in seinem Wohlstand, die Schuldigen, nicht die USA.

Aber soweit muss man nicht gehen. Die Ursachen dürften komplexer, aber eben auch trivialer sein: Es handelt sich um vielfältige, ökonomische, kulturelle und religiöse Facetten der missglückten und halbierten Modernisierung ganz unterschiedlicher arabischer und islamisch geprägter Gesellschaften, um eine höchst vermittelte Spätfolge des europäischen Kolonialismus bzw. des Triumphalismus des christlichen Abendlandes. Das spezifisch Arabische liegt – das heißt nicht, Samuel Huntington recht zu geben – in der immer wieder von kolonialen und neokolonialen Interessen sabotierten Demokratisierung der arabischen und zu Teilen der islamischen Welt. Über Jahrzehnte hat der Westen – beginnend mit der Aufteilung der arabischen Territorien des Osmanischen Reiches nach dem Ersten Weltkrieg über den Suezkrieg bis hin zur Unterstützung der diktatorischen FNL gegen die demokratisch gewählte islamistische Mehrheit in Algerien – die eigenen Verheißungen mit Füßen getreten.

Wenn man also Fücks und Cohn-Bendit in ihrer Zurückweisung einer wesentlichen Rolle der USA bei der Erklärung des Verbrechens Recht geben muss, so sind doch ihre weiteren Annahmen – nicht zuletzt deshalb, weil sie, wenn für wahr gehalten und ernst genommen, von großer weltpolitischer Tragweite sind – besonders sorgfältig zu untersuchen: Wenn Fücks und Cohn-Bendit das »nächste Etappenziel al-Qaidas und der Taliban« beschreiben, wird nicht mehr der Wille zur Macht alleine genannt, sondern die Macht, nach der der islamistische Terrorismus strebt, angedeutet. Fücks und Cohn-Bendit schweigen sich freilich darüber aus, was das von ihnen angedeutete Szenario bedeutet – an dieser Stelle ist lediglich zu fragen, warum sie sich darüber ausschweigen. Sollte es sich um eine Antwort, um eine Wahrheit handeln, die der hiesigen Öffentlichkeit bei aller Bereitschaft zu militärischen Einsätzen derzeit noch nicht zumutbar ist?

Der stets regierungsnahe und einer vulgärmarxistischen Einstellung gewiss nicht verdächtige Historiker Michael Stürmer gab das Geheimnis am 31. Oktober in der Tageszeitung *Die Welt* preis: »Die amerikanische Strategie muss nicht nur Israel ruhig halten und Pakistan stabilisieren. Sie muss zuerst und vor allem das Haus Saud vor dem Einsturz und die Welt vor einer Ölpreiskrise bewahren, welche – so ältere CIA-Analysen – die Vorgängerkrisen von 1973 und 1979 wie ein Kinderspiel erscheinen lassen würde. Dass der bekannteste Saudi Bin Laden heißt, dass von den 19 Flugzeugentführern mehr als die Hälfte guten Familien des Königreichs entstammte und dass die Regierung in Riad nach dem Anschlag die Identifizierung der Täter blockierte, die Bin-Laden-Familie aus den USA ausfliegen ließ und sehr zurückhaltend war, den im Lande stationierten Amerikanern militärische Operationen zu gestatten, bestätigt die Analyse, dass das Haus Saud auf Sand gebaut ist und das große Ölfass der Welt in Gefahr ist. Ziel aller Ziele des Terrormeisters in Afghanistan ist es, er hat es oft wiederholt, das Regime der Saud zu zerstören. Dann ist er König von Arabien, Herr über Waffenarsenale, Öl und unbegrenztes Geld, und dann kann er Rache nehmen für die Ausbürgerung und wie ein Nachfolger des Propheten auf einem Esel in Mekka einreiten. Aus amerikanischen Geheimdiensten kamen dieser Tage, wie der Zufall spielt, Abhörprotokolle an die Öffentlichkeit, welche die National Security Agency seit 1994 aus Telefongesprächen der Saudi-Machthaber auf vermeintlich gesicherten Leitungen gewonnen hatte [...] In der Zeitschrift *New Yorker* skizzierte Seymour Hersh, ein Sachkenner, was die Prinzen einander mitzuteilen hatten, und leitete daraus Erkenntnisse ab, die zu ernster Sorge Anlass geben. [...] Die Intercepts zeigen ein zunehmend korruptes Regime, das sich den religiösen Kräften des Landes tief entfremdet hat. Es ist so geschwächt und beängstigt, dass es seine Zukunft verpfändet hat, indem es Hunderte von Millionen Dollar als Schutzgeld an fundamentalistische Gruppen zahlt, die es stürzen wollen. [...] Seit 1996, so lernte die NSA, finanzierten die Saudi-Prinzen und ebenso die reiche Oberschicht das Al-Qaida-Netz und andere Kampfgruppen in Afghanistan, Libanon, Jemen, Zentralasien und in der gesamten Golfregion. Hunderte junger Saudis schlossen sich den Netzwerken des Fundamentalismus an auf der Suche nach der verlorenen kulturellen Identität. Die reiche Führungsschicht – eingeschlossen die Ben-Laden-Sippe – hält Korruption für ihr Geburtsrecht und lebt abgehoben von den Sorgen und Nöten der Masse. Die Mehrzahl der Bevölkerung ist jünger als 18 Jahre. Viele sind arbeitslos und schlecht ausgebildet. Aus ihnen rekrutieren sich die Fußsoldaten des drohenden Umsturzes. Mit den USA besteht eine alte Öl-, Industrie- und Finanzsymbiose, die keiner der Partner aufs Spiel setzen will. Der Sand aber rinnt durch das Stundenglas der Dynastie. Unterdessen zahlen die Saudi-Prinzen den Islamisten Schutzgeld und verlangen Schutz von den Amerikanern. Wer solche Freunde hat, braucht keine Feinde.« (Stürmer 2001)

Nun hat die Frage nach den materiellen Interessen, die hinter dem Waffengang des Westens stehen, spätestens seit den Ausführungen Ahmed Rashids über die Taleban immer wieder Anlass zu Spekulationen gegeben: Der Umstand, dass zwei konkurrierende Ölgesellschaften lange Zeit mit den Taleban verhandelten, ist ja nicht aus der Welt zu schaffen. Gleichwohl scheint die Annahme, dass hier nun doch das banale Schlagwort von Blut und Öl zutreffen könnte, zu absurd. Andererseits: Auch besonnene Stimmen können und wollen sich einer derartigen Perspektive nicht gänzlich verschließen. Friedemann Müller, wissenschaftlicher Mitarbeiter der regierungsnahen Stiftung Wissenschaft und Politik kam in einem außerordentlich differenzierten und nuancierten Aufsatz zum Thema *Großes Spiel? Amerika, Afghanistan und das Öl* einerseits zu dem Ergebnis, dass die Pipelines für Öl oder Erdgas, die durch Afghanistan führen würden, letztlich vernachlässigbare Größen seien und dass seitens der US-Administration der Zugriff auf vorhandene oder vermutete Öl- oder Erdgasreserven am Kaspischen Meer und östlich davon keine Priorität genössen. Die Eigenversorgung der USA beruhe umso mehr auf Lieferungen aus dem Golf, die von Hafen zu Hafen militärisch bewacht werden könnten. Ein besonderes Interesse aber müsse – so Friedemann Müller – Europa an der kaspischen Region haben: »Nach Europa dagegen kann das Öl und Gas unter Wettbewerbsbedingungen transportiert werden, wenn die entsprechende Infrastruktur bereitgestellt würde. Dies ist bisher nicht der Fall, und Europa zögert, diesem Vorhaben Vorrang einzuräumen. Unterdessen gehen die Ölvorkommen in der Nordsee zur Neige, und mit den Beitrittsländern erhält die EU neue Mitglieder, die nicht über Öl- und Gasvorkommen verfügen.« (Müller 2001) Aus dieser Perspektive hatte Bundeskanzler Schröder Recht, wenn er als immer wiederkehrende Begründung für den Militäreinsatz nicht nur moralische Bündnissolidarität aufbot, sondern die Wahrnehmung »unserer eigenen Interessen«. Die europäischen, die deutschen Interessen schneiden sich in diesem Waffengang mit den US-amerikanischen insofern, als die Europäer hier eigene geopolitische Interessen wahrnehmen und die USA eine langfristige politische Bedrohung ihrer »Zivilisation« abwehren. Denn – um noch einmal Friedemann Müller das Wort zu geben: »Afghanistan kommt also keine geostrategische Bedeutung bei der Erschließung oder dem Transport von Energie zu. Die Achillesverse der Weltwirtschaft befindet sich am Golf. Dessen Bedeutung wird wachsen, weil andere Ölquellen früher zur Neige gehen, und bald die ganze Welt an diesem Tropf hängt, die politischen Regime jedoch einen gewaltigen Sprengsatz in sich bergen. Diesen Konflikt zu entschärfen liegt im Interesse unserer Energieversorgungssicherheit. Auf dieser Ebene verbindet sich die Lage am Golf dann doch mit dem Schicksal Afghanistans.« (Müller 2001)

Man muss weder Hobson noch Lenin oder Luxemburg bemühen, um die hier geschilderte Konstellation als »imperialistisch« zu bezeichnen. Angesichts der hier vorgetragenen Analysen und unserer aktuellen Situation verbietet sich eine vorschnelle moralische Verurteilung dieses Phänomens – ich meine das, was man als »Imperialismus« bezeichnet – ohnehin und unsere gegenwärtigen Debatten mögen uns lehren, das, was zumal die deutsche Linke zu verurteilen nicht genug tun konnte, mit etwas mehr Fairness zu betrachten: nämlich den spanischen, französischen, niederländischen und vor allem britischen Imperialismus des achtzehnten und neunzehnten Jahrhunderts. Hannah Arendt, die ihrerseits dem britischen Kolonialismus nicht das Geringste abgewinnen konnte und ihn zumal in *Elemente und Ursprüngen totaler Herrschaft* auf das Schärfste kritisierte, wusste, wovon sie sprach, als sie den überseeischen Imperialismus Großbritanniens und Frankreichs mit dem von ihr so genannten kontinentalen Imperialismus konfrontierte. Während sie jenem immerhin zugute hielt, an einem Minimum freiheitssichernder staatlicher Institutionen festzuhalten, kritisierte sie vor allem am russischen und deutschen Imperialismus seine grundsätzliche Staatsfeindlichkeit. Der kontinentale Imperialismus schlägt für Arendt mit einer gewissen Notwendigkeit in völkischen Nationalismus um und es ist der Gedanke eines nicht mehr, noch nicht oder nie als Nation verfassten Reiches, das den politischen Rahmen für die imperiale Expansion darstellt, an dessen porösem, universalistischem Rahmen sich paradoxerweise die extrem partikularistischen, völkischen Bewegungen Kontinentaleuropas ausgerichtet haben:

»Politisch gesprochen ist es dem völkischen Nationalismus eigen, darauf zu bestehen, dass das eigene Volk von ›einer Welt von Feinden umgeben‹, in der Situation des ›einer gegen alle‹ sich befindet, und dass es infolgedessen nur einen Unterschied in der Welt gibt, den Unterschied zwischen einem selbst und allen anderen. Er behauptet stets, dass das eigene Volk einzigartig und seine Existenz mit der gleichberechtigten Existenz anderer Völker unvereinbar sei; lange bevor das völkische Bewusstsein dazu gebraucht und in gewissem Sinn auch missbraucht wurde, das Wesen des Menschen zu vernichten, hat es theoretisch und in der Gesinnung die Möglichkeit der Menschheit als eine regulative Idee aller Politik zu vernichten.« (Arendt 1955: 368)

Ein angemessenes Verständnis der politischen Rahmenbedingungen und materiellen Interessen in jenem Prozess, den als »Globalisierung« zu bezeichnen wir uns gewöhnt haben, und der auf der juridischen Ebene einerseits durch das emergente, von keinem zurechenbaren Staatsvolk mehr getragene internationale Privatrecht, andererseits durch die Moral und Recht nicht streng trennenden Maßgaben von Menschen- und Völkerrecht im Rahmen der UN gekennzeichnet ist, erfordert eine neue Beschreibung des Systems der internationalen Politik.

Martin Albrow erkennt das Heraufkommen einer Epoche, in der der Staat sich dezentriert, die nationalen Grenzen überschreitet und die Alltagsroutinen der Menschen, in denen er sich realisiert, durchdringt. So entstehe ein Weltstaat, der die klassischen Elemente des Nationalstaats wie legitimes Gewaltmonopol, Nationalität und Territorialität neu ordnet, indem er Nation und Staat voneinander entkoppelt. Der globale Staat, so hofft Albrow, werde immer dann ins Leben treten, »wenn das Individuum in seinem Handeln die Interessen eines weltumspannenden Gemeinwohls berücksichtigt und sich entsprechend verhält.« (Albrow 1998: 277) Der globale Staat entspricht in dieser Perspektive etwa dem, was man als globalisierte Zivilgesellschaft beschreiben könnte und es wäre eine reizvolle soziologische Aufgabe, sich zu vergegenwärtigen, auf wie viele Bataillone diese globale Zivilgesellschaft tatsächlich rechnen kann.

Auf diese Situation, in der westliche Staaten einschließlich Deutschlands – und das war die hellsichtige Ursachenanalyse von Cohn-Bendit und Fücks, von Stürmer und Müller – jedenfalls nicht nur um Werte, sondern auch um die langfristige geopolitische Sicherung der eigenen Ressourcen Krieg führen und mithin eine realistische Analyse als Ursache des Verbrechens weniger eine menschenverachtende Ideologie, denn ein machtpolitisches Interesse der Schwächung des Westens erkennt, eine explanativ und normativ befriedigende Antwort zu finden, ist nicht eben einfach. Wir tun uns – differenziert, wie wir zu denken gelernt haben – zu Recht schwer, eine beinahe vulgärmarxistische Analyse zu akzeptieren und kommen doch um die Einsicht nicht herum, dass sie noch am erklärungskräftigsten ist. Wenn dem tatsächlich so wäre und wenn wir zugleich keinen Grund haben, an der moralischen und humanitären Aufrichtigkeit mindestens eines Teils der den Waffengang befürwortenden Intelligenz zu zweifeln, dann mag das daran liegen, dass die »Globalisierung« derzeit eine neue politische Ordnung hervorbringt, die durch das kaum entwirrbare Gegen- und Miteinander einer imperialistischen und einer imperialen Logik gekennzeichnet ist.

Der als Terrorist verurteilte italienische Politologe Antonio Negri hat gemeinsam mit dem US-amerikanischen Literaturwissenschaftler Michael Hardt ein vielschichtiges und merkwürdiges Buch geschrieben, das unter dem Titel *Empire* nicht weniger beansprucht, denn eine neue welthistorische und wohl geschichtsphilosophische Erläuterung des gegenwärtigen Zeitalters zu liefern. Auf die Details kann hier nicht eingegangen werden. Indes: Die mit dem gegenwärtigen Waffengang besiegelte Ununterscheidbarkeit zwischen Außen- und Innenpolitik, die Widersprüchlichkeit der USA, die sich einerseits als globale und imperiale Ordnungsmacht mit hohen moralischen Ansprüchen geriert, um sich andererseits in der Stunde der Gefahr wie ein geschlossener Nationalstaat aufzuführen, die Selbstabschaffung der UN sowie die Eröffnung eines neuen Zeitalters internationaler Protektorate bestätigen, dass der Begriff des »Imperiums«, des »Reiches« in seiner Diffusität, Moralität mitsamt allen machtpolitischen Implikationen durchaus zutreffend ist. Imperien haben es an sich, in jeder Hinsicht – im Guten wie im Bösen – universalistische Ansprüche zu erheben. Als die indische Autorin Arundhati Roy George W. Bush und Osama Ben Laden einander gleichsetzte, erntete sie heftigen Protest. Dass sie dabei die nicht nur aus der Romantik bekannte literarische Figur vom fremden Spiegelbild belebte, mag sie gewusst haben. In Leo Tolstois *Hadschi Murat* sind ein genozidaler russischer Zar und ein fanatischer, mörderischer tschetschenischer Imam parallel konstruiert, in Joseph Conrads *Herz der Finsternis* kann an der Faszination, die Marlow, der Ich- Erzähler, für den überaus grausamen Kurtz hegt, gar kein Zweifel herrschen, und auch Thomas Mann dürfte sehr wohl gewusst haben, was er tat, als er mitten im Zweiten Weltkrieg einen Essay verfasste, den er *Bruder Hitler* nannte.

Es könnte sein, dass die Schuldzuweisung an den Islamismus in der immer wieder zu verdrängenden, durchaus irritierenden Einsicht besteht, dass in dieser Ideologie – die bei all ihrer Mordlust und Menschenverachtung eines nicht ist, nämlich partikularistisch, wie schon die internationalen Brigaden der Al Quaida zeigen – dem imperialen westlichen Universalismus ein ebenso universalistischer Schatten, ein unerträgliches Zerrbild seiner Selbst erstanden ist: die eigene Frage, wie Carl Schmitt immer wieder den expressionistischen Dichter Theodor Däubler zitierte, die eigene Frage als Gestalt!

Literatur

Albrecht, H. (2001): Immigration, Kriminalität und innere Sicherheit, in: G. Albrecht u.a. (Hg.) Gewaltkriminalität zwischen Mythos und Realität, Frankfurt/Main S. 273/75

Albrow, M. (1998): Abschied vom Nationalstaat – Staat und Gesellschaft im Globalen Zeitalter, Frankfurt/Main.

Arendt, H. (1955): Elemente und Ursprünge totaler Herrschaft, Frankfurt/Main.

Bachmann, K. (2001): Risse im Bild, in: *Frankfurter Rundschau* am 7.11.

Cohn-Bendit, Daniel (2001): Für die solidarische Globalisierung – Wer eine militärische Koalition gegen den Terrorismus will, muß gleichzeitig eine Koalition der Zivilgesellschaft gegen den Totalitarismus schmieden; in: *die tageszeitung (taz)* am 22.09.

Cohn-Bendit, Daniel/Fücks, Martin (2001): Grüne müssen Brücken bauen, in: *die tageszeitung (taz)* am 12.11.

Heitmeyer, W. u.a. (1997): Verlockender Fundamentalismus, Frankfurt/Main.

Hardt, M./Negri, A. (2002): Empire – Die neue Weltordnung, Frankfurt/Main.

Müller, Friedemann (2001): Großes Spiel? Amerika, Afghanistan und das Öl, in: *FAZ* am 30.11.

Stürmer, M. (2001): König Fahd Bin Abdul Aziz: Das Haus der Saud ist auf Sand gebaut, in: *Die Welt* am 31. 10.

Sabine Kebir

Demokratie und islamische Identität in der Geschichte Algeriens

Im Westen lautet ein häufiger Allgemeinplatz, dem Islam sei die Demokratie wesensfremd. Dies scheint um so plausibler, als die Islamisten ihrerseits behaupten, dass Demokratie »kofr«, d.h. Atheismus sei. Dieser Standpunkt kann indes auch theologisch bestritten werden. Aus der im Islam grundlegenden absoluten Einheit Gottes folgt, dass kein Mensch, keine Menschengruppe und auch kein Herrscher beanspruchen kann, etwas von der Weisheit Gottes definitiv zu besitzen. Gottes Wille kann eigentlich immer nur annähernd erforscht werden, ein Vorgang, der Bildung und Teilnahme aller Gläubigen eigentlich sogar erfordert.

Auf der konkreten historischen Ebene lassen sich ebenfalls deutlich Bewegungen erkennen, die eine Entwicklung der islamischen Gesellschaften zum Laizismus und zur Demokratie für möglich und notwendig erachtet haben. Auch am Beispiel Algeriens ist leicht zu zeigen, dass es vor allem die kolonialen Strukturen waren, die in der Neuzeit eine Demokratisierung der islamischen Völker verhindert haben.

Zunächst ist die Frage zu stellen, wieso sich vor der 1830 beginnenden französischen Eroberung Algeriens keine demokratischen Ansätze herausgebildet hatten. Die Antwort hat wenig mit dem Islam zu tun: Algerien war Teil des Osmanischen Reichs, das durch die Einführung von Selbstbestimmung in seinen Kolonien von diesen keine Tributzahlungen mehr hätte verlangen können. Dieselbe ökonomische Logik verhinderte auch, dass die autochtonen Bewohner des 1848 zum integralen Bestandteil der französischen Republik erklärten Algeriens in den sich im »Mutterland« vollziehenden Demokratisierungsprozess einbezogen wurden. Man brauchte sie nicht als Bürger, man brauchte nur die fruchtbaren Teile ihres Landes.

Dass die Chancen von Demokratisierungen nicht von der Kultur der Kolonisierten abhing, sondern von den politischen Weichenstellungen des Kolonisators, zeigt sich deutlich, wenn man die Geschichte der algerischen Juden und der Muslime parallel betrachtet. Unter den Osmanen hatten die Juden gemäß traditionellem islamischen Gesetz einen etwas minderen Status gegenüber den autochtonen Muslimen. Dennoch waren beide Gruppen durch ihren Status als Unterworfene, aber auch durch die gemeinsame Sprache und große Teile ihrer Alltagskultur eng verbunden.

Ab 1865 konnten Muslime und Juden die Bürgerrechte der französischen Republik erlangen, wenn sie ihre Religionsgemeinschaft verließen, die ja auch eine jeweils spezifische Rechtsgemeinschaft war. Da ein Übergang zum Atheismus undenkbar war, bedeutete das praktisch, dass man Katholik werden musste, um die vollen Bürgerrechte zu erlangen. Davon machten bis 1870 nur sehr wenige Juden und Muslime Gebrauch. In diesem Jahr gelang es dem französischen Politiker Adolphe Crémieux, die kollektive Emanzipation der damals ungefähr 16000 algerischen Juden gesetzlich durchzusetzen. Viele Juden und sogar das jüdische Konsistorium in Algier standen dem Décrét Crémieux zunächst aber ablehnend gegenüber, weil ihnen die politischen Risiken klar waren, sollten den Muslimen die Bürgerrechte endgültig verweigert werden.[1]

Drei Jahre zuvor war das Land von einer Hungerkatastrophe heimgesucht worden. Wegen rasch zunehmender Getreideexporte nach Frankreich war das traditionelle Einlagern von Vorräten für Dürreperioden aufgegeben worden. So kam es 1867/68 zu einer Hungersnot, die nach den in Standesämtern erhaltenen Unterlagen etwa einer Million Menschen – einem Drittel der damaligen autochtonen Bevölkerung – das Leben kostete. Der Bachaga von Medjana, El Mokrani, hatte sich mit über einer Million Francs verschuldet, um die Not zu lindern. Ohne wirkliche Unterstützung der Kolonialbehörden sah er sich dann jedoch außerstande, die zu 10% verzinsten Schulden zurückzuzahlen (vgl. Sari 1982).

Während dem jüdischen Teil der Bevölkerung 1870 der gleichberechtigte Aufstieg in den europäischen Teil der Kolonialgesellschaft ermöglicht wurde, sah sich die muslimische Bevölkerung nicht nur bürgerrechtlich zurückgesetzt, sondern der Gefahr des kollektiven Untergangs preisgegeben. Es war deutlich absehbar, dass die durch die Hungersnot nun viel schwächer besiedelten Ländereien endgültig in die Hand der zahlreichen, nach Algerien eingewanderten Europäer fallen sollten. In dieser Situation setzte sich El Mokrani und sein Bruder Boumezrag 1871 an die Spitze eines Aufstands. Aus den Äußerungen von Mokrani und Boumezrag ist deutlich zu entnehmen, dass sie sich nicht mehr gegen die Präsenz der französischen Armee und auch nicht gegen das französische Regime wandten, sondern gegen die vor allem von den Colons geforderte, die Muslime jeglicher Rechte beraubende Differenzierung des Rechts. Er habe sich »gegen die Zivilisten geschlagen, nicht gegen Frankreich und auch nicht für den

---

[1] Die hier und in den folgenden Abschnitten gegebenen Informationen zur Geschichte der algerischen Juden entnahm ich: Laloun, Jean/ Allouche, Jean-Luc (Hrsg.) (1987): Les juifs d'Algérie. Paris, sowie den in Anm. 7 aufgeführten Interviews. Jüdische Präsenz ist seit dem 2. Jahrhundert u.Z. in der damals christlichen Region belegt. Neben dem Christen Quoacila leistete auch die berberisch-jüdische Königin Kahina im 7. Jahrhundert den Arabern Widerstand. Während das Christentum im 12. Jahrhundert erlosch, blieben jüdische Gemeinden erhalten.

Heiligen Krieg«, sondern gegen die landhungrigen Einwanderer, jenes »miese Volk, das vorhat, Algerien zu regieren.«[2] Der Aufstand wurde niedergeschlagen, was eine Politik im Sinne der künftigen Colons einleitete, die tatsächlich den Großteil der besten Ländereien in Besitz nahmen.

Während die muslimische Bevölkerung von den fruchtbaren Äckern verdrängt, beziehungsweise auf ihnen nur noch als Tagelöhner zugelassen wurde, konnten die algerischen Juden unter Beibehaltung ihrer Religion ihre Kinder in die öffentlichen Schulen schicken. Ihnen standen nun auch die Staatsämter offen. So entwickelten sie sich bald zu einer soziologisch von den Arabern und Berbern abgehobenen, mehr und mehr europäisierten Schicht. Ihr Unbehagen drückte sich jedoch durch häufig anzutreffendes radikaldemokratisches Wählerverhalten aus.

In den urbanen Zentren und besonders auch in der nach der Jahrhundertwende einsetzenden muslimischen Emigration nach Frankreich lebte jedoch die von El Mokrani verfochtene Forderung nach Gleichberechtigung weiter. In den zwanziger Jahren sammelte sich im ostalgerischen Constantine um Ibn Ben Badis eine Gruppe von Korangelehrten, die »Oulema«. Deren Zeitschriften *El Mountakid* (Der Kritiker) und *Ech Chiheb* (Der Komet) akzeptierten ausdrücklich das Prinzip der Laizität sobald die Kolonialmacht auch den Muslimen unter Beibehaltung ihrer Religion und Kultur volle Bürgerechte gewähren würde. In dieser Perspektive wandten sie sich gleichermaßen gegen die – übrigens oft mit der Kolonialmacht kollaborierenden – fundamentalistischen Gruppen wie auch gegen die winzige Minderheit von ehemaligen Muslimen, die sich das Bürgerrecht durch Religionswechsel erkauft hatten. Ben Badis sah deutlich, dass die muslimische Identität einer Modernisierung bis hin zur Sprache bedurfte, wollte sie nicht sowohl in ihren überlieferten folklorischen Formen als auch in ihren fundamentalistischen Varianten über kurz oder lang dem Katholizismus unterliegen. Die Oulema waren bereit zu akzeptieren, dass die Muslime ein *gleichberechtigter* Teil der französischen Republik würden, sie waren sogar überzeugt davon, dass sie ihre differente Kultur unter den Bedingungen der Gleichheit besser pflegen könnten als im Status der Ausgrenzung und der Unterwerfung(vgl. Zahir 1983; Lacheraf 1978).

Wie El Mokrani haben die Oulema ihre Ziele gegenüber der Kolonialmacht nicht erreicht, aber einen großen Einfluss auf Teile der algerische Bevölkerung ausgeübt. Mein eigener Schwiegervater war Schüler von Ben Badis, der nicht zuletzt auch wesentliche Verbesserungen der Situation der Frau – z. B. die Einführung der Monogamie – für erforderlich gehalten hatte. Mein Schwiegervater pflegte eine Lebenshaltung zwischen bewusster Identitätswahrung und Fort-

[2] Boumezrag am 22.März 1973, in der dem Aufstand folgenden Gerichtsverhandlung. (Zitiert nach Ageron 1968: 9)

schrittskonzepten, denen republikanisch-laizistische Prinzipien zugrunde lagen. Als die Franzosen nach dem 2. Weltkrieg die öffentlichen Schulen für einen kleinen Prozentsatz der Muslime öffneten, hatte er – gegen den Willen vieler Freunde und Verwandten – auch seinen Töchtern den Schulbesuch ermöglicht. Er stellte ihnen frei, ob sie sich verschleiern wollten und verkaufte keine einzige in die Ehe. Als ich ihn 1975 kennenlernte, las er nie ein anderes Buch als den Koran und bis zu seinem Tod behielt er traditionelle Kleidung bei. Aber in der damals bereits vom wahabitischen Fundamentalismus infizierten Öffentlichkeit vertrat er seinen, oft europäisch gekleideten, aber viel rückschrittlicheren Freunden gegenüber die Meinung, dass ich als seine Schwiegertochter keinesfalls verpflichtet sei, zum Islam überzutreten. Weil sich seine tolerante Religion auch in vielen anderen Punkten mit der der Islamisten der Moschee nicht mehr vertrug, betete er nur noch zu Hause, eine Entscheidung, die damals viele ältere Menschen trafen.

In den 1920er Jahren hatte sich unter den Emigranten in Frankreich, dann auch in Algerien selbst, eine Gewerkschaftsbewegung und die Organisation »Étoile Nord-Africaine« entwickelt. Sie trat mit deutlich mehr konkreten sozialen Forderungen als die Oulema für Gleichberechtigung der Muslime ein. Dadurch stand die »Étoile« zunächst unter dem Einfluss der Kommunisten. Da diese die koloniale Perspektive jedoch auch dann noch beibehielten, als sich längst herausgestellt hatte, dass die »Étoile« von den Behörden nicht legalisiert, sondern verfolgt würde, entwickelte sich das Verhältnis immer konfliktreicher, wurde schließlich zur Feindschaft. Messali Hadj, der charismatische Führer der »Étoile« und später des »Parti du Peuple Algérien (PPA)« – beide Organisationen forderten das allgemeine Wahlrecht und die Bildung einer Verfassunggebenden Versammlung für Algerien – verbrachte einen Großteil seines Lebens im Gefängnis. Unter diesen Umständen kristallisierte sich immer deutlicher die Unabhängigkeit als einzige Möglichkeit zur »Emanzipation« der Algerier heraus. Es war die französische Volksfront, die das Kunststück fertigbrachte, den PPA 1938 endgültig zu verbieten, dafür aber die »Emanzipation« für die begrenzte Anzahl von 20.000 »gebildeten« Muslimen vorzuschlagen.

Die letzte Chance, die Muslime doch noch in die französische Republik zu integrieren, wurde am 8. Mai 1945 verspielt. Im ostalgerischen Setif forderte eine mächtige Demonstration von tausenden Algeriern die Einlösung des Versprechens der Kolonialmacht, für ihre Teilnahme am Krieg gegen Deutschland, endlich politische Freiheit und bürgerliche Rechte für alle zu gewähren. Als erster Schritt dazu sollten Messali Hadj und Ferhat Abbas freigelassen werden, ein Apotheker aus Setif, der Ben Badis nahegestanden hatte und später Führer mehrerer nationalistisch-laizistischer Organisationen gewesen war. Der erste Schuss eines nervös gewordenen Polizisten traf ausgerechnet den Träger der Losung »Es lebe der Sieg der Alliierten!« Aus den zahlreichen Sprechchören

»Demokratie für alle!« wurde augenblicklich: »Es lebe der heilige Krieg!« Von allen Seiten fielen Schüsse. Araber starben im Kugelhagel, Europäer wurden totgeschlagen, u.a. auch der als Araberfreund geltende sozialistische Bürgermeister von Sétif. Der bedeutendste algerische Schriftsteller, Kateb Yacine, hat als Jugendlicher dort miterlebt, wie am 8. Mai Hunderte von Demonstranten von der Polizei zusammengetrieben und von einem Felsen in den Abgrund gestoßen wurden.

In den folgenden Wochen herrschte Gewalt und Gegengewalt in ganz Ostalgerien. Von algerischer, später auch von französischer Seite, wird schließlich von 45.000 muslimischen Opfern ausgegangen (vgl. Courrière 1968).

Statt Demokratie und Chancengleichheit für alle einzuführen, beschränkte sich die Kolonialmacht auch noch nach dem 2. Weltkrieg auf kosmetische Verbesserungen wie ein Zweikammerwahlrecht und bescheidene soziale Maßnahmen. Bezeichnend war, in welcher Weise das Schulrecht reformiert wurde. Jede Klasse durfte nun 10% Muslime aufnehmen, obwohl sie 90% der Gesamtbevölkerung ausmachten. Deshalb blieben die meisten Kinder weiterhin Analphabeten.

Während die muslimischen Mehrheiten aus dem System der Republik ausgegrenzt wurden, war die soziale und politische Entwicklung der 1871 emanzipierten algerischen Juden rasch vorangeschritten, besonders in den Städten des Nordens. Auf dem Lande und im Süden vollzog sie sich langsamer. 1930 hatte sich die Bevölkerung jüdischen Glaubens verdreifacht. Damals standen bereits 30 % der jüdischen Frauen in einem modernen Erwerbsberuf. 1953 stellten Juden 21% der Ärzte, 22% der Zahnärzte und 16% aller Advokaten, während Muslime in diesen Berufsgruppen überhaupt nicht vertreten waren. Die Integration der Juden in die europäischen Gruppen verlief freilich nicht ohne antisemitische Exzesse ab. Auch hat die Kolonialverwaltung nicht davor zurückgeschreckt, Pogrome der arabischen Bevölkerung gegen Juden anzustacheln. Einen fürchterlichen Rückschlag erfuhr die Integration zur Zeit des Vichy-Regimes, das die von den Deutschen inspirierte Rassengesetze in Algerien probte, ehe sie in der Vichy-Zone in Südfrankreich zur Anwendung kamen. Pétain ließ das *Décrét Crémieux* aufheben, wodurch die seit über zwei Generationen emanzipierten

[3] Zur Vorbereitung eines Radiofeatures über die Geschichte der algerischen Juden führte ich 1991 mit Myriam Ben und Alice Cherki ausführliche Gespräche. Bens Familie, die seit der Vertreibung der Muslime und Juden aus Andalusien in Algerien lebte, besaß noch einen Schlüssel ihres in Andalusien zurückgelassenen Hauses. Ben nahm am Unabhängigkeitskrieg teil und lebt weiterhin in Algerien. Sie ist durch Lesungen und Ausstellungen ihrer Gemälde in Deutschland bekannt geworden. Auch Cherki nahm, zusammen mit dem Ärzteteam um Frantz Fanon am Unabhängigkeitskrieg teil, verließ das Land aber 1965 wegen der zunehmenden antisemitischen Stimmungen. Sie lebt als Psychoanalytikerin in Paris.

Juden wieder zu »indigènes« degradiert wurden.[3] Es kam auch vereinzelt zu Deportationen algerischer Juden in deutsche Konzentrationslager. Dass jedoch das Verhältnis zwischen Juden und Arabern immer noch von einem Gefühl der Schicksalsgemeinschaft geprägt war, zeigte die Tatsache, dass es unter den 6.000 damals gestellten Anträgen zur Verwaltung enteigneten jüdischen Vermögens kaum Anträge von Muslimen gab.

Mit dem Ende von Vichy war dann auch die mehrjährige Entrechtung der algerischen Juden vorbei. Ihre Integration in die europäische Kolonialgesellschaft war Mitte der fünfziger Jahre so weit fortgeschritten, dass sie sich zu Beginn des Unabhängigkeitskrieges auch politisch mit ihr weitgehend identifizierten. Nur wenige Juden haben am Unabhängigkeitskampf teilgenommen. Die meisten flüchteten 1962 mit den Europäern nach Frankreich, bzw. nach Israel.

Aus der fortgesetzten Ausgrenzung von sozialen und politischen Rechten wird verständlich, weshalb die muslimische Mehrheit das Ziel der Selbstbestimmung nicht mehr anders als durch einen Unabhängigkeitskampf anstreben konnte. Es erklärt auch, weshalb die zwar radikalen, aber noch um Legalität innerhalb der französischen Republik ringenden Kräfte um Messali Hadj diesen Unabhängigkeitskampf nicht anführen konnten. Ferhat Abbas bekannte sich 1952 zum bewaffneten Kampf, war Präsident der algerischen Exilregierung und zum Zeitpunkt der Unabhängigkeit Präsident der verfassunggebenden Versammlung, die allgemeine Wahlen vorbereitete. Diese wurden durch den Einmarsch der Grenzarmee Houari Boumedienes aus Tunesien verhindert, der – zunächst mit seiner Marionette Ahmed Ben Bella und ab 1965 in eigener Person – ein Einparteiensystem errichtete, das teils von Ägypten, teils vom bathistischen Modell, teils vom Ostblock inspiriert war. Es hat sich nur in einem sehr begrenzten Zeitraum Verdienste um die Verbesserung der ökonomischen Situation erworben.[4]

Doch die undemokratische, autoritäre Ausprägung des nach der Unabhängigkeit installierten FLN-Regimes hat ihren Grund nicht nur darin, dass für das unabhängige Land die Regimes des Ostblocks Vorbild waren. Sie hat auch noch andere »nationale« Wurzeln. Gegen Ende des Unabhängigkeitskrieges verkauften viele Colons bereits ihr Land an wohlhabende algerische Familien. Diese algerischen Großgrundbesitzer wurden teils freiwillig, teils durch Terror seitens der FLN, zu finanziellen Unterstützern des Unabhängigkeitskampfes. Damit gelangten sie aber auch zu politischem Einfluss. Dieser machte sich schon vor und auch sofort nach der Unabhängigkeit z.B. in Fragen der Gleichberechtigung der Frau bemerkbar. Als die Kolonialmacht Ende der sechziger Jahre die Polygamie abschaffte, rief dies in *El Moudjahid*, der in Tunis herausgegebenen Zeitung der Exilregierung, schärfste Proteste über die geplante Vernichtung der

[4] Generell kann gesagt werden, dass die aus dem Kolonialismus ererbte Massenarbeitslosigkeit bisher nicht beseitigt werden konnte.

muslimischen Identität hervor. Und kurz nach der Unabhängigkeit wurde ein Gesetzesentwurf vorgelegt, wonach die vielen Kriegerwitwen durch die Wiedereinführung der Polygamie und deren Ausweitung auf sechs Gattinnen versorgt werden sollten. Die Assemblée genehmigte nur den ersten Teil der Vorlage, womit aber ein die ganze neuere Geschichte Algeriens durchziehender Konflikt zwischen der die Geschlechter gleichberechtigenden Verfassung und dem Familienrecht etabliert war. Das Prinzip patriarchal strukturierter Wohlfahrt und die vehemente Ablehnung gesellschaftlicher Solidarsysteme – die allerdings trotzdem im unabhängigen Algerien errichtet wurden (kostenlose Krankenversorgung, kostenlose Bildungseinrichtungen) – wird ein entscheidendes Kennzeichen des Islamismus bleiben. Es ist einer der Gründe seiner späteren Kompatibilität mit dem neoliberalen System.

Die Einbeziehung der Großgrundbesitzer in die Einheitsfront des Unabhängigkeitskampfes hatte eine weitere fatale Folge: Der den Unabhängigkeitskrieg eigentlich auslösende Landhunger der Bauern konnte nicht durch sofortige Enteignungen gestillt werden. Damals wurden nur die 1962 von den Franzosen verlassenen Güter (nur noch 48% der Anbauflächen) in Kooperativen umgewandelt. Erst mit der Nationalisierung des Erdöls zu Beginn der siebziger Jahre verfügte der Staat über genügend finanzielle Mittel, um die Großgrundbesitzer ausreichend zu entschädigen. Da die auf industrielle Großprojekte und autoritäre Staatslenkung fixierte Regierung die Gründung von kleinen und mittleren Privatunternehmen aber sehr erschwerte, wurden dieser Schicht keine neuen befriedigenden ökonomischen Perspektiven eröffnet. Sie verbündete sich denn auch augenblicklich mit den Feudalregimen vom Golf, denen diese ersten Versuche von Vergesellschaftungen insbesondere in Ägypten und Algerien, aus Prinzip ein Dorn im Auge waren. Zeitgleich mit der vom Staat betriebenen »Agrarrevolution« wurden aus gemischten Fonds von Entschädigungsgeldern und Petrodollars vom Golf massenhaft Moscheen samt ihrer religiösen Infrastruktur errichtet.[5] Hier wurde offen gegen die Agrarrevolution gepredigt, die gegen die Grundsätze des Islam verstoße. Da sich das Etikett der »Autogestion« für die Agrarrevolution durch die Errichtung des Staatshandelsmonopols auch für die Bauern bald als Schimäre herausstellte, waren sie dem Diskurs der Moscheen um so aufgeschlossener. Selbst die Landjugend zeigte sich rasch enttäuscht und empfand die nagelneuen, teilweise prächtigen Moscheen eher als Ort zukünftiger Verheißungen. Wie sehr die »Agrarrevolution« selbst auch von den alten Feudalkräften beeinflusst wurde, zeigt sich am besten daran, dass der damalige Landwirtschaftsminister der Besitzer der größten Schafherden des Landes war. Es versteht sich, dass die dritte Stufe, die Vergesellschaftung der Viehherden,

[5] Über den Moscheenbau im ostalgerischen Constantine mehr in: Rouadjia: 1990

unter diesen Umständen nicht in Angriff genommen wurde.

Ähnlich problematisch wie die Agrarreform gestaltete sich die durch die Nationalisierung des Erdöls ebenfalls möglich werdende Industrialisierung des Landes. Man kaufte westliche Hochtechnologie ein, errichtete mit ihr aber Großprojekte, wie sie in sozialistischen Ländern üblich waren. Sie erreichten zwar eine gewisse Steigerung der Lebensqualität. Aber sie wurden autoritär geführt und beseitigten nicht die Massenarbeitslosigkeit, die freilich auch durch die demographische Entwicklung bestehen blieb.

Ende der 1980er Jahre hatte sich die Bevölkerung seit der Unabhängigkeit von 9 auf 18 Millionen bereits verdoppelt, heute liegen die offiziellen Angaben bei 31 Millionen.

Da religiöse Assoziationen die einzigen Vereine waren, die das Einparteienregime zuließ, waren die Moscheen der einzige Ort, wo sich Regimekritik artikulieren und organisieren konnte. Die sowohl auf dem Lande als auch in den Städten heranreifende rationale Kritik am Regime durfte sich dagegen nicht äußern, geschweige denn organisieren.

Modernen, zur Demokratie drängenden Kräften standen die Medien nicht offen, wohl aber erzkonservativen Imamen vom Golf, die eine mögliche Rückkehr zu patriarchaler Gerechtigkeit vorgaukelten und vor allem die Ausschaltung der Frauen als Konkurrentinnen der Männer im öffentlichen Raum vorschlugen.

So wurden bereits damals wesentliche Grundlagen für die aktuell noch virulenten Formen des Islamismus gelegt, für die »Demokratie« »kofr«, d.h. atheistisches Teufelswerk darstellt. Sowohl aus eigenem Interesse, aber auch um diesen durch die finanzielle Unterstützung vom Golf immer mächtig bleibenden Strömungen möglichst wenig Angriffsfläche zu bieten, verschwieg und verfälschte das FLN-Regime die Geschichte der Demokratiebewegungen des Landes. Dass der Emir Abd el Kader, der nach 1930 versucht hatte, die französischen Eindringlinge zu verjagen, im Verlaufe seines lebenslangen Exils Mitglied einer Freimaurerloge wurde, war nur wenigen Algeriern bekannt. Der Aufstand des Mokrani und des Boumezrag und die Bewegung der Oulema wurden ihres laizistischen Inhalts in einer Weise beraubt, dass sie schließlich in ein auch für Islamisten akzeptables identitätspolitisches Konzept passten. Die Kämpfe der Messalisten und die Positionen von Ferhat Abbas wurden schlichtweg verschwiegen, vor allem in der algerischen Schule. Der Geschichtsunterricht ist um die Geschichte der Heiligen Stätten und der von ihnen ausgehenden Eroberungen zentriert.

Dann erst folgt die Geschichte des eigenen Landes, freilich gereinigt von allen »Unebenheiten«. Es fehlt nicht nur die Geschichte des Kampfes um demokratische Teilhabe. Auch die Berber, ein Drittel der Bevölkerung, die in vielfältigen Dialekten die vorarabische nordafrikanische Ursprache bewahrt haben, kommen in den Geschichtsdarstellungen des unabhängigen Algerien nicht vor. Die berechtigte Forderung der Berber nach Anerkennung ihrer Sprache wurde erst mit vierzigjähriger Verspätung, im April 2002 erfüllt.[6]

Bei den Menschen, in den Familien, haben die generationsübergreifenden Kämpfe um die Modernisierung der Kultur und die Einbeziehung in ein demokratisches System hingegen lebendige Spuren hinterlassen. Schon 1963, ein Jahr nach der Unabhängigkeit, brach in der Kabylei ein Kampf um die Anerkennung der Berberkultur aus, der auch ein Kampf um die Installierung eines Mehrparteiensystems war. Auch die Bewegung der Oulema klingt im Bewusstsein vieler Familien nach, wie auch die große Geschichte von *Messalis* »Parti du Peuple Algérien«. Dass eine demokratische Republik auch für Muslime möglich sein muss, ist für viele Algerier seit Generationen ein selbstverständlicher Gedanke.

Nichts bestätigt deutlicher die historische Kraft der demokratischen Bewegungen, als dass Algerien 1988 infolge eines Jugendaufstands – noch ein Jahr vor dem Zusammenbruch des Ostblocks – das demokratische Regime einführte. Dass es sich – bis auf die wirklich erstaunliche Herausbildung einer freien Presse – bislang nicht vorteilhaft entfalten konnte, sondern das Land sogar in einen barbarischen Bürgerkrieg fiel, liegt daran, dass sich die fundamentalistischen Strömungen bereits seit Jahrzehnten effizient mit den wahabitischen Kräften vom Golf verbündet hatten. Diese finanzierten nicht nur den Bau hunderter Moscheen und ihrer kulturellen Annexe wie islamische Universitäten und Clubs, sondern auch karitative Zentren der Armenversorgung. Solchen Strukturen konnten die »Demokraten« keine ebenbürtigen Institutionen entgegensetzen. Auch sorgte die islamistische Allianz zwischen einheimischen Konservativen und den stets anonym bleibenden Kräften vom Golf schon in den 1970er Jahren für den Aufbau gewaltbereiter Jugendgruppen. Deren Hass auf die für sie perspektivlosen Strukturen des FLN-Regimes konnte gegen Menschen und Bewegungen kanalisiert werden, die das Regime nicht durch Refeudalisierung, sondern durch Demokratisierung überwinden wollten. Dass trotz islamistischem Terror und der oft genug auch undifferenziert vorgehenden Gewalt der staatlichen Ordnungskräfte in den 90er Jahren die 1988 entstandene freie Presse überlebt hat, die sich ohne Hilfe vom Ausland, allein auf der Basis ihrer Leserschaft und Werbeein-

[6] Wie u.a. die hier zitierten seriösen historisch soziologischen Studien zeigen, existierten – im Unterschied zum straff kontrollierten Wissenschaftsbetrieb der DDR und anderer Ostblockländer – zumindest in der Wissenschaft Algeriens auch zur Zeit des Einparteiensystems Forschungen, deren Inhalt mit der offiziellen Ideologie nicht konform ging. Auch hier hat die Tradition der demokratischen Bewegungen weitergelebt. Hinsichtlich der Geschichte der Berber möchte ich vor allem auf mehrere, noch während der FLN-Herrschaft veröffentlichte Bücher von Mohamed Gaid aufmerksam machen.

nahmen finanziert, ist jedoch ein überwältigender Beweis für die Kraft der Demokratiebewegungen in Algerien. Nicht in der Schule, kaum an Universitäten, aber in der Presse und mehr und mehr auch auf dem nationalen Buchmarkt können sich die heutigen Algerier denn auch über die Geschichte der Demokratie in ihrem Lande informieren. Die freie Presse hat dafür gesorgt, dass u.a. Messali Hadj[7] und Ferhat Abbas[8] gesellschaftlich rehabilitiert und endlich in ihrer Bedeutung erfasst wurden.

Für die demokratischen Bewegungen Algeriens war es eine Tragödie und durchaus auch noch ein Ausdruck postkolonialer Verachtung, dass der Westen lange die islamistisch-identitäre Lösung befürwortete. Dies ging auch im Westen einher mit der kritiklosen Übernahme islamistischer Vorstellungen, was Islam bedeutet oder bedeuten sollte, bis hin zu der Auffassung, dass die durch die Wahlen von 1991 möglich gewordene Installierung eines undemokratischen islamistischen Regimes in Algerien sogar der authentische Ausdruck von Demokratie wäre. Und das, obwohl auch in Deutschland einmal eine Partei durch demokratische Wahlen an die Macht gelangt ist, die ebenfalls die Demokratie abschaffen wollte und auch abgeschafft hat. Deutschland, England und Skandinavien wurden nicht nur Ruheräume für Islamisten, sondern auch Basis für Finanztransaktionen, Waffenhandel und terroristische Aktionen. Nur Frankreich hatte nach anfänglicher Unterstützung der algerischen Islamisten seine Politik geändert und einer beträchtlichen Zahl von Flüchtlingen aus der Demokratiebewegung Duldung, Asyl und teilweise sogar Arbeitsplätze gewährt. Aus der Kenntnis der gemeinsamen Geschichte heraus hat Frankreich damit eine Entscheidung getroffen, die es nicht zufällig auch zum Ziel von Attentaten werden ließ. Dennoch war damit eine richtige Weichenstellung von historischer Tragweite getroffen, die endlich eine reale Perspektive der Versöhnung beider Völker eröffnete. Hier ist jedoch daran zu erinnern, dass es – wie auch schon im Unabhängigkeitskrieg – eher die französische Rechte war, die die Zeichen der Zeit erkannte. Es war nicht der sozialistische Innenminister Mittérand, der den Weg zur Unabhängigkeit freigegeben hatte, sondern der konservative Premier De Gaulle. Und auch in den 90er Jahren haben die französischen Sozialisten zunächst mit der scheinbar »identitären« islamistischen Lösung sympathisiert. Es

---

[7] Benjamin Stora 1998: Messali Hadj, méconnu. In: El Watan. Le Quotidien Indépendant v. 12. 5. 1998, S. 1und 4. Siehe auch die Ausgabe v. 15./16. Mai 1998, die mehrere Seiten mit Beiträgen von Wissenschaftlern, Journalisten und Zeitgenossen über Messali Hadj enthält.

[8] Siehe: Abdelhamid Zerdoum 1992: Ferhat Abbas. Il était une fois un pharmacien. In: Algérie Actualité v. 23. – 29. 12. 1992, S. 19. Insbesondere wird auch vermerkt, daß Abbas in der Frage der Souveränität der Westsahara Opponent Boumedienes war. Siehe auch: Ferhat Abbas: Autopsie d´une guerre, Paris 1980. Dieses Buch ist in Algerien erhältlich.

war der konservative Innenminister Pasquà, der begann, algerischen Demokraten Asyl und Duldung zuzubilligen. Damit will ich keine grundsätzlichen Sympathiebezeugungen für die Rechte abgeben, wohl aber auf schwerwiegende Kompetenzschwächen linker Analysen hinweisen.

Sicherlich hat in Deutschland die Sorge, selbst zum Ziel von Attentaten zu werden, dazu beigetragen, die Politik in Sachen Islamismus nicht zu ändern. Nach dem 11. September wurde ihre Überprüfung überfällig. Revisionsbedüftig sind auch Haltung und Praxis der Menschenrechtsorganisationen und Staaten, die bislang nur staatliche Gewalt gegen Andersdenkende ächten und den von »privater«, d.h. terroristischer Gewalt bedrohten Menschen keine konkrete Hilfe bieten. Im Falle Algeriens führte dies sogar zur Denunziation der durch Islamisten vom Tode bedrohten demokratischen Intellektuellen als Handlanger des alten autoritären Regimes.

Am 11. September ist ein, in anderen Teilen der Welt schon lange stattfindender – aus undurchsichtigen privaten Quellen finanzierter – Krieg auch dem Westen selbst erklärt worden. Es genügt nicht, nach den unmittelbaren Tätern zu fahnden. Zur Bekämpfung der wirklichen Ursachen von Gewalt muss die Haltung zu sozialen und postkolonialen Fragen grundsätzlich geändert werden. Wichtig wäre, das Leid von Terroropfern weltweit als das gleiche anzuerkennen. Ein internationales Aktionsbündnis der auf wirkliche Gleichberechtigung zielenden demokratischen Kräfte tut not. Sie müssen eine Entschuldung und eine Neudefinition der Bedingungen von IWF und Weltbank durchsetzen, die Algerien zurzeit zu umfassenden Privatisierungen und generellem Abbau der Solidarsysteme zwingen. Es sollte ein Nachdenken darüber einsetzen, dass Delegitimierung der gesellschaftlichen Solidarsysteme und umfassende Privatisierung der Wirtschaft auch Forderungen der Islamisten waren und sind. Ohne eine Umorientierung der ökonomischen Rahmenbedingungen bleiben die demokratischen Errungenschaften des Landes – vor allem die in der islamischen Welt einzigartige Meinungs- und Pressefreiheit – prekär. Und Wahlsiege von Parteien islamistischer Prägung sind weiterhin möglich.

Literatur

Abbas, Ferhat (1980): Autopsie d'une guerre, Paris.

Ageron, Charles-Robert (1968): Les Algériens musulmans et la France (1871-1919), Bd. 1, Paris.

Courrière, Ives (1968): La guerre d'Algérie. Les fils de la Toussaint, Paris.

Lacheraf, Mostefa (1978): L'Algérie, nation et société, Algier.

Laloun, Jean/ Allouche, Jean-Luc (Hrsg.) (1987): Les juifs d'Algérie, Paris.

Rouadjia, Ahmed (1990): Les frères et la mosquée. Enquête sur le mouvement islamiste en Algérie, Paris.

Sari, Djilali (1982): Le désastre démographique, Algier.

Stora, Benjamin (1998): Messali Hadj, méconnu. In: El Watan. Le Quotidien Indépendant v. 12. 5. 1998.

Zahir, Ihaddaden (1983): Histoire de la presse indigène en Algérie. Des origines jusqu'en 1930, Algier.

Zerdoum, Abdelhamid (1992): Ferhat Abbas. Il était une fois un pharmacien. In: Algérie Actualité v. 23.-29.12.1992

Johannes M. Becker

Haben wir ein neues Bild vom Krieg?

Fragen an ein ruhiges Land[1]

Die deutsche Friedensbewegung ist – von wenigen Ausnahmen abgesehen – unbewegt. Hätte man einem politischen Beobachter vor nur einem Jahrzehnt das heutige politische Szenario aufgemacht, in dem deutsches Militär in Afghanistan Krieg führt, die Bundeswehr in Bosnien, am Horn von Afrika, im Kosovo, in Mazedonien – und wer weiß wo noch in den kommenden Wochen – stationiert ist, hätte dieser sicherlich eine starke Gegenbewegung antizipiert. In der Gesamtsicht:

■ *Januar 1991*: Eine Reihe von Staaten bombt mit UNO-Mandat und 14 Mrd. DM-Zuschuss aus Bonn gegen den Irak. Deutschlands Nachwuchs blockiert Kreuzungen und beschmiert Häuserwände: »Kriegstreiber Kohl«.

■ *März 1999*: Die NATO führt einen völkerrechtswidrigen Angriffskrieg, die rosagrün geführte Bundeswehr ist in erster Front dabei. Außenminister Joseph Fischer reklamiert »Auschwitz« als historische Legitimation für die deutsche Teilnahme am Bomben. Der Autoverkehr der Berliner Republik passiert ungehindert weiß getünchte Häuserwände.

■ *November/Dezember 2001*: Die rosagrüne Bundesregierung drängt sich den in Afghanistan Krieg führenden USA als Junior-Partner auf. Der Kanzler desavouiert das Parlament mit der Vertrauensfrage, vorher hatten die Fraktionsvorsitzenden der Regierungspartei ihre Abgeordneten entmündigt. Die Bundeswehr wird in Afghanistan, am Horn von Afrika, vielleicht demnächst in Kenia stationiert. Endlich darf Deutschland (nach einer kräftigen Steuererhöhung zur Finanzierung des Vorhabens) Krieg führen.

Der Klimawechsel in Deutschland, was das (weitreichende) Schweigen der Friedensbewegung anbelangt, hat wesentlich mit einem neuen Bild vom Krieg zu tun. Dazu im Folgenden neun Thesen.

1. Die heute sich durchsetzende Politik beginnt nach dem Fall der Mauer und nach dem Ende der Blockkonfrontation.

Das neue große Deutschland (in Frankreich und Großbritannien grassiert zeitweise die Rede von »Le/The Großdeutschland«) fordert immer mehr Einfluss

---

[1] Dieser Beitrag ist eine Aufforderung zur kritischen Auseinandersetzung. Er soll nicht die Erfolge zum Beispiel des »Kasseler Friedensratschlages« in Frage stellen, soll auch nicht regional starke Bewegungen negieren – er ist eher als eine Art Hilferuf um Rat gemeint.

bei der Neuordnung der Erde. Erstes sichtbares Zeichen sind im Jahre 1992 die »Verteidigungspolitischen Richtlinien« unter Verteidigungsminister Stoltenberg. Hier ist erstmals offiziell die Rede von der Wahrnehmung von Interessen im Gegensatz zu den Aussagen des Grundgesetzes, das die Bundeswehr auf Verteidigungsaufgaben festlegt.

Die Rede von »Interessen« und von der durch Deutschland nun – nach »dem Geschenk der Wiedervereinigung« – zu übernehmenden Verantwortung löst im übrigen die tiefe Legitimationskrise der Bundeswehr, die sich mit der Auflösung von UdSSR und Warschauer Vertragsorganisation (WVO) ergeben hat.

2. Diese neue Anlage der Sicherheitspolitik der westlichen Staaten wird auf breitere Füße gestellt mit dem neuen NATO-Statut (verabschiedet anlässlich der 50-Jahr-Feier im Mai 1999), in dem drei wesentliche Neuerungen fixiert sind:

a) Auch die NATO spricht nun nicht mehr von »Verteidigung« im Falle eines Angriffs auf ein Mitgliedsland, sondern von der Wahrung von Interessen – was einen gewaltigen Unterschied macht.

b) Das Aktionsgebiet der NATO ist fortan nicht mehr auf den nordatlantischen Raum begrenzt; die Interessen werden global wahrgenommen.

c) Die NATO agiert fortan notfalls auch ohne ein Mandat der UNO, d.h. selbstmandatiert; der Jugoslawienkrieg wird so im Nachhinein legitimiert. Und wenn Caspar Weinberger, ehemals Verteidigungsminister der USA, die Ölreserven der kaspischen Staaten als vital im Interesse der USA stehend bezeichnet (*junge Welt* vom 11.12.01), kann man über den weiteren Fortgang der Konfliktlage vielerlei Vermutungen anstellen.

3. Das Bild vom Krieg hat sich auch infolge des Vietnam-Traumas in den USA gewandelt. Zwei Faktoren sind hier zu nennen:

a) Die Rede vom »Chirurgischen Schlag« oder auch von der »Technologisierung der Kriegsführung« legt nahe, dass die Armeen der Industriestaaten, vor allem natürlich die der USA, heute Ziele akkurat, d.h. gerade ohne unerwünschte Nebeneffekte treffen und zerstören können. (Beide Begriffe kamen beim Golfkrieg gegen den Irak 1991 erstmals auf und wurden weiter kultiviert im Krieg gegen Jugoslawien 1999.) Die militärische Realität sieht allerdings anders aus: So traf beispielsweise im vergangenen Jugoslawien-Krieg lediglich ein Drittel der High-Tech-Waffen ihre Ziele. Im Afghanistan-Krieg haben die USA bereits »Fortschritte« gemacht durch das »Echtzeit«-Bombardment: In geringen Höhen klärten unbemannte Drohnen auf – aus großen Höhen wurden dann gleichzeitig Bomben geworfen. Die Treffergenauigkeit verbesserte sich deutlich.

b) Die Illusion vom »Krieg mit Null Toten« (französisch: »la guerre à zéro morts«) bedeutet, dass man quasi ohne eigene Verluste Krieg führen kann. Die »Resultate« sind in der Tat beeindruckend: Im Golfkrieg betrugen die Verluste der UN-Truppe lediglich ca. 150 Soldaten, im Jugoslawienkrieg die der Aggressoren gar nur noch wenige Dutzend Soldaten. Problematisch an diesem Bild vom »Krieg mit Null Toten« ist, dass er die Toten der Gegenseite, so im Irak die 300.000 Toten des zweiten Golfkrieges, oder auch die Zivilopfer in Jugoslawien, außer Acht lässt.

Ab Anfang Dezember 2001 häuften sich die Meldungen, dass die US-Truppen in Afghanistan größere Verluste zu verzeichnen haben: bis Ende November angeblich 500.[2] Dies mag die aufgezeigte Illusion verletzen. Zum einen jedoch hatten die USA wohl nicht damit gerechnet, eigene Bodentruppen im nun vollzogenen Umfang einsetzen zu müssen; zum anderen halten sich die Verluste quantitativ doch in derart engen Grenzen, dass ein neues Vietnam-Trauma nicht zu erwarten ist. Im übrigen zieht die US-Regierung derzeit offenbar Lehren aus dem partiellen Debakel der afghanischen »Nordallianz«: Sie hat umfangreiche Sondierungen in Somalia und im Irak begonnen (*junge Welt* vom 12.12.01), um lokale Oppositionsbewegungen dafür zu gewinnen, Bodenkämpfe zu führen. Auch Ausbildungskapazitäten werden eröffnet. Das Trauma des Ausblutens der eigenen Jugend fern der USA sitzt tief.

4. Die Rechtfertigungsbasis für Kriege hat sich – im globalen Maßstab – weiter gewandelt. Führte man früher offen Eroberungs- oder Kolonialkriege, definierte man insbesondere nach den Grauen des Zweiten Weltkrieges Rüstung als notwendig zum Zwecke der Verteidigung (die Kriegs- heißen nun Verteidigungsminister). Heute führt man Kriege gegen »Diktatoren« von »Schurkenstaaten«, und – als Gipfel – zum Wohle der Menschenrechte. Obendrein nennt man diese Kriege dann auch noch »Luftschläge« (siehe auch Punkt 3a). Man beachte auch die feinsinnige Redeweise von frieden*serhaltenden* oder frieden*sschaffenden* Maßnahmen. Aufrüstung und Krieg benötigt man in jedem Falle.

Das Militärkontingent, das in diesen Wochen in das zuvor zerbombte Afghanistan geschickt worden ist, wird feinnervig »Schutztruppe« genannt. Beim Krieg gegen den »Islamismus« hat man auch endlich wieder einmal einen »Extremismus« und einen »-ismus« im Visier, wo die übrigen »-ismen« verschwunden scheinen. Der »Schurke« erinnert also an Kommun»ismus«, gar an den Befreiungskrieg gegen den Fasch»ismus«.

Und wenn wir schon bei der Sprache des Krieges sind: Die beiden toten Bundeswehr-Soldaten (offenbar durch unsachgemäße Handlungen beim Sprengen von Munition ums Leben gekommen) sind »Opfer«, die »das deutsche Volk zu beklagen« hat... (Opfer brachte man in früheren Zeiten den Göttern dar oder man nutzte sie als Gemeinschafts-Ritual).[3]

---

[2] Die Verluste der US-Truppen bei der Verfolgung von Ben Laden in Afghanistan forderte im Frühjahr 2002 derart viele Tote, dass die US-Regierung eine britische Elite-Truppe um Hilfe rief.

[3] Vgl. hierzu den wundervollen Beitrag von Herfried Münkler im »Freitag« 15/2002 vom 5.4.2002.

5. Die Medien, vor allem das Fernsehen, haben eine neue Rolle in der Sicherheitspolitik. Bis zum Ende des Ost-West-Konfliktes sind sie eher Nach-(Be)Richter. Der Golfkrieg der NATO jedoch läutet (maßgeblich unter der Dominanz des US-Senders CNN) eine neue Ära ein: Nun begleiten TV-Teams Kriege mit *Live*-Übertragungen, militärische Schläge orientieren sich an der prime-time großer Medien, deren Konzerne im Zuge der allumfassenden Konzentrationen zudem auch mit Rüstungsproduzenten verwoben sind. Auch hier markiert Vietnam die Wende: Die Analyse des Pentagon gibt den Medien eine wesentliche Rolle beim verlorenen Krieg, d.h. beim verlorenen Rückhalt in der US-Bevölkerung.

Die Konsequenz: Frühes Einbinden der vor allem visuellen Medien in die Kriegsvorbereitung, sehr genaues Selektieren der Nachrichtenströme (siehe den Jugoslawienkrieg 1999), allumfassendes Lenken medialen Vollzuges. Auch kleinräumlich ist ein Wandel zu beobachten: Ex-Minister Scharping beispielsweise wurde seit geraumer Zeit vom berüchtigten Medienunternehmen Huntzinger beraten. Nichts sollte mehr dem Zufall überlassen werden: Zukünftig sollten weder ein im Wüstensand stolpernder und fallender Militär-Minister (wie Volker Rühe, CDU) zu filmen sein, noch die Fahrradunfälle Scharpings seine politischen Gegner (wie Freunde) allzu nachdenklich machen. Der Fortgang der Geschichte ist bekannt.

6. Die Abschaffung bzw. Aussetzung der Wehrpflicht, die in der Bundesrepublik nach den kommenden Wahlen nicht lange auf sich warten lassen wird, tut ein Übriges: Die Existenz einer Armee von Freiwilligen macht es leichter, Truppen in einen Krieg zu schicken als eine Wehrpflichtigen-Armee. Auch wenn der folgende Satz das Problem vereinfacht: »Eine Wehrpflichtarmee muss der Bevölkerung erklären, *warum* sie in den Krieg zieht. Eine Berufsarmee muss erklären, warum sie *nicht* in den Krieg zieht« – so tut sich eine interventionsbereite Regierung sicherlich leichter im Umgang mit Berufssoldaten.

Kriegführen und Intervenieren wird mit einer Berufsarmee zum normalen Politikvollzug. Die Wehrpflicht wird derzeit von der militärischen und politischen Führung vornehmlich zum Zwecke eines besseren Zugriffs auf ein größeres Personal-Spektrum eines jeden Jahrgangs aufrecht erhalten. Die Bundeswehr ist nämlich, im Gegensatz zu mancherlei Spekulationen auf der politischen Linken, nicht daran interessiert, ein Sammelbecken Rechtsradikaler oder anderer Marginalisierter zu werden.

7. Auch die neue (u.a. deutsche, hier von Innenminister Schily eingeführte) Strategie, Kriegsflüchtlinge »vor Ort« zu versorgen, d.h. die kriegsführenden Länder und ihre Bevölkerung nicht mehr mit den unmittelbaren Folgen ihrer Kriege zu konfrontieren, dient dem einen Ziel: Die Schwelle vor der bewaffneten Konfliktlösung soll weiter gesenkt werden! (Kamen in den frühen 90er Jahren noch 400-500.000 Flüchtlinge aus Jugoslawien nach Deutschland, so betrug

deren Zahl im Krieg von 1999 nur noch weniger als 100.000. Auch Flüchtlinge aus dem derzeitigen Afghanistankrieg blieben weitgehend aus.) Es gibt, um beim Thema zu bleiben, in der Bevölkerung kein »Bild vom Krieg«.

8. Die US-Regierung hat die Terroranschläge zum »Krieg« gegen die USA und gegen die »Zivilisation« erklärt. Sie verdeutlichte in diesem Zusammenhang wiederholt, dass sie von einem langen »Feldzug« gegen den Terrorismus ausgeht, der sich auch nicht auf Afghanistan beschränken werde. Verschiedene – den internationalen Terrorismus vermeintlich fördernde – Staaten wurden genannt, in denen die Intervention weitergeführt werden könnte: Irak, Somalia, Sudan usw. Anfang Dezember 2001 war die Rede von etwa 50 Staaten, die sich im Visier der USA befänden. Niemand erregt sich sonderlich. Bundeskanzler Schröder und Außenminister Fischer haben nun zwar (im März/April 2002) – den Wahlkampf im Auge – »Im Irak machen wir nicht mit« gesagt, gleichzeitig will man das »gute deutsch-amerikanische Verhältnis« nicht belasten. Die Bundesregierung bleibt unglaubwürdig.

Die Regierung Bush hat mit ihrer Rede vom »Krieg« gegen die USA und dem notwendigerweise langen Abwehrkampf eine Legitimationsgrundlage für eine Politik der permanenten Intervention zu schaffen versucht. Auch eine neue Welle der Aufrüstung ist hiermit verbunden. Die FAZ (Jordan Mejias am 10.12.2001) schrieb in diesem Zusammenhang über die plötzliche Renaissance des Gedenkens an Pearl Harbor und seine Veteranen in den USA: »Pearl Harbor muss derweil als leuchtendes Beispiel dienen, als Rezept, wie ein Trauma nicht nur zu überwinden ist, sondern durch den aufopfernden Einsatz der gesamten Nation auf viele Jahre hin patriotische Zinsen abwirft.« Das gigantische US-Rüstungsprogramm *National Missile Defense* (NMD) beispielsweise dient nicht der Abwehr von Angriffen von vermeintlichen »Schurkenstaaten«, es dient in Wirklichkeit der Absicherung einer weltumfassenden Interventionsfähigkeit der USA. Insgesamt werden die USA ihre Rüstungsausgaben bis 2006 auf unvorstellbare 451 Milliarden US-$ erhöhen (zum Vergleich: Der bundesdeutsche Gesamthaushalt für 2002 beträgt umgerechnet ca. 210 Mrd. $.)

9. Der Jugoslawienkrieg hat in der Europäischen Union (EU) eine neue Dynamik losgetreten. Viele internen Bremsen, Hemmnisse gegen eine Militarisierung der EU sind weggefallen – von *Gemeinsamer Außen- und Sicherheitspolitik* (GASP) und *Europäischer Verteidigungsidentität* (EVI) ist da die Rede.

Die EU diskutiert, nicht immer ohne einen antiamerikanischen Unterton, rein militärische Konfliktlösungsstrategien. Nicht-militärische Konfliktregelung wird nicht gefordert und gefördert. Es ist – entgegen einiger Illusionen – zu bezweifeln, dass die Erde friedlicher wird, wenn sich zwei politisch und ökonomisch gleichgerichtete Machtblöcke gegenüberstehen.

Fazit: Das »neue Kriegsbild« bedeutet im wesentlichen, dass wir es – funktioniert das Vorhaben – im Massenbewusstsein gar nicht mehr mit »Kriegen« zu tun haben, sondern mit einer besonderen, durch die neuen Unsicherheiten der internationalen Gesellschaft erforderten, Form der Sicherheitspolitik. Sicherheitspolitik wird hier freilich, und das ist der Sinn des Ganzen, auf Militärpolitik reduziert.

Die mächtigen und reichen Staaten der Erde wollen auf Terrorismus und vor allem auf die wachsenden sozialen Probleme nicht mehr politisch, sondern mit permanenter Intervention reagieren. Die Europäische Union schickt sich an, eigene, d.h. von den USA unabhängige, Interventionskapazitäten aufzubauen. Und: Die Bundesrepublik Deutschland passt mit ihrer gerade vollzogenen und durch den Mazedonien- und Afghanistan-Einsatz gleichsam gekrönten Wende von einer (Tendenz zur) Zivillogik[4] hin zur Militärlogik gut in diese neue sicherheitspolitische Welt. Die »Enttabuisierung des Militärischen« (Bundeskanzler Schröder) ist weitgehend vollzogen.

All dies gilt es, mit klarem Kopf zu analysieren und die verbleibenden Kräfte zur Gegenwehr zu sammeln.

---

[4] Einige Überlegungen zu den Hintergründen dieser latent zivilisatorischen, teilweise pazifistischen Haltung weiter Kreise der Bundesrepublik in den ersten Nachkriegsjahrzehnten: zum ersten ist sie zu schulden dem kollektiven Gedenken an die Greuel und Ergebnisse des Zweiten Weltkrieges, der ja seinen Ursprung im faschistischen Deutschland hatte; zum zweiten mündete dieser Krieg bekanntlich in einer Desavouierung alles Militärischen und einer streitkräftefreie Zäsur von immerhin einem Jahrzehnt, an die sich dann eine gewisse sicherheitspolitische Sonderrolle der Bundesrepublik anschloss, eingeschlossen Rüstungsbeschränkungen infolge des WEU-Vertrages; schließlich sollten die Folgen der Hartnäckigkeit der sozialen Bewegungen gegen die Remilitarisierung, gegen die drohende Atombewaffnung, gegen die Raketenstationierung, gegen den Golfkrieg etc. (s.o.) nicht unterschätzt werden. Immerhin resultierte aus den letztgenannten Bewegungen auch der Aufstieg der *Grünen* als starker friedenspolitischer Partei – bis zu ihrem Regierungseintritt im Herbst 1998. Dann brachen ebendiese *Grünen* der Friedensbewegung das Rückgrat.

Götz Nordbruch

»Die Herrschaft des Teufels«

Antisemitische Wahrnehmungen gesellschaftlicher Konflikte in Ägypten

»Sie morden aus Verzweifelung«, so lautete der Titel eines Essays der Wochenzeitung *Stern* im Sommer 2002.[1] Folgt man dem Autor dieses Artikels über die Selbstmordanschläge palästinensischer Gruppierungen, dann liegen die Hintergründe der Intifada ähnlich wie die der Anschläge vom 11. September in der Auswegs- und Perspektivlosigkeit der Menschen in der arabischen Welt, und insbesondere in den palästinensischen Gebieten.

Wie vor Jahren Christian Ströbele, der die israelische Politik für die Scud-Angriffe des Iraks auf Tel Aviv verantwortlich machte, war Jürgen Möllemann einer der ersten, der nach dem 11. September auf Israel zeigte, um die eigentlich Verantwortlichen zu entlarven. In weiten Teilen der deutschen Öffentlichkeit hat sich sehr schnell eine Argumentation durchgesetzt, in der die Anschläge als Reaktionen auf die israelische Besatzungspolitik interpretiert werden.

Im Folgenden geht es darum, Debatten in arabischen Ländern zusammenzufassen, die eine andere Lesart der Anschläge und des artikulierten antiisraelischen und antiamerikanischen Protestes nahe legen. Anhand einiger Kontroversen möchte ich aufzeigen, inwiefern sich die Auseinandersetzungen in der arabischen Öffentlichkeit um Israel und die Juden in den letzten Jahren verselbständigt haben. Die Entkoppelung des Bildes von Israel und den Juden von jeglichen Bezügen zur Realität macht deutlich, wie wenig sich diese Bilder mit dem konkretem Handeln israelischer Regierungen oder sonstiger jüdischer oder israelischer Institutionen in Verbindung bringen lassen.

»Warum hassen wir Amerika?« – Reflektionen über die Hintergründe internationaler Konflikte

In den Kommentaren, die in arabischen Talkshows und Zeitungen unter dem Motto »Warum hassen wir Amerika?« veröffentlicht wurden, lassen sich wenig Belege für die These finden, dass es sich bei den Protesten gegen die US-geführte Intervention in Afghanistan und die drohenden Angriffe auf den Irak um einen

---

[1] *Stern* 26. Juni 2002

unbeholfenen Hilfeschrei der Unterdrückten handelt. Betrachtet man den Kontext der Kritiken an der amerikanischen Außenpolitik, wird der interpretatorische Rahmen deutlich, innerhalb dessen sich diese Konfliktwahrnehmungen bewegen.[2]

Beispielhaft steht dafür eine Geschichte, die wenige Tage nach den Anschlägen des 11. Septembers vom Fernsehsender der libanesischen Hisbollah verbreitet wurde. Die zentrale Botschaft lautet, dass nicht Osama Ben Laden, sondern vielmehr die Juden für den Anschlag verantwortlich seien. Als »Beleg« wird angegeben, dass die über 4.000 Juden, die angeblich am 11. September auf wundersame Weise nicht zur Arbeit im World Trade Center erschienen, rechtzeitig vor dem Anschlag gewarnt worden seien. Daher könne es sich bei dem Anschlag nur um eine jüdische Verschwörung handeln. In verschiedenen Variationen zieht sich diese Geschichte seither durch die Debatten.[3]

Es ist genau diese Reduktion gesellschaftlicher Konflikte auf übergeordnete, undurchschaubare Kräfte, die auf das Auseinanderfallen von Geschehen und Deutung des Geschehens hinweist und kaum noch als eine Kritik politischer und ökonomischer Unterdrückungsverhältnisse verstanden werden kann.

Konfrontation zwischen dem Islam und dem Westen

Die Theorien einer jüdischen Verschwörung, die hinter den Anschlägen vermutet wird, gehen einher mit Darstellungen, in denen die Anschläge des 11. Septembers und die anschließende US-geführte militärische Intervention in Afghanistan als Ausdruck einer Konfrontation zwischen dem Westen und der arabisch-islamischen Welt interpretiert werden. Die Gegenüberstellung der zwei Blöcke geschieht dabei keineswegs anhand des Kriteriums der unmittelbaren Herrschaft, also im Sinne einer Konfrontation zwischen Unterdrückten und Unterdrückern. Dies zeigt sich beispielhaft in Positionen, die das so genannte links-islamische oder revolutionär-islamische Spektrum vertritt. In seinen jüngsten Interviews und Vorträgen äußert sich ein renommierter Vertreter dieser Strömung, Hassan Hanafi, über die Notwendigkeit einer »neuen arabischen Renaissance«, in der sich die arabisch-islamische Welt vom Westen ideologisch, ökonomisch und politisch befreien müsse. Zwar geht es auch in diesen Deutungen immer wieder um die Erfahrungen des Kolonialismus und der westlichen Dominanz. Der ägyptische Professor für Philosophie macht allerdings keinen Hehl daraus, dass die von ihm geforderte islamische Revolution eben keineswegs nur eine Befreiung

---

[2] Vgl. für ähnliche Auseinandersetzungen zu Beginn der 1990er Jahre Abdelnasser 2000: 141ff.

[3] Vgl. u.a. al-Akhbar (Kairo), 29.10.01. Siehe für einen Überblick über diese Deutung der Anschläge MEMRI Special Dispatch, »Ein neuer Antisemitischer Mythos in der arabischen Presse«, www.memri.de, 08. Januar 2002.

von dem kolonialen Unterdrücker anstrebe. Im Gegenteil: Nachdem alle antikolonialen Bewegungen gescheitert seien, sieht er allein im islamischen Widerstand in den palästinensischen Gebieten, in Bosnien und dem Kosovo, in Südafrika und insbesondere in Südostasien die Chance, auch die Fragen nach »Identität und dem Anderen, Unabhängigkeit und Abhängigkeit, Gegenwart und Zukunft, Erneuerung und Authentizität« (*Akhbar al-Adab* 14.10.2002) zu stellen.

Hanafi, der bereits in den frühen 80er Jahren für das Ineinanderfallen islamistischer Ideologie und sozialistisch argumentierender Sozialkritik stand, verweist dabei ausdrücklich auf Oswald Spenglers Werk *Der Untergang des Abendlandes*, das die Aufklärungskritik der völkischen Revolution der zwanziger Jahre in Deutschland repräsentiert. Er widerlegt damit auch den letzten Verdacht, bei dieser »Befreiung vom Westen« könnte es sich um den Versuch einer emanzipativen Überwindung der Ambivalenzen der westlichen Moderne handeln.

»Der Jude« im Wandel der Zeit

Die Verbindung von Kritik der westlichen Moderne und antisemitischer Verschwörungstheorie findet sich besonders deutlich im Bild des »jüdischen Freimaurertums« als einer »verborgenen Hand«, die in einigen Kommentaren hinter den Anschlägen ausgemacht wurde. Das jüdische Freimaurertum ziele letztlich nur darauf ab, so ein Autor mit Hinweis auf die antisemitischen *Protokolle der Weisen von Zion*, unter dem Banner säkularer und aufklärerischer Forderungen nach Freiheit, Gleichheit und Brüderlichkeit sowohl dem Christentum als auch dem Islam den Garaus zu machen (*al-Akhbar* 8.10.2002).

In besonders eindringlicher Weise äußern sich Theorien über jüdische Verschwörungen auch in den Auseinandersetzungen mit dem Holocaust und dem Nationalsozialismus. Der Holocaust, so lautet ein geläufiges Argument, sei ein Mythos, der mit Hilfe von Verschwörungen in den Medien und der Politik vom Zionismus und Israel geschaffen wurde, um die Existenz Israels und die Besatzungspolitik zu legitimieren. Eindrucksvoll brachte der Herausgeber der französischsprachigen Wochenzeitung *al-Ahram Hebdo*, Muhammad Salmawy, diese Sichtweise auf den Punkt. In einem Artikel, den er »Suche die Juden!« übertitelt, berichtet er von dem Prozess gegen den französischen Holocaustleugner Roger Garaudy in Paris, die Einreiseverbote gegen den britischen Revisionisten David Irving in Deutschland und Kanada und die Affäre Monica Lewinsky.

In seinem Text stellt Salmawy die These auf, dass hinter allen drei Geschehnissen eine jüdische Verschwörung zu erkennen sei. Der Versuch, die Wahrheit über den Holocaust zu verbergen, trieb die Verschwörer an, Garaudy und Irving juristisch auszubremsen. Monica Lewinsky wurde zu jenem Zeitpunkt im Weißen Haus platziert, als bekannt wurde, dass William Clinton bei einem anstehenden Besuch des israelischen Premierministers Benjamin Netanyahu Zugeständnisse gegenüber den Palästinensern fordern würde (*Al-Ahram* 2.2.1998).

Salmawy beendet seinen Artikel, dessen Überschrift auf den Ausspruch Napoleons »Suche die Frau« anspielt, mit der Frage: »War es wirklich die Frau, nach der Napoleon suchte«, die hinter diesen Ereignissen stand, »oder war es etwas anderes, etwas weniger Schönes, dafür aber umso Zerstörerisches als die Frau?« Ähnliche Interpretationen finden sich in unterschiedlichsten Zusammenhängen – egal ob es sich dabei um die Angriffe auf Afghanistan oder einen unerklärlichen Anstieg von Nierenschäden seit dem Abschluss des Vertrages von Camp David mit Israel handelt. Die Erklärung sozialer Probleme reduziert sich auch hier auf Verschwörungstheorien, hinter denen mehr oder minder deutlich die Juden, mindestens aber der Zionismus zu erkennen ist.

Selbst aus den Kreisen der al-Azhar Universität in Kairo, der bedeutendsten Stätte religiöser Orthodoxie in der islamischen Welt, werden ähnliche Konfliktinterpretationen angeboten. In einem Beitrag für eine wöchentliche Zeitung der Universität wird der Koran zur Feindbestimmung herangezogen. Der Artikel, der unter der Überschrift »Kenne die Feinde« erschien, ist dabei sehr eindeutig: Feinde, das sind neben dem Teufel zunächst auch die »kriegerischen Ungläubigen«. Als besondere Bedrohung, die weder »an den Grenzen Palästinas« noch am Nil oder dem Euphrat halt mache, sondern die die Beherrschung der Welt und die Zerstörung des zivilisatorischen Erbes und der menschlichen Werte anstrebe, müsse man sich aber vor allem der Juden erwehren. Seit Menschengedenken seien die Juden dafür bekannt, dass sie weder »Versprechen noch Pakt« hielten. »Die Juden sind diejenigen, die die Propheten töteten«, »die Heuchler«, »die Betrüger«, die, »die Verderbnis bringen« und die »Menschen zum Materiellen verleiten«. Sie sind die »Feinde der Gläubigen« und stehen »heute wie damals hinter dem Teufel« (*Saut al-Azhar* 3. 8. 2001).

Dieses Bild des ewigen Juden, der in Feindschaft zur menschlichen Gemeinschaft steht, wird selbst von Sheikh Muhammad al-Tantawi, dem Sheikh der al-Azhar Universität und damit der obersten religiösen Autorität des sunnitischen Islam, gezeichnet. In seinem umfangreichen Werk *Die Söhne Israels in Koran und Sunna*, das 1998 erschienen ist, geht es ihm ausdrücklich nicht um eine Auseinandersetzung mit den Juden zur Zeit Muhammads. Denn, so Tantawi, »der Beweis für die Zuverlässigkeit der koranischen Beschreibungen der Juden« sei ja gerade, dass sich deren Darstellungen »zu jeder Zeit und an jedem Ort« bestätigt fänden. Seine ausführliche Auseinandersetzung mit den *Protokollen der Weisen von Zion*, die er als authentische Quelle der jüdischen Geschichte ausweist, wird nur noch mit dem Abdruck einer gefälschten Rede des amerikanischen Politikers Benjamin Franklin gesteigert, mit der er die Nation vor der jüdischen Gefahr gewarnt wissen will.

Tantawis Studie über die Juden im Islam schließt mit den Franklin zugeschriebenen Sätzen: »Ich warne Sie, verehrte Herrschaften, wenn Sie die Juden nicht auf ewig von der Einwanderung ausschließen, werden Ihre Kinder und

Ihre Vorfahren Sie noch im Grabe verfluchen. Der Geist der Juden unterscheidet sich von unserem, selbst wenn sie seit zehn Generationen unter uns leben. [...] Die Juden sind eine Gefahr für das Land. Wenn Sie eindringen, werden sie es zerstören und verderben« (Tantawi 1998: 751ff.).

Globalisierung und die »Herrschaft des Teufels«

In einer Schrift des Autors Muhammad Qutb, der in seinem Buch über die Globalisierung den Gefahren der drohenden »Herrschaft des Teufels« nachspürt, werden die Hintergründe der jüngsten gesellschaftlichen Herausforderungen auf den Punkt gebracht. Hinter der Globalisierung, daran lässt Qutb keinen Zweifel, steht »das internationale jüdische Kapital, das bereits seine Ursprungsländer beherrscht und danach strebt, diese Herrschaft über die ganze Welt auszudehnen« (Qutb 2000: 11). Diese »Geschichte der jüdischen Herrschaft über die Menschen«, die mit der Globalisierung ihre aktuellste Stufe erreicht habe, äußere sich in »der Verbreitung moralischer Verderbnis, sexueller Anarchie, Ketzerei, Drogen und verschiedenen Formen des Wahns und Besessenheiten« (ebd.: 29). Diese Verbindung von Globalisierungskritik und einer Verteidigung von Moral und kultureller Identität, die bereits in den Darstellungen Hanafis deutlich wurde, verweist auf ein anderes Thema, welches in den Auseinandersetzungen mit gesellschaftlichen Konflikten immer wieder in arabischen Medien aufgegriffen wird: Drogen, Prostitution und kultureller Verfall.

Die Bücherverkaufstände in ägyptischen Straßen bieten eine Vielzahl von Büchern zum Verkauf, in denen Geschichten über Versuche des Mossads beschrieben werden, mit Hilfe von jüdischen Prostituierten das ägyptische politische und soziale Establishment zu unterwandern. *Krieg der Prostituierten – Die Frauen der Juden und arabische Politiker* ist nur ein Titel, der in den letzten Jahren auf den Markt kam (al-Ghayta 1995).

Die Erfolge der israelischen Transsexuellen Danna International unter ägyptischen Jugendlichen sind gerade in dieser Hinsicht aufschlussreich. Die Kassetten der Sängerin jemenitischer Herkunft wurden verboten und lösten zudem eine vehemente Debatte aus, in der es immer wieder um die »zionistischen Versuche einer Normalisierung durch Sex« (Swedenburg 2000: 98) ging.

Während es hierbei in erster Linie um die Gefahren für die Moral der Jugend geht, geht es in Auseinandersetzungen um Prostitution auch immer wieder um die Gefahren von AIDS und anderen Krankheiten, die von Israel mutwillig gestreut werden. Berichte über vergiftete Tomaten, die aus Israel importiert werden, stehen dabei neben Vorwürfen, Israel beliefere Ägypten mit HIV-verseuchten Blutkonserven.[4]

---

[4] Vgl. das Wissenschaftsjournal *al-Ilm* (Kairo), November 2001. Exemplarisch sei hier auch auf Badiwi 1992 verwiesen.

Ähnlich wie Fragen der Moral und insbesondere der Sexualität bieten auch Konflikte um die historischen Ursprünge und Leistungen der ägyptischen Gesellschaft immer wieder Anlass für die Artikulation antisemitischer Ressentiments. Neben immer wieder erhobenen Vorwürfen, Israel oder »die Juden« würden Ansprüche auf die Pyramiden oder andere pharaonische Stätten in Ägypten erheben, stehen dabei verschiedene Grabstätten im Nildelta im Mittelpunkt der Diskussion. Renommierte Zeitungen wie die ägyptische Literaturzeitung *Akhbar al-Adab* berichten über zionistische Versuche eines »Zivilisationsraubes« (Al-Ghitani 2001). In der Zeitung, die von dem angesehenen Schriftsteller Gamal al-Ghitani herausgeben wird, erscheinen mittlerweile regelmäßig Artikel über Bemühungen, die kulturelle Identität Ägyptens zu untergraben. Die Verteidigung der kulturellen Authentizität, die durch zionistische Versuche einer »Judaizierung« bedroht wird, umfasst neben den ägyptischen Altertümern auch die Kunst und Kultur des 20. Jahrhunderts.[5] Die Veränderungen der Alltagskultur im Verlaufe der politischen und ökonomischen Globalisierung lassen sich in diesem Verständnis als Teil einer groß angelegten zionistischen Verschwörung deuten.

»Der Jude«, »Zionismus« und »Israel« – Historische Hintergründe einer antisemitischen Semantik

Ein Überblick über diese Facetten des Judenbildes und der Darstellungen Israels macht die Dominanz antisemitischer Wahrnehmungen in den gegenwärtigen Auseinandersetzungen um gesellschaftliche Konflikte deutlich. Die Politik Benjamin Netanyahus, Ehud Baraks oder Ariel Sharons spielt in diesen Debatten keine Rolle. Offensichtlich ist, dass sich diese Interpretationen des Geschehens nicht aus einer unmittelbaren Nützlichkeit im Sinne einer politischen Opportunität ableiten lassen. Die häufig aufgestellte These, es gebe einen Zusammenhang zwischen der Nähe zum Nahostkonflikt und dem Antisemitismus, erscheint angesichts dieser Darstellungen ebenso fragwürdig. Vieles deutet sogar darauf hin, dass das Gegenteil zutrifft.

Die wüstesten Verschwörungsszenarien finden sich eben gerade nicht in der palästinensischen, sondern in der jordanischen und, vor allem, in der ägyptischen Populärkultur. Hier entlädt sich wie in kaum einem anderen arabischen Land die Suche nach dem Ursprung der als Bedrohung wahrgenommenen gesellschaftlichen Veränderungen in antisemitischen Attacken gegen neu eröffnete Supermarktketten, Schwule und vermeintlich pornografische Literatur, ganz zu

[5] Vgl. al-Aziz 1990 sowie das etwas ältere Buch von Bakr 1987.

schweigen von Vorwürfen und Verdächtigungen gegen die verbliebenen 200 ägyptischen Juden.

Trotz der Verbreitung dieses Denkens, in dem sich völkische und antimoderne Vorstellungen zu antisemitischen Feindbestimmungen zusammenfügen, wird immer wieder angemerkt, dass es sich bei diesen Darstellungen um einen europäischen Import handele. Eine solche Erklärung, in der eine Ideologie wie die Druckerpresse oder die Straßenbahn zu einem Exportgut des Kolonialismus wird, führt in die Irre. Versteht man Ideologie nicht als authentischen Ausdruck einer geografischen oder natürlichen Besonderheit, sondern als sozial und historisch bedingte Aneignung der gesellschaftlichen Wirklichkeit, dann ist es zu fragen, weshalb eine bestimmte Ideologie zu einem bestimmten Zeitpunkt attraktiv, überzeugend und eventuell handlungsleitend wird.

Reaktionen auf Modernisierung und Imperialismus

In diesem Sinne lassen sich auch die beschriebenen Ausbrüche des Judenhasses historisch herleiten. Sie sind Ausdruck der gesellschaftlichen Umbrüche, mit denen der Nahe Osten in den letzten zwei Jahrhunderten konfrontiert war, und damit ähnlich jenem Denken, wie es sich in Europa und insbesondere in Deutschland seit dem Ende des 19. Jahrhunderts entwickelte (vgl. Saghiyeh 2000 und Tibi 1987).

Die Entwicklung des arabischen Nationalismus steht in unmittelbarem Zusammenhang mit den gesellschaftlichen Modernisierungsprojekten, wie sie sich im Osmanischen Reich und im Ägypten des 19. Jahrhunderts durchsetzten (vgl. Gershoni 1997: 2-25 und Hourani 1998: 260ff.). Die beginnende Industrialisierung der Landwirtschaft, das Entstehen eines umfassenden Bildungssystems und die Durchsetzung bürgerlicher Reformen unter den ägyptischen und osmanischen Herrschern fielen dabei mit religiösen Reformbewegungen zusammen. Der wachsende Einfluss der Kolonialmächte und deren zunehmende Identifikation mit den sozialen und politischen Modernisierungen äußerten sich in eindringlicher Weise in den entstehenden nationalen Bewegungen.

Die kosmopolitischen Enklaven in Alexandria, Kairo oder Beirut, die unter dem Einfluss der Kolonialmächte am meisten von den Reformen profitierten, bestärkten diese Identifikation von Modernisierung und Imperialismus. Die Forderungen nach nationaler Unabhängigkeit, die sich je nach Region gegen das Osmanische Reich, Großbritannien und Frankreich und immer stärker auch in Abgrenzung zur zionistischen Bewegung formierten, bildeten den Kristallisationspunkt der politischen Bewegungen um die Jahrhundertwende (Zoubaida 1999: 15-33).

In den Auseinandersetzungen mit dieser Periode wird immer wieder auf die Rolle Kemal Atatürks, dem Gründer der modernen Türkischen Republik, hingewiesen. Die von ihm vorangetriebene Abschaffung des islamischen Kalifats galt vielen als letzter Beleg für seine jüdische Herkunft. Atatürk gilt als herausragendes Beispiel eines so genannten Dönme, eines zum Islam konvertierten Juden unter osmanischer Herrschaft. Trotz des neuen Glaubens standen diese Konvertiten immer unter dem Verdacht, an ihrer früheren Religion festzuhalten und im Schatten ihrer formellen Zugehörigkeit zum Islam die Interessen der Juden durchzusetzen. In den Vorwürfen gegen Atatürk drückt sich zudem der Übergang von religiösen zu modern-rassistischen Vorstellungen von »dem Juden« aus (Lewis 1987: 159ff.).[6]

Der Entwicklung eines Begriffs vom »inneren Feind«, der als fünfte Kolonne äußerer Mächte gegen die wahren Interessen der Gemeinschaft arbeite, steht in diesem Kontext. Während sich frühe ägyptische Nationalisten mit ihren Warnungen vor den dukhala, den Eindringlingen, noch in erster Linie gegen syrische Emigranten wendeten, richtete sich der Gründer der Syrisch Sozial-Nationalistischen Partei, Antun Saada, mit seinem Nationalismus ausdrücklich auch gegen die »inneren Juden« (al-Hadj Ibrahim 2001: 100).

Antijudaismus als Überlieferung

Gerade diese Definition des Feindes lag nahe. Ebenso wie für den europäischen Antisemitismus lässt sich auch für die arabisch-islamischen Länder der Zusammenhang von religiösen Stereotypen und den kollektiven Feindbestimmungen nachzeichnen. Der immer wieder erhobene Einwand, die islamische Geschichte sei insgesamt weit weniger blutig als die christliche, bleibt dabei völlig unbestritten. Bei der Auseinandersetzung mit den heutigen Konflikten geht es aber eben gerade nicht um einen Vergleich des religiösen Zusammenlebens im christlichen und islamischen Mittelalter, sondern um das Weiterwirken tradierter religiöser Stereotype in modernen Gesellschaften. Ebenso wie der christliche Antijudaismus vom modernen Antisemitismus zu unterscheiden ist, ist zwischen der relativen Harmonie im mittelalterlichen Andalusien und den Auseinandersetzungen im 20. Jahrhundert zu differenzieren.

Die antijüdischen Stereotype, die sich sowohl im Koran als auch in der Sunna in den Beschreibungen über die Auseinandersetzungen zwischen Muhammad und den jüdischen Gemeinden finden, sind daher bedeutungsvoll, weil sie – heute wie vor 1400 Jahren – als ein Bezugspunkt im Verhältnis zwischen Muslimen und Juden dienen. Während die frühen koranischen Beschreibungen noch von dem Wunsch geprägt waren, die Juden von Muhammad zu überzeugen, der als Prophet das letzte Glied in der göttlichen Offenbarungsgeschichte repräsen-

---

[6] Vgl. für eine aktuelle Auseinandersetzung um den Einfluss der Dönme eine Rezension des Buches von Dr. Muhammad Muhammad Ibrahim Zaghut: Die Rolle der Dönme-Juden beim Sturz des osmanischen Kalifats (Kairo: Dar al-Tawzia wa-l-Nashr al-Islamiya, 1991) in *Madjalla al-Azhar* (Kairo), H. 5/2001, S. 292ff.

tiere, verschlechterte sich das Verhältnis mit der fortwährenden Weigerung der Juden, den neuen Glauben anzunehmen. In diesem Kontext stehen die Suren, in denen die Juden als vertragsbrüchig und korrupt, unaufrichtig, materialistisch und intrigant beschrieben werden (Poliakov 1979: 21ff.).

Die Konstruktion des Feindes, der die im Zuge der gesellschaftlichen Modernisierung zunehmend abstrakter werdenden Gewaltverhältnisse verkörperte und zugleich die negative Bestimmung des eigenen Kollektivs ermöglichte, konnte auf die überlieferten Stereotype der religiösen Quellen zurückgreifen. Die europäischen Missionare, deren Antijudaismus bereits in der ersten Hälfte des 19. Jahrhunderts zu zahlreichen Ritualmord-Vorwürfen gegen Juden führte, sowie die arabischen Christen trugen ebenfalls dazu bei, die antijüdische Definition der Gemeinschaft durchzusetzen.

Gemeinschaft der Antiimperialisten

Die antimoderne Utopie einer homogenen organischen Gemeinschaft, die sich in den antiamerikanischen Demonstrationen und den Selbstmordanschlägen in den palästinensischen Gebieten artikuliert, beschränkt sich nicht auf islamistische Bewegungen. Gerade das ideologische Zusammenwirken von säkularen und religiösen, islamischen wie christlichen Strömungen in arabischen Ländern weist darauf hin, dass die Bezüge auf die islamischen Quellen nur eine Facette in der Formierung dieses Denkens ausmachen.

In der Entwicklung des Konzepts des Heldentodes, der mit dem Versprechen auf »72 schwarzäugige Jungfrauen« im Paradies zur Option eines Dienstes an der Gemeinschaft wird, lässt sich dieses Ineinanderfallen unterschiedlicher Strömungen in einer nicht mehr notwendigerweise religiösen Ideologie der Gemeinschaft zeigen.

Wenngleich sich der Begriff des Shahid, des Märtyrers, aus dem Koran ableitet, wird er in den gegenwärtigen Diskussionen keineswegs mehr alleine von oder für Muslime angewendet. Ebenso wie das Symbol des Felsendoms in Jerusalem mittlerweile als nationales, und eben nicht mehr als religiöses Symbol verwendet wird, bezieht sich das Gerede vom Märtyrertum mittlerweile immer häufiger auch auf Christen.

Als Konzept des Opfertodes für die gemeinsame Sache gewinnt diese Vorstellung ihre Wirkungsmacht in den sich annähernden nationalen und religiösen Ideologien. Es ist eben nicht allein der islamistische Attentäter, der sich als Belohnung für seine Tat das Paradies herbeisehnt, sondern es sind mittlerweile auch die Bombenbauer der PFLP, die in den letzten Monaten ihre Anschläge an das zuvor nur von der Hamas und dem Islamischen Djihad bekannte Zeremoniell des Gemeinschaftsdienstes anpassten.

Diese gemeinsame Verteidigung der Gemeinschaft und deren »kulturelle Authentizität« ist in Ägypten längst zum verbindenen Element im öffentlichen Diskurs geworden. In einem Prozess gegen Homosexuelle, der erst vor kurzem abgeschlossen wurde, zeigte sich das einigende Band dieser Ideologie. Die Forderungen nach hartem Durchgreifen gegen die »Perversionen« dieser Gruppe von »Satanisten«, denen immer wieder Kontakte nach Israel unterstellt wurden, kamen aus allen politischen und religiösen Spektren (Nordbruch 2001).

Als Bewahrer der kulturellen Identität gegen den »weltweiten Krieg der Perversen gegen Ägypten« (*al-Usbua* 20.8.2001) profilierte sich die Opposition, während die regierungsabhängige Justiz 16jährige unter dem Vorwurf der Prostitution für Jahre hinter Gitter schickte. Wie weit diese individuelle Verpflichtung auf die Gemeinschaft wirkt, wurde im Prozess deutlich. Selbst jene, die zufällig Opfer dieser Einschwörung auf das homogene und authentische Kollektiv wurden, traten schließlich als deren Verteidiger auf. Auf den Vorwurf, die Gruppe habe die Abwendung von der Religion propagiert, entgegnete ein Anwalt, die Angeklagten hätten tatsächlich versucht, gegen eine Religion zu kämpfen – nämlich gegen die jüdische. Der Kampf gegen die Juden und die Befreiung Jerusalems könne der Gruppe aber kaum vorgeworfen werden, schließlich stehe dies mit den religiösen Pflichten in Einklang *(Akhbar al-Hawadith* 13.9. 2001).

Was sich in diesen Wahrnehmungen ebenso wie in den Anschlägen auf die USA äußert, ist dabei keineswegs auf einen primitiven islamischen Glauben zurückzuführen. Vielmehr ist dieses Denken der modernste Ausdruck einer kollektiven Hoffnung auf eine »romantische Gegenmoderne« (*Jungle World* 45/ 2001), die mit der scheinbaren Legitimation einer gescheiterten Emanzipation der Dekolonisation einhergeht und sich weitgehend unabhängig von Koran und Sunna als moderne Ideologie entwickelte. Die Annahme, dass sich diese Ideologie aus einer einheitlichen islamischen Philosophie ableitet, deren Grundlagen bereits im siebten Jahrhundert geschaffen wurden, verkennt deren grundsätzlich modernen Charakter.

Der libanesische Journalist Hazem Saghiyeh brachte die Auswirkungen dieses Denkens kürzlich ganz treffend zum Ausdruck. In einem Kommentar für die arabischsprachige Londoner Tageszeitung *al-Hayat* schrieb er: »Wer sich die Nachrichten, die aus Ägypten kommen, und die Positionen der meisten ägyptischen Intellektuellen, Journalisten und Politiker anschaut, bekommt den Eindruck, die Welt wache jeden Morgen auf, reibt sich die Augen und ruft aus: ›Oh Gott, es ist schon Sieben, es ist spät, ich muss sofort mit der Verschwörung gegen Ägypten beginnen.‹« Ägypten, so Saghiyeh, war einst das Symbol »für Fortschritt und Aufklärung in der arabischen Welt. Heute ist es selbst zum Grund seines kulturellen Verfalls geworden. Heute [...] ähneln wir der Weimarer Republik – nur ohne die Freude, die Freiheit und die Kreativität« (*al-Hayat* 29.7.2001).

Literatur

Abdelnasser Walid M. (2000): Islam and the West: Perspectives from the Egyptian Press, with Particular Emphasis on Islamist Papers, in: Hafez, Kai (Hrsg.): Islam and the West in the Mass Media – Fragmented Images in a Globalizing World, New Jersey.

al-Aziz, Zainab Abd (1990): Der Trick der Modernen Kunst. Zwischen Zionismus-Masonismus und Amerika (arab.), Kairo.

al-Ghayta, Muhammad (1995): Krieg der Prostituierten. Die Frauen der Juden und die arabischen Politiker, Kairo.

Al-Ghitani, Gamal (2001): Zivilisationsraub (arab.), in : Akhbar al-Adab, Kairo, 20. Mai.

al-Hadj Ibrahim, Hanna (2001): Antun Sa'ada. Palästina ist eine Sache Syriens (arab.), in: Samed al-Iqtisadi Amman, Heft 123-4.

Badiwi, Salah (1992): Die israelische Penetration der Landwirtschaft in Ägypten (arab.), Kairo.

Bakr, Medhat Abu (1987): Israeliyyat – Versuche einer Judaizierung des ägyptischen Menschens (arab.), Kairo.

Gershoni, Israel (1997): Rethinking the Formation of Arab Nationalism in the Middle East, 1920-1945: Old and New Narratives, in: Jankowski, James/ Gershoni, Israel (Hrsg.): Rethinking Nationalism in the Arab Middle East, New York.

Hourani, Albert (1998): Arabic Thought in the Liberal Age, 1798-1939, Cambridge.

Lewis, Bernard (1987): Die Juden in der islamischen Welt, München.

Nordbruch, Götz (2001): Sexualität als Vehikel der Globalisierung, in: Gigi – Zeitschrift für sexuelle Emanzipation, Berlin, Heft 16.

Poliakov, Léon (1979): Geschichte des Antisemitismus. Religiöse Toleranz unter dem Islam, Worms.

Qutb, Muhammad (2000): Die Muslime und die Globalisierung (arab.), Kairo: Dar ash-Shuruq.

Saghiyeh, Hazem (2000): Die arabischen Nationalisten der Levante. Von Dreyfus bis Garaudy (arab.), London.

Swedenburg, Ted (2000): Sa'ida Sultan/Danna International. Transgender Pop and Polysemiotic of Sex, Nation and Ethnicity on the Israeli-Egyptian Border, in: Armbrust, Walter (Hrsg.): Mass Mediations. New Approaches to Popular Culture in the Middle East and Beyond, Berkeley.

Tantawi, Muhammad (1998): Die Söhne Israels in Koran und Sunna (arab.), Kairo: Dar ash-Shuruq.

Tibi, Bassam (1987): Vom Gottesreich zum Nationalstaat. Islam und panarabischer Nationalismus, Frankfurt.

Zoubaida, Sami (1999): Cosmopolitanism and the Middle East, in: Meijer, Roel (Hrsg.): Cosmopolitanism, Identity and Authenticity in the Middle East, Richmond.

Danksagung

Die Beiträge dieses Buches basieren auf einer Veranstaltungsreihe mit dem Namen »Intelligenter Frieden«, die nach den Ereignissen des 11. September 2001 im Wintersemester 2001/2002 und Sommersemester 2002 an der Philipps-Universität Marburg stattfand. Das Ziel der Ringvorlesung bestand darin, möglichst viele Positionen zwischen »Gesinnungspazifismus« und »Verantwortungspazifismus« zu erörtern und Informationen über die gegenwärtigen weltpolitischen Konflikte zu vermitteln. »Intelligenter Frieden« hieß das Projekt deshalb, weil hier Frieden nicht als eine Sache des Gemüts, sondern der Vernunft begriffen wurde.

Die VeranstalterInnen der Reihe – die Mitglieder der gleichnamigen Projektgruppe – entschlossen sich aufgrund der positiven Resonanz, einen Teil der Referate in einem Sammelband zusammenzufassen. Wir hoffen, mit dem Buch einen kleinen Beitrag zu der großen Debatte um die »Neue Weltordnung«, den Fundamentalismus und die Friedensfrage beisteuern zu können.

Eine solch umfangreiche Veranstaltungsreihe konnte nicht ohne die finanzielle und personelle Unterstützung durch verschiedene Organisationen und die tatkräftige Hilfe Einzelner realisiert werden. Wir bedanken uns daher bei der Arbeitsgemeinschaft für gewerkschaftliche Fragen (AgF), der Assoziation Marxistischer StudentInnen Marburg (AMS), dem Buchladen Roter Stern, der Gruppe d.i.s.s.i.d.e.n.t., dem Marburger Forum – Fördergemeinschaft Friedensarbeit, der PDS-Hochschulgruppe/Uni-Linke Marburg, der PDS-Marburg-Biedenkopf und der Rosa-Luxemburg Stiftung für die Unterstützung. Neben den AutorInnen danken wir den ReferentInnen, deren Beitrag wir nicht aufnehmen konnten: Hans Branscheidt, Wolfgang Gehrcke, Carsten Hübner, Ekkehart Krippendorff, Siba Shakib, Walter Sommerfeld. Sie konnten allesamt mit interessanten Vorträgen aufwarten und sorgten stets für gefüllte Hörsäle.

Des Weiteren bedanken wir uns bei Paul Wellsow, Volker Hinck, Hauke Feikkert, Hajo Zeller, Alexander Badziura und Stephan Heidbrink, die die Diskussionsleitung in verschiedenen Veranstaltungen übernommen haben und bei Inge Sturm, Alex Smith, Cornelia Tüxsen, der Projektwerkstatt Saasen, Rainer Rilling, Bärbel Schwarz und Nico Biver, die uns tatkräftig bei der Umsetzung der Veranstaltungsreihe zur Seite standen.

Last but not least: Ohne die unendliche Geduld von Norbert Haupt und Joachim Pfeif, den Hausmeistern des Hörsaalgebäudes der Philipps-Universität Marburg hätte manch spannende Diskussion vorzeitig abgebrochen werden müssen. Auch bedanken wir uns bei Benjamin »Hobbit« Weber. Der zuverlässige und engagierte Kassenwart der Projektgruppe war ein unerlässlicher Stützpfeiler der Reihe und konnte leider aus zeitlichen Engpässen bei der Herausgabe des Buches nicht mitwirken. Ein letztes und besonders freundliches Dankeschön geht an Georg Fülberth, der uns mit Rat und Tat unterstützt hat.

Die HerausgeberInnen